韩林合 主编
维特根斯坦文集
第 6 卷

心理学哲学研究

张励耕 编译

商务印书馆
创于1897 The Commercial Press

Ludwig Wittgenstein

Untersuchungen über die Philosophie der Psychologie

总　　序

维特根斯坦是二十世纪最重要的哲学家之一,其思想对二十世纪的世界哲学面貌产生了巨大的影响。不过,在其在世时,他只正式出版过一本哲学著作,即《逻辑哲学论》。在他逝世以后,他的学生和朋友遵照其遗嘱从他所遗留下来的约 2 万页手稿和打字稿中陆续整理出版了大量著作,其中最重要者当属《哲学研究》。2000 年,牛津大学出版社与挪威卑尔根(Bergen)大学维特根斯坦档案馆合作,编辑出版了电子版《维特根斯坦遗著集》(Wittgenstein's Nachlass: The Bergen Electronic Edition)。其中包括了维特根斯坦的所有遗留下来的手稿和打字稿。这套中文版《维特根斯坦文集》主要就是以这个遗著集为基础编译而成的,同时我们也参考了国外已经出版的相关的纸质著作,特别是德国祖尔卡姆普(Suhrkamp)出版社出版的八卷本维特根斯坦《著作集》(Werkausgabe)(1984 年版)。

我们的编选目标是"精",而非"全"。将《维特根斯坦遗著集》全部翻译出版是不现实的,也是不必要的。国外迄今出版的纸质维特根斯坦著作长期以来由不同的编者编选而成,前后没有统一的编选原则,可谓"杂乱无章"。我们制定的总的编选原则是:选择维特根斯坦不同思考阶段有代表性的或者比较成熟的遗稿;尽量保持原稿的连续性、完整性；不收录维特根斯坦的讲课笔记、口授笔记。按照这些原则，《维特根斯坦文集》拟收录如下作品：

《战时笔记(1914-1917)》(第 1 卷)

《逻辑哲学论》(第 2 卷)

《哲学语法》(第 3 卷)

《哲学研究》(第 4 卷)

《数学基础研究》(第 5 卷)

《心理学哲学研究》(第 6 卷)

《心理学哲学笔记(1948-1950)》(第 7 卷)

《最后的哲学笔记(1950-1951)》(第 8 卷)

在翻译过程中，许多重要词汇的中译让我们颇费心思。在此，有必要对几个一再出现的词汇的翻译做些解释。我们知道，在德语中，"Satz"既具有"句子(语句)"的意思，也具有"命题"的意思。也即，既指单纯的合乎句法规则的书写符号串或声音符号串，也指这样的符号串所表达的意义，进而还指负载着这样的意义的如是符号串。(在《逻辑哲学论》中，维特根斯坦用"Satzzeichen"来表示第一层意思。)大多数情况下，区分开这些不同的用法是容易的。但是，在少数段落中，区分开它们并不容易。出于统一性和简单性的考虑，我们在译文中大多数场合下用"命题"来翻译"Satz"。读者在阅读时可以自己根据上下文来确定维特根斯坦到底是在哪一种意义上使用这个词的。

如何翻译"Bedeutung"这个词也是一个非常困难的问题。我们知道，在其前期著作中，维特根斯坦主要是在弗雷格所赋予其的那种专门意义上使用"Bedeutung"一词的：一个名称的 Bedeutung

即其所表示(所代表、指称)的那个对象——其承受者。(不过,与弗雷格不同,维特根斯坦不认为他所谓的名称还具有弗雷格所谓的"Sinn"。)因此,在《〈逻辑哲学论〉研究》(2000 和 2007 年版)中我将这种意义上的"Bedeutung"翻译为"所指",将其动词形式"bedeuten"译为"指称";进而,将包含着其的复合词"bedeutungslos"译为"没有所指"。(另外,在《逻辑哲学论》中,维特根斯坦有时又在其通常的意义上使用"Bedeutung"及其复合词。这种用法出现在评论 4.442、5.233、5.451、5.461 等之中。类似的做法也出现在弗雷格那里。)在三十年代初以后,特别是在《哲学研究》中,维特根斯坦认为弗雷格和他自己以前对这个词所作的那种技术性使用完全不合乎语言惯用法,严重混淆了一个名称的 Bedeutung 与其 Träger(承受者)。他进而认为,一个语词的 Bedeutung 就是其在语言中的用法或使用。显然,这里维特根斯坦是在其通常的意义上使用"Bedeutung"一词的,即用其指通常所谓意义。因此,后期维特根斯坦所使用的"Bedeutung"一词应当译作"意义"。相应地,其动词形式"bedeuten"——在必要时——不妨改译为"意谓(或意味)"。

与"Bedeutung"和"bedeuten"密切相关的还有一个重要的德语词"Meinung"及其动词原型"meinen"。"bedeuten"和"meinen"之间的关系是这样的:如果我们 meinen 了一个表达式,那么对于我们来说它便 bedeutet(意谓)某种东西。在绝大多数场合下我们都将"Meinung"和"meinen"译为"意指"。按照前期维特根斯坦的理解,所谓意指是指赋予一个语言表达式以意义的心灵过程;而按照后期维特根斯坦的理解,所谓意指就其主要用法来说是指一个表达式的使用者知道自己能够正确地使用这个表达式(即知道自己能够按照人们惯常使用它的那种方式或者说人们所教给他的那种方式使用它)。在大多数情况下,当维特根斯坦要表达这样的意思时,在有必要时,他都正确地使用了相应的动名词形式"Meinen"。不过,有时他——比如在《哲学研究》第 186、639、666 节中——却在这种意义上使用"meinen"的名词化形式"Meinung"。但是,这个名词化形式在德语中只有意见或看法的意思。安斯考姆有时忽略了维特根斯坦的这种错误使用,因此将比如第 639 节中的"Meinung"译作"opinion"。(不过,她将第 186、666 节中的"Meinung"分别正确地译作"*mean*-ing"和"your meaning one thing or another"。)德英对照第四版改正了这个严重错误。

我们还要注意,三十年代以后,维特根斯坦常常在与上述意义上的"meinen"和"Meinung"同义的意义上使用"intendieren"和"Intention"。而且,有时他又在这种意义上使用"beabsichtigen"和"Absicht"。在本文集中,我们将"Intention"和"Absicht",进而其动词形式"intendieren"和"beabsichtigen"均译作"意图"。另外,维特根斯坦也常常在这些词的日常意义上使用它们。通过上下文,读者不难看出其具体的意义。

德文"Wollen"一词的中译也颇难定夺。从哲学上说,其最为重要的用法是充当"Wille"(意志)的动名词形式,意为意志的行使。汉语中的"意志"这个名词没有相应的动词用法,而"意志的行使"这种译法不仅不简洁,而且在许多语境中根本无法使用。一些译者将其译作"意愿";我们以前曾将其译作"意欲",也曾经将其译作"意使"。但是,这些译法显然都不准确,或者过于人为。不过,在本译稿中，我们还是权且将其译作"意欲"。这样译的一个好处是照顾到了"wollen"的日常的意义。

同样难于处理的还有"Vorstellung"这个词。在维特根斯坦这里，这个词的最为重要的意义大致相当于休谟式的哲学家所说的印象（impression）和观念（idea）。二者均可以看成宽泛意义上的"心灵形象"（mental image），简言之，"心象"（image）。这种意义上的"Vorstellung"义同于"Vorstellungsbild"（想象图像）。维特根斯坦有时又在动词意义上使用"Vorstellung"。这时，其意义为：形成或唤起心象进而使用它们的心灵活动。此种意义上的"Vorstellung"我们译作"想象"（英文为"imagination"）。有时，维特根斯坦又在叔本华、康德等哲学家的意义上使用这个词，这时我们将其译作"表象"。

关于本文集的编辑体例，如下几点需要说明一下。

第一，维特根斯坦大量使用了引号。通常他用双引号来表示引用，单引号来表示引语之内的引语。但是，他有时也这样单独地使用单引号：提醒人们注意，其内的文字有特别的用法或意义。在通常的德语文献中，双引号也有第二种用法。中文的情况也是一样的。因此，译文中在维特根斯坦在第二种意义上使用单引号的地方我们统一改用双引号。另外，在写作中维特根斯坦大量使用了破折号。实际上，许多使用并非是必要的。而且，他使用破折号的方式有些特别：他通常用德语中的常规破折号即一短线"—"表示同一个思路中的短暂的停顿，用加长了的常规破折号"——"表示话题或说话者的转换。（后者大致相当于中文中的常规破折号的长度。）不过，由于无论是在德语还是在中文中，（常规的）破折号本来就具有这两种功能，而且在具体的语境中区分开二者并不困难，所以在我们的译文中，我们只使用了中文的常规破折号。

第二，在相关手稿和打字稿中，维特根斯坦以斜线、交叉线或删除线的形式删掉了大量文字或段落。不过，有些段落在相关上下文中并非是不好的或不必要的。因此，我们酌情保留了少数这样的段落。另外，在相关手稿中，在许多地方维特根斯坦提供了两个甚至于多个可供选择的表述（所谓"异文"）。但是，现已出版的纸质维特根斯坦著作常常只是直接选择了其中之一，而并没有告诉读者这些可能的表述的存在。当然，在许多地方，这些可供选择的表述只是具有修辞学上的意义，而无实质上的区别。但是，情况并非总是如此。在本文集中，在有必要时，我们将以脚注的形式给出可供选择的表述。在没有必要这样做时，我们均按照惯例做出选择——通常选择的是维特根斯坦给出的最后一个可供选择的表述形式。

第三，在十分必要的地方，我们以脚注的形式对维特根斯坦行文中的相关内容做出了简单的注释。

第四，维特根斯坦所谓"评论"（Bemerkung）构成了其所有遗稿的基本写作单位。一个这样的评论有时仅仅由一句话或一段话构成，有时由两段甚或多段话构成。不同的评论之间一般会有一行或两行的间距。在一些打字稿和手稿中，维特根斯坦在评论前面加上了数字编号。但是，在许多打字稿和手稿中他并没有这样做。为了体例上的统一和读者引用上的方便，我们在编入该文集的所有文稿中均加上了这样的数字编号。

本文集的后期编辑工作受到如下项目支持：国家社科基金重点项目"'人是遵守规则的动物'之论题研究"，项目号15AZX017；教育部人文社科重点研究基地重大项目"规范性研究"，项目号16JJD720003。

本文集的编译和出版工作是在商务印书馆陈小文和关群德两位先生的大力支持下完成的。在此表示感谢。

韩林合
北京大学哲学系暨外国哲学研究所
2017年6月20日

本文集所用编辑符号意义如下：

黑体字	表示遗稿中的一重强调文字
黑体字	表示遗稿中的二重强调文字
着重点	表示遗稿中的三重强调文字
删除	遗稿中删除之字符
甲//乙//	乙为甲之异文
背影	遗稿中由斜线或交叉线所划掉的段落
［…］	手稿中难以识别的字符
【补加文字】	本文集编译者所加文字

本文集每卷编译前言或脚注中出现的 MS 101、MS 102 等等为冯·赖特（G. H. von Wright）所制定的维特根斯坦遗著编号体系中的手稿号，TS 201、TS 202 等等为其中的打字稿号。"MSS"和"TSS"分别代表多个手稿和打字稿。相关手稿和打字稿均载于电子版《维特根斯坦遗著集》。

注释中手稿号或打字稿号后由冒号所分隔开的数字指相关手稿或打字稿的页数。

编 译 前 言

"心理学哲学"(die Philosophie der Psychologie)是维特根斯坦后期哲学的一个重要组成部分。在手稿原文中出现的、与之在语法和语义上都类似的术语"psychologistische Philosophie",最早见于手稿 MS 107 第 235 页。在维特根斯坦使用这个词的意义上,心理学哲学既不同于心灵哲学、又不同于作为现代科学的心理学。它处理的是关于心理学基础的问题,一般也并不涉及心理学中的具体成果。借用德国著名维特根斯坦专家约阿希姆·舒特(Joachim Schulte)的话说,这个名词所指代的研究侧重于心理学"基本概念之间的联系和区别"以及"相关概念的澄清工作";而处理这些问题的方法,并非心理学家所仰仗的实验或行为观察,而是通过考察语言游戏来进行心理学诸概念的分析,进而澄清这些概念间的关系。这种方法论上的差异也可以帮助我们进一步地将哲学与其他学科(数学、心理学等)区别开来。

本卷依据的是维特根斯坦遗著集中的打字稿 TS229(但其实最初的几条评论出自 TS 228 的最后几页)和 TS 232,即德国祖尔卡姆普(Suhrkamp)出版社出版的八卷本维特根斯坦《著作集》(*Werkausgabe*)(1984 年版)中的《心理学哲学评论》(第一、二卷)。本卷的第一部分相当于 TS229,第二部分则相当于 TS 232。全书基本保留了原《心理学哲学评论》的原貌，添加了必要的注释，并结合维氏本人的打字稿和手稿进行了必要的编辑工作。本卷并没有保留打字稿中的所有异文，而是有选择地保留了比较重要的部分。此外，囿于译者的能力，在一些不易理解的地方参考了安斯考姆和冯·赖特的英译本（Basil Blackwell, Oxford, 1980）。本文中提到的"原编者注"即从此本中保留下来的有价值的注释。

值得注意的是，本卷中有大量的段落与《哲学研究》通常所谓的"第二部分"（在本文集中以附录的形式收于《哲学研究》卷，但为了方便起见在此仍然缩写为"PU II"，"PU"是《哲学研究》的常用缩写）相重合。这些段落的文字未必完全相同，但大多没有实质性的区别。译者在这些段落后标注了《哲学研究》"第二部分"的对应段落（如：PU II 81），以便读者查阅。

张励耕
中国社会科学院哲学所
2017 年 1 月

目　录

第一部分……………………………………………………… 1
第二部分……………………………………………………… 285

第一部分

1.让我们考虑一下,关于如下这样一种现象人们会说什么:F 这个图形一会儿被看成 F,一会儿被看成 F 的镜像。

我想问:什么叫作一会儿这样来看这个图形,一会儿又以不同的方式来看它?我真的每次看到了不同的东西吗?还是我仅仅以不同的方式来**释义**自己所看到的东西?我倾向于说前者。**但为什么呢?** 释义是一种行为。例如,它可能在于如下事情,即一个人说:"这应当是 F";或者一个人并不说话,但在复制品中通过 F 来代替那个符号;或者他考虑:"这可能会是什么呢?它是 F,而写字的人未能写对。"——看并不是一种行为,而是一种状态。(一条语法评论。)如果我从未把这个图形读作除"F"外的任何东西,从未考虑过它可能会是什么,那么人们会说,我把它**看作** F;此时人们知道,它能够以其它方式被看到。

人们究竟是如何达到"把这个看作这个"这个概念的?在哪些场合中它会被建立起来,对人们来说这是一种需要吗?(我们谈论艺术品时,这十分常见。)例如,在这样的地方:被谈及的是一段通过眼睛或耳朵而获得的乐曲的分段。我们说"你必须把这些小节听作序曲","你必须依据这个曲调来倾听",但也说"我把'ne…pas'这句法语听作由两个部分组成的否定词,而不是听作'不是一步'"等等。现在,这是一种真正的看或听吗?好吧:我们这样称呼它;我们在特定情况下用这些语词做出反应。而且我们又通过一些特定的行为**对**这些语词做出反应。

2.是内省使我知道自己要处理的是一个真实的看还是一个释义行为吗?首先我必须弄清楚,自己会把什么东西称作一个释义;某种东西是一个释义还是一个看,这一点是如何被辨别出来的。

(按照一个释义来看。)

3.我想说:"我把这个图形看作F的一个镜像"仅仅是对我经验的间接描述。还存在着直接的描述,即:我**这样**来看这个图形(此时我为自己指向我的视觉印象)。这种诱惑来自何处?——有这样一种重要的事实存在,即我们准备好去接受关于我们视觉印象的一些不同的描述;例如:"这个图形现在朝向右边**瞧**着,现在又朝向左边**瞧**着。"

4.设想我们问某人:这个图形和一个F之间的相似之处何在?现在一个人回答说"这个图形是一个反转的F",另一个人回答说"它是一个挑笔写的过长的F"。我们应当说"他们两人以不同的方式在看这幅图像"吗?

5.难道我不是一会儿以这种方式看这个图形,一会儿以不同的方式看它吗,即使我不用语词或通过其它符号来做出反应?

但是"一会儿以这种方式"、"一会儿以不同的方式"也是语词,而且我在此利用它们的正当性何在?我可以向你或向我自己证明我的正当性吗?(除非通过一个进一步的反应。)

但我当然知道,这是两个印象,即使我并没有这样说!但我是如何知道,我所说的就是我所知道的事情呢?

6.一个词的熟悉的面孔;这种感觉:它已经将它的意义收入自身之内,是其意义的一幅精确的图像;它好像已将自己的意义容纳在自身之中——这里可能有一种所有人都对之感到陌生的语言存在。在我们这里,这些感受如何表达自身?表达在我们选择和评估这些词的方式之中。(PU II 308)

7.如下这样的情形是**容易**被描述的:在其中我们可以正当地说,我们将自己所看到的东西**释义**为是如此这般的。(PU II 260)

8.当我们进行解释时,我们做出了一种推测,说出了一条假设,这种推测或假设随后可能被证明是错误的。如果我们说"我把这个图形看作一个 F",那么对此不存在任何证实或证伪,就像对"我看到一种明亮的红色"这条命题一样。这种相似性,是我们必须寻找的,以辩护在那样的语境中对语词"看"的使用。如果一个人说,他通过内省而认出那是一种"看",那么回答就是:"我怎么知道你把什么称为内省?你通过一件秘密来向我阐明另一件秘密。"(PU II 260)

9.在一本书的不同地方,比如在一本物理学课本中,我们看到如下图示:▱。在附属的文本中人们每一次都谈论不同的东西:一次谈到一个玻璃立方体,一次谈到一个倒置的打开的箱子,一次谈到一个金属丝架,它具有这样的形状,一次谈到三块板子,它们构成了一个立体角形。该文本每一次都释义这幅插图。

但是我们也可以说,我们一会儿把这个图例**看作**其中一个事物,一会儿看作另一个事物。——这是多么奇怪啊:我们可以把那些**释义**的语词用于对直接被感知到的东西的描述。

在此我们可能首先会回答说:那种通过**释义**来进行的对于直接经验的描述,只是间接的描述。真实的情况是:我们每次可以给予这幅图像不同的释义,有时是释义 A,有时是释义 B,有时是释义 C;而且有三种直接的经验——看这幅图像的不同方式——存在,即 A'、B'和 C',而 A'适宜释义 A,B'适宜释义 B,C'适宜释义 C。因此我们将释义 A 当作对其适宜的看的方式的描述来加以使用。(PU II 122)

10. 但什么叫作经验 A'适宜于释义 A？哪个才是经验 A'？人们如何识别它？

11. 让我们设想一个人发现了如下的事情。他研究了人类视网膜上的过程,在这些过程之中,那个图形一会儿被看作玻璃立方体,一会儿被看作金属丝架,等等;而且他发现,这些过程类似于他在如下情况下观察到的过程:主体一会儿瞧着一个玻璃立方体,一会儿瞧着一个金属丝架,等等……①人们会倾向于把这种发现视作关于如下事情的证据:实际上我们每次以不同的方式**看**这幅图像。

但这样做的正当性何在？这种实验如何能够陈述直接经验的本性？——它被编入诸现象的一个特定的类。

12. 人们如何识别经验 A'？我究竟如何知道这种经验？

人们如何教给某人"我现在把这幅图像看作金属丝架"这条经

---

① 全书从这里开始真正进入打字稿 TS 229,本节前半部分是 TS 228 第 679 节的后半部分。

验表达式?

很多人学会了语词"看"而从未采用它的这种用法。

如果我现在向一个人展示我们的图像并问他:"现在请试着把它**看**作一个金属丝架!"——他一定会理解我吗?如果他问:"你的意思是不是说,我应当借助于这个图形来理解这本书中关于金属丝架的那段文本?"那么情况会如何? 如果他不理解我,那么我可以怎么做? 如果他理解了我,那么这一点是如何得以表露的? 难道不恰恰是通过如下这点吗:他也说他现在把这个图形**看**作金属丝架?

13. 那么,使用那种语词表达式的倾向,就是一种典型的体验的表露。(**表露**并不是**征兆**)。

14. 是否有这种体验的其它表露存在? 如下这种事件难道不是可设想的吗:我在一个人面前放置了一个金属丝架、一个玻璃立方体、一个箱子等等,并问他"这幅图像描绘了哪个事物?"他回答说"那个金属丝架"。

15. 我们是否应当说,他曾经把这幅图像看作金属丝架——即使他并不拥有一会儿把它看作这个东西,一会儿把它看作其它某个东西的经验?

16. 设想有人提问:"我们都是以同样的方式看一个印刷体的 F 吗?"人们可能会进行如下这种试验:我们向不同的人们展示一个 F,并提问道:"F 是朝向哪边的,向右还是向左?"

或者我们问道:"如果你应当把 F 同一张侧脸相比较,那么哪里是前面,哪里是后面?"

但有人可能不理解这些问题。它们同下面这类问题相似:"对你来说声音 a 是哪种颜色?"或者"对你而言 a 是黄色还是白色?"等等。

如果一个人不理解这些问题,如果他宣称它们是胡说,——那么我们是否可以说他不懂德语,或者不理解"颜色"、"声音"等语词的意义?

相反:只有当他已经学会理解这些语词的时候,他才能"用理解"或"用不理解"来对那些问题做出反应。

17. "我们所有人都以同样的方式看一个 F 吗?"——只要如下这一点是不确定的,这就丝毫没有意义:我们如何获悉一个人"以何种方式"看到它。但是,比如我现在说"对我而言 F 朝向右边而 J 朝向左边",——这是否就使我可以说:只要我看到 F,它就总是朝向右边,或随便什么方向?我这样的说法有何种根据?

18. 我们设想,"一个 F 朝向哪里"这个问题从来没有被提出过——问题只是:"如果让你给 F 和 J 画上眼睛和鼻子,那么它会朝向右边还是左边?"这也是一个心理学问题。在其中并不涉及"这样或那样**看**"之类的东西。在此所涉及的大概是做一件或另一件事情的**倾向**。

19. "朝向这个方向"这个概念的一种用法是,例如:人们对一个建筑师说"当窗户这样排布时,这栋房屋的正面朝向**那边**"。人们同样使用如下的表达式:"这只胳膊中断了雕像的运动"或"这个运动应当**这样**来进行"(与此同时人们或许摆出一个手势)。

20. 这里所涉及的是看还是释义?这个问题源自如下这一点,

即一种释义会成为经验的表达。而且这种释义不是间接的描述,而是其原初的表达。

21. 但为什么我们没有立即看出这点,而是认为,这里一定有直接的表达,并且这种现象是十分难理解的、不能被正确地描述的,并且我们必须要寻找到间接的描绘,以同其他人进行交流?

我们告诉自己说:除非我们在幻想中给那幅图像添加某种东西,否则我们不可能有本质地与诸事物——这些事物完全超出直接的感知范围——相关联的体验。

例如,人们可能会问:"你声称自己把这幅图像看作金属丝架。你是否知道它也可以是铜丝或铁丝?而且为什么它就应当是**金属丝**?"——这表明,"金属丝"这个词其实并不是绝对地①属于这个描述的。

22. 但现在让我们来设想如下这种解释:如果一个人在吃饭时把鼻子堵住,那么食物将失去所有的味道,除了甜、苦、咸、酸。因此我们有时想说,例如,面包的独特味道,是由这种更狭义的"味道"和当我们不用鼻子呼吸时就会消失的香气组成的。这为何应当与将某物看作某物有所不同呢?可能是这样:**眼睛**没有把作为金属丝架的图像同作为箱子的图像区别开来,等等。可以说,大脑给所看到的东西添加的香气就是如此。相反,眼睛将不同的面相区别开来:它似乎在对这个视觉图像进行推敲;而且,一种推敲适宜**一种**释义,而另一种推敲则适宜另一种释义。(**依据经验来看**更

---

① 异文:"本质地"。

为适宜。)

例如,想象我们不自觉地给予一个或另一个乐句的某些释义。我们说:这种释义把它们自己强加给我们。(这当然是一种体验。)这种释义肯定可以通过某些纯粹的音乐性的联系而得到解释。——好吧,但我们想要的不是解释,而是描述。

23.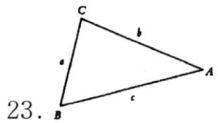

这样来看这个三角形,即 c 是底边并且 C 是顶点;现在再这样看,即 b 是底边并且 B 是顶点。——你在做什么?——首先:——你知道你在做什么吗?不。

"嗯,或许是目光首先停留在这个'底边',然后移向'顶点'。"但你能这样说吗:如果你不以这样的方式看这个三角形,那么在另一种语境中,目光就不能以完全同样的方式游移?

也请做一下这种尝试。这样来看这个三角形,即它(像一个箭头那样)一会儿指向方向 A,一会儿指向方向 B。

24. 人们在说,谁把这个三角形看作一个指向右边的箭头呢?是一个仅仅学习过将它用作一个这样的箭头并且总是这样用的人吗?不。人们自然不是在说这样的一个人,他**以不同的方式**看这个三角形,或者我们无法知道他如何看它。这里谈及的不是一个人这样或那样地去**看**。——但如下这样的情况是怎样的呢:在其中,我纠正另一个人,并说"那里存在的并不是一个朝向右边,而是朝向上方的箭头",而且把这种解释所引出的实际的结论摆在他面前。现在他说:"我总是把这个三角形理解成一个朝向右边的箭头。"——这里谈及的是一种看吗?不;因为这的确可能意味着"当我面对这个符号的时候,我总是**这样**跟随着它。"这样说的人一定丝毫不理解如下这个问题:"但你已经把它**看**作朝向右边的箭头了吗?"

25. 在如下情况下我们说**一个人**一会儿把这个三角形看作这样,一会儿看作那样:他自己这样进行陈述,他带着理解的迹象来说出或倾听这些词;但在如下情况下我们也这么说他:他说"现在这个三角形指向这个方向,之前它则指向另一个方向";而且他会这样来回答这个三角形是否改变了自己的形状或位置这个问题:不是这样的。等等。

26. 我们来考虑这样一幅图像的情形:两个轮子彼此相对着转动。首先,我仍然可以把图像中的运动看作**一种**或**另一种**。其次,我也可以把它**认**作一种或另一种。

27. 当一个人认识到这个视觉图像在**一种**意义上**保持不变**,而另一种或许会被人们称作"理解"的东西可以变化①时,这个**如此奇怪的**,一会儿这样看一会儿那样看的现象便首次出现了。如果我把这幅图像认作这个或那个,比如两个彼此相对着转动的轮子,那么这并不涉及把印象划分为视觉图像和理解。——因此我是否应当说,这样的划分是我所感兴趣的现象?

或者我们应当这样来提问:哪种**反应**是我感兴趣的?是那种

---

① 异文:"可以转变"。

表明一个人把一张碟子认作一张碟子的反应(也可以是这样的:他把一个盘子认作其它什么东西)?还是这样一种反应:它表明一个人观察到一种改变,而与此同时又表明在视觉图像上并没有任何改变发生?

28. 情况也可能是,我说:"我以前总是把它认作一个碟子;现在我看到它不是碟子了"——而并没有意识到"面相"的改变。我的意思仅仅是:我现在看到了不同的东西,我现在有另一个视觉印象。

让我们假定,一个人将某物展示给我并问道,这是什么。我说"它是一个立方体"。而他则说"所以你**这样**看它。"——我必须以如下方式之外的方式来理解这些话吗:"所以你**在这一点上**是这样认为的"?

29. 在观察自己周围的对象时,我并没有意识到有一种像视觉理解这样的东西存在。

30. "我把这幅图像看作一个立体的角":为什么你不干脆把这句话认作是真的,——如果他懂德语并且是可靠的?——我不怀疑这是真实的情况。但是他说出的是一个**时间性的**命题。① 这不是一个关于这种现象本质的命题;而是在说:这已经发生了。

31. 这种经验的表露是:"我现在把这个看作金字塔;现在把这个看作有对角线的正方形。"——我一会儿这样看一会儿那样看的"这个",是什么?是这幅图像吗?我是怎么知道它两次是同样的图像?我是仅仅知道这一点,还是也**看到**了这一点?——如

---

① 异文:"一个带有时间状语的命题"。

果人们随后证明,当被看作不同的东西时,这幅图像都发生了轻微的变化;或者视觉图像发生了轻微的变化,那么情况又当如何?例如一条线看上去比之前略粗,或比之前略细。

32.我应当说,这个图形的不同面相是联想吗?这对我有什么帮助?

33.在这里,关于该图形的视觉图像的某些东西似乎发生了改变;而又的确并没有发生任何改变。而且我并不能说"一种新的释义一再浮现在我的脑海里"。是啊,大概是这样吧;但是它在所看到的东西中也立刻体现出来了。素描的一种新的面相一再浮现在我的脑海中——我不变地看这幅图像。好像它一再穿上一件新衣服,又好像每件衣服都与另一件一样。

人们可以说:"我不是仅仅**释义**这个图形,而是把这种释义穿在它身上。"

34.我自言自语道:"这是什么?这些短语说出了什么?它们表达了什么?"——对我而言,似乎一定有一种比我已有的对它们理解更为清楚的理解。而这种理解要通过如下方式达到:人们大量地谈论这种短语的环境。一个人似乎想在一场仪式中理解一个富于表现力的手势。为了解释这一点,我似乎必须分析那场仪式。例如,改动这场仪式以显明那种手势的角色会受到何种影响。

35.我也可以说:对我来说,在其它领域中,一定有与音乐表达类似的东西存在。

36.这个问题实际上是:对在这里被表达的东西来说,这些音调难道不是**最好的**表达吗？大概是吧。但这并不是说，它们不能通过一种对自身所处环境的加工而得以解释。

37. 我的如下说法是一条矛盾式吗："这是美丽的并且这不是美丽的"（此时我指向不同的对象）？人们是不是应当说，这不是矛盾式，因为两个"这"意思不同？不；这两个"这"有**同样的**意义。"今天"在今天和昨天有同样的意义，"这里"在这里和那里具有同样的意义。这不同于"白先生变白了"这样的命题。

"这是美丽的并且这不是美丽的"**是**一矛盾式，但它有一种用法。

38. 罗素的逻辑和我的《逻辑哲学论》中的逻辑的主要弊端在于，一个命题是什么，这一点被一些陈词滥调式的例子所阐明，并且随后被假定为是一般性地得到了理解的。

39. 但这不是很清楚吗；这两个"这"有不同的意义，因为我可以用不同的专名来代替它们？——代替？"这"并不是一会儿叫作 A 一会儿叫作 B。——当然不是它们自身，而是与指示性的手势结合在一起。——好吧；但这仅仅是说，一个由语词"这"和一个手势组成的符号，与一个由"这"和另一个手势组成的符号，具有不同的意义。

但这不过是咬文嚼字：你所说的是，你的命题"这是美丽的并且这不是美丽的"不是一个完整的命题，因为还有手势从属于这里的语词。——但它为何不是一个完整的命题？"太阳升起了"是另一种命题；其用法的种类是非常不同的。但在命题的范围内，这些不同之处恰恰是无处不在的。

40. "A. Schweizer 不是一个 Schweizer。"①当我这样说时,我把第一个"Schweizer"意指为专名,第二个意指为类名。当我说出这两个"Schweizer"的时候,在我的精神中是否呈现出不同的东西?——就这两次来说,这个词在命题中以不同的方式起了作用。这意味着,把语词比作一台机器的一个部分,把**命题**比作那台②机器。但这是完全不合适的。倒不如说:语言是机器,命题是机器的一个部分。这大概是说:这个曲柄有两个同样大小的孔。转轴被放置在其中一个孔里,而曲柄销被安插在另一个孔里。(PU II 19)

41. 请尝试把第一个"Schweizer"意指为类名,而把第二个意指为专名!你如何进行这种尝试?(PU II 19)

42. "Schweizer 这个概念不是一个 Schweizer。"这是胡说吗?我不知道某人这样讲时是想说些什么:换言之,他意图如何去使用③这个命题。我可以为它想出大量触手可及的用法。——"但是你恰恰不**能**这样用它,或者设想如下事情:'Scheweizer 这个概念'和第二个'Schweizer'所**意指**的同样的东西,正是你**通常**用这些词所意指的那个东西。"④这就是错误所在。人们设想**这种**比较好像浮现在自己面前:命题中的词是相配的,即人们可以写下这个无意义的词的序列;但每个词的意义是一个不可见的**物体**,并且这些意义体**并不**相配。(("意指给予命题一个更广阔的维度。"))

---

① 意为"A. 施瓦泽不是一个瑞士人"。
② 异文:"一台"。
③ 异文:"想如何去使用"。
④ 异文:"正是你总是——因此通常——用这些词所意指的那个东西"。

43. 人们不能思考命题的想法就由此而来;因为在思想中我必须把词的意义**组合成**一种意思,而这是行不通的。(拼图游戏。)

44. 但矛盾式难道不是被矛盾律禁止了吗?——"并非(p & 非 p)"并未禁止任何东西。它是一个重言式。但如果我们禁止一个矛盾式,那么我们就将矛盾形式排除在自己的语言之外了。我们清除了这些形式。

45. 人们可能会认为:"多么奇怪啊,'感觉'这个词(还有其它的心理学动词)**唯一**的意义,是由**第一**和**第三**人称的诸种意义①这样的异质成分组成的。"

但还有什么能比一张脸的侧面和正面更不同呢;而我们的语言的概念是如此被建立起来的,即一个概念看上去不过是另一个概念的变体。而且将概念的构造建基于自然事实,这当然也是很容易的事情。//而且阐释概念的构造的**根据**,这当然也是很容易的事情。//而且为概念的构造提供根据,这当然也是很容易的事情。//(异质的东西:烟斗锅和烟斗柄。)

46. 如果概念的构造可以建基于自然事实(心理学的和物理学的东西),那么对我们概念的构造的描述实际上不是一种伪装起来的科学吗?此时我们难道不应当不去关心语法,而去关心自然中构成其基础的东西吗?

我们的语法能够相应于一般的(很少被提到)自然事实这一点,确实令我们感兴趣。但是,现在我们的兴趣并非退回到概念构

---

① 异文:"第一人称的意义和第三人称的意义"。

造的**可能的**原因之上；我们不从事自然科学：我们的目标不是预测什么。我们也不从事自然史：为了我们的目的，我们的确也可以虚构自然史的事项。(PU II 316)

47.确定如下之点是令我们感兴趣的：我们周围的特定的形状，并非是同特定的颜色联系在一起的。例如我们并没有看到绿色总是同圆形、红色总是同方形联结在一起。让我们设想这样一个世界，在其中，形状和颜色总是以特定的方式彼此联系①在一起，这样人们就会发现，在一个可理解的概念系统中，那种基本的**区分**——形状和颜色——不成立了。

另外一些例子：

一个重要的例子是，我们习惯于用铅笔、钢笔或其它类似的东西来画素描，在这里我们描绘的要素是线条和点（在"小圆点儿"的意义上）。如果人们从不素描，而总是在绘画②（形状的**轮廓**这个概念就不会起很大作用了）；如果存在这样一个常用词汇，让我们称它为"线"，它不会被认为是**线条**并因此是某种很细的东西，而总被认为仅仅是两片颜色的界线；如果人们不认为"点"是很小的东西，而仅仅是两条颜色界线的交汇，那么很多几何学的发展或许都不会发生了。

如果我们只是极少地和在很小的范围内看到一种原色（比如红色），如果我们不能造出颜料，如果红色总是在同另一些颜色相伴随的时候才出现（比如在某种会在秋天逐渐由绿变红的树木的

---

① 异文："联合"。
② 这里的"绘画"(gemalt)应当指用各种颜料来进行的有色彩的绘画，与素描不同。

树叶的尖端),那么就没有什么事情比把红色称作衰退的绿色更为自然了。

请设想这样一种情形,在其中,白色和黑色对我们来说看上去既像是**颜色**,又像是颜色的缺失。请设想,所有的颜色都被洗掉了而底板永远是白的,而且不存在白色的颜料。

对我们来说,从记忆中再现或重新识别出纯粹的红色、绿色等等,比再现或重新识别出棕红色的色调更加容易。

48. 我不是在说:假定某某自然事实是其它样子,人们便具有其它概念。这是一个假设。它对我来说没有用处,也不引起我的兴趣。我不过是在说:如果你相信我们的概念是正确的概念,适合于有理智的人,而具有其它概念的人恰恰没有洞察到我们所洞察到的某种东西,那么请想象某些非常普通的自然事实具有一种不同于我们所习惯的形式,而那些与我们不同的概念的构造,对你来说就显得**自然**了。(PU II 317)

49. "自然",而非"必然"。我们做的所有这些都是合目的的吗?所有那些不能[1]被称作是有效实用的东西,都是不恰当的吗?[2]

---

[1] 异文:"肯定不能"。

[2] 在打字稿的这一页(第 202 页)上,在本条评论和下一条评论中间有两段评论(编号为 718 和 719)没有被收录到最后出版的版本中。原文如下:

"一个语词的熟悉的面孔;一个语词等同于其意义之图像的这种感觉;它同样把意义容纳在自身之内——它可以给出一种对所有人来说都是陌生的语言。这些感觉在我们这里如何表达自身呢? 这一点在于:我们如何选择和评估语词。((歌德论人名))//我们可以思维一种对所有人而言都是陌生的语言,这是很重要的。在那些估计自己语词的人那里,这个词没有心灵。"

"我们在其中有权利说我们**释义**自己把什么看作这个或那个的情形,是很容易被刻画的//被描述的。"

50.((关于33))如果人们解释说"我把这个对象和这个图形联想在一起",那么不会有什么因此而变得更清楚。

51."意欲"实际上应当被如何使用？在哲学中,人们并未意识到自己已经通过如下方法为哲学创造出了这个词的全新的用法：使得它适应了"意愿"这个词。令人感兴趣的是,人们通过如下方法为哲学**构造**出独特的语词用法：人们想让一个对我们而言显得重要的语词,获得一种比其现有的用法更进一步的用法。

"意欲"有时在"试图"的意义上被使用。"我想站起来,但太弱了没有力气。"另一些时候人们想说,只要一种自主的举动被做出,就有东西被意欲了。如果我行走、说话、吃东西等等,那么我恰恰在对其进行意欲。而且在此这不能叫作试图。如果我行走,那么这并不叫作我试图行走并取得了成功。更确切地说,我像通常那样走,而且并没有试图这样做。人们自然也可以说"我走了,因为我想走",这时,关于走的日常的情形可以与如下情形区别开：在其中,我被挤着走,或者我的肌肉被电流刺激而移动了。

52.哲学自身试图恰当地找出该语词的一种用法,这种用法似乎描绘了对于日常用法的某些特征的更加一致的贯彻。

53."'X'这个词有两种意义"意味着：它有两种用法。

我是否应当说："如果你在我们的语言中描述这个词的用法,你就会看到它有两种而不是**一**种用法？"

54.难道我们不能设想如下事情吗：人们解释说,"Bank"这个词总是具有同样的意义。一个 Bank 总是这样的东西： 但人们也把这个词用于一种金融机构；可是，对此人们会说，因为它是一个 Bank，所以它还是我们的插图所画的那种东西。

55.语词"gehen"和"ging"是否具有同样的意义？

语词"gehen"和"gehst"①是否具有同样的意义？

语词"go"在"I go"和"you go"中是否具有同样的意义？

56.我是否应当说："对于一种意义的两种不同的解释属于两种不同的意义？"

57.请你设想，在一种语言中的一组由三个符号组成的句子。这些句子描述一个**特定的**人所从事的工作。（从左至右的）第一个符号是那个人的名字，第二个符号标示一种活动（例如锯、钻、锉），第三个则标示被加工的东西。

这样的一个句子可能仅仅读作"a a a"。如果"a"是一个人的名字，一种活动和一种被加工的东西的话。

58.如下的事情意味着什么呢："'a'这个符号在'x a y'和'a x y'中有不同的意义"？人们也可以说，依据其**位置**的不同它具有不同的意义。（就像十进制中的一个数字。）

请你设想用完全同样形状的石块来下国际象棋。人们必须始终记住某个石块在游戏开始时位于何处。而且人们可以说："这个石块和那个石块具有不同的意义"；我不能按照另一个石块那样来移动一个石块。同样，我从第一个位置上的"a"推断出，它是关于**这个人**的谈论（我指向他），而从第二个位置上的"a"推断出，他在

---

① 这些词分别是动词"gehen"（走）的不同变位形式。

做这种工作；等等。这个"a"可以出现在三张表格中，这些表格把某些解释其意义的图像分配给它。而为了释义句子，我要在不同的表格中依据"a"的位置进行查找。

59.这是什么意思："研究一下'f(f)'是否有意义，如果'f'在两个位置上有同样意义的话"？

60.有人在寻找什么东西，但尚未找到，可他知道自己在找的是什么。——但情况也可能是，他在自己周围找寻，但无法说出自己在找什么；最终他抓住了什么并说道"这就是我想要的"。人们可以把这叫作"寻找"，"而并不知道自己在找什么"。

61.人们可以谈论"功能性的状态"。（例如：我今天非常激动。如果有人在今天告诉我如此这般的事情，那么我总是会以如此那般的方式做出反应。与此相反：我一整天都头疼。）

62.人们究竟可以怎样使用一条像"我相信……"这样的表达式？人们突然间注意到一种相信的现象吗？① （PU II 92）

63.人们观察了自身并以此发现这种现象吗？

64.人们观察了自己和其他人并且以这样的方式发现了相信的现象吗？（PU II 92）

65.在一个部落的语言中可能有这样一种代词存在，而我们并不拥有它并且没有关于它的实际的用法，这种代词指涉自己出现

---

① 异文："人们会不会注意到一种相信的现象？"

于其中的命题符号。我想这样来书写它:**我**。① 命题"我有十公分长"将这样被检测其真实性:人们测量该命题符号。比如,命题"我含有四个单词"为真,命题"我不含有四个单词"也为真。② "我是假的"类似于克里特岛的说谎者悖论。——问题在于:人们为何使用这种代名词?好吧,命题"我有十公分长"也可以作为尺度来起作用;命题"我被写得很好看"可以作为好看的书法的范例。

让**我**们感兴趣的是:语词"我"在一种**语言游戏**中是如何被使用的。只有当我们不考虑其用法时,那个命题才是悖论式的。所以我或许可以想象,"我是错的"这个命题在家庭教育中被使用。当孩子们读到它时,他们开始推断说:"如果这是错的,那么它就是真的,因此它是错的,等等。"人们或许已经发现,这种推断对孩子来说是一种有益的练习。

//让我们感兴趣的是:这个代名词在一种**语言游戏**中是如何被使用的。即便这样并不很容易,但这个词可能被用来填充装饰一种语言游戏。例如,一个像"我含有四个单词"这样的句子可以被用作数字 4 的范例,而在另一种意义上命题"我不含有四个单词"也可以这样被使用。只有当我们不考虑其用法时,那个命题才是悖论式的。//

66. 一个不能像我们一样这样或那样地**看**三角形的人,会与我们有怎样的不同呢?——如果我们来到一个没有这些体验的部落中,我们会如何觉察到这一点?

---

① 原文为上划线。
② 这两个句子的德文原文分别拥有四个和五个单词。

如果人们不能**看到**深度,我们将如何觉察到这一点?如果他们就像是贝克莱相信我们所是的那种样子。

67. 如果衡量较小的正方形的尺度没有确定下来的话,在正方形⬜中有多少个正方形⬜呢?如果一个人来到这儿说:尽管人们不能确信地说这里有多少个,但是至少可以估计这一点!

68. "表情类似于感受"——苦涩的食物类似于苦涩的悲伤。"相似到混淆在了一起"——如果它们不仅仅是相似而是相同的话,会怎样?

69. "悲伤和忧虑是相似的感受":这是一种经验事实吗?

70. 我是不是应当说:"一只兔子可能看上去像是一只鸭子"?是不是可以设想,一个认识兔子但是不认识鸭子的人说:"我可以把这幅素描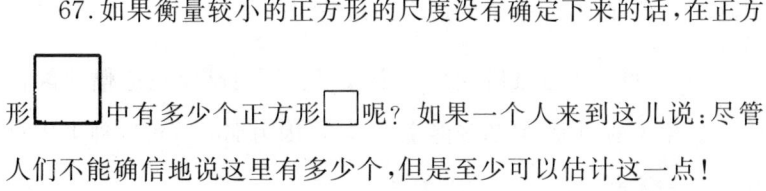看作兔子,也看作别的东西,尽管我没有适用于第二种面相的词?"然后他了解了鸭子并且说:"那时我就是把那幅素描看作**这个**!"——为什么这是不可能的?

71. 或者设想某人说:"这只兔子有一副自鸣得意的表情。"——如果一个人不知道关于自鸣得意的任何东西,——他是否能够**想到某些东西**,然后当他学会了什么是自鸣得意的时候,他说,这就是那时他想到的兔子的表情?

72. 那个**贴切**的词。它会怎样被找到?描述它!与如下事情相反:在对这条曲线进行了特定的测量之后,我便为它找到了正确的名称。

73. 在我还不知道它**为什么**是贴切的之前,甚至在我仍然不知道这点的情况下,我就看到这个词是贴切的了。

74. 我可能不会**理解**这样一个人,他说:他已经把这幅图像看作一只兔子的图像,但却未能说出这点,因为那时他对这种生物的存在还一无所知。

75. 我是否应当说:"这只图像兔子和这只图像鸭子看上去完全一样"?! 有些东西与此相抵触。——但是难道我不可以这样说吗:它们看上去完全一样,也就是说是这样的——而且我制造出这幅双义的素描?(磨坊主磨磨,画家画画。)但是,如果我现在想给出反对这种表达方式的理由——我必须说什么呢?人们每次把它看作不同的东西,如果它一会儿是鸭子一会儿是兔子的话——或者,**那个**是鸭了嘴的东西正是兔子的耳朵,等等?

76. 请你设想这幅双义的图像被运用在连环画中:例如,一只其它动物遇见一只鸭子并把它认作一只兔子,这是不可能的;但是一个人在昏暗中从侧面把一只鸭子认作是兔子,这却是可能的。

77. "我几乎不能同时看到兔子和鸭子,正如我几乎不能同时意指'WeicheWotan,weiche!'的两种意义一样。"①——但这不会

---

① 这涉及瓦格纳的音乐剧《莱茵的黄金》(*Das Rheingold*)。在该剧中,一名演员唱"沃坦离开,离开",而另一名演员则在台上低声对他说"你希望鸡蛋嫩一点还是老一点"。——原编者注

"weiche"在这里既可以是动词 weichen 的命令式,意为"走开"、"离开";也可以是形容词 weich 的变格,意为"软的"、"嫩的"。

是正确的;尽管对我们来说如下事情是不自然的,即说出这些话是要告诉沃坦他应该走开,并且同时告诉他我们偏爱煮的嫩的鸡蛋。但是,人们还是可以设想这些话的这种用法。

78.我们难以找到对我们的问题能有所帮助的人类的自然史**事实**,因为我们的言谈①**把它们忽视了**,——我们的言谈在从事其它的事情。(我们这样告诉一个人说"去商店然后买……"——而不说:"把左脚放到右脚前,等等,然后把钱放在柜台上,等等。")

79.如果我不相信存在一种看的内部状态并且另一个人说:"我看到……",那么我相信他不懂德语或在说谎。

80.如果一个人断言,一会儿把这幅图像看作兔子一会儿看作鸭子的人有完全不同的视觉体验,那么他在说什么呢?如果一个人在图像上画了一条强调兔子的嘴的线条,然后看到它在鸭子图像中起完全不同作用的,那么像上面这样说的倾向就变得很强了。——或者请设想对兔子的面部表情的看,这种表情在另一幅图像中完全消失了。

例如,我先看到一张傲慢的面孔,然后又看不到任何傲慢的面孔了。

如果有人承认我每次都看到完全不同的东西,那么他在做什么?

81."我如何知道自己在对着**这个**面部表情微笑?"

82."我看到一种十分特殊的面部表情,我把它称作是兔子的

---

① 异文:"语言"。

表情,而另一种完全不同的表情则被我称作是鸭子的表情。"让我们把前者简单地称作 A 而把后者称作 B:如果我不提及一只兔子或鸭子的话,我如何能向一个人解释 A 和 B 的意义?

例如,情况可能是**这样的**:我对他说"A"并同时用我的面孔来模仿一只兔子的面孔,等等。

83."'看到**这个**'并不意味着:**这样**来反应,——因为我可以看而不做出反应。"自然如此。因为"我看"并不意味着:我做出反应,"他看"并不意味着:他做出反应,"我曾经看"也并不意味着:我曾经做出反应,等等。

即使在我看的时候我总是**说**"我看到",这句话也不是说:"我说'我看到'。"

84.我指着图像上一个特定的斑点并且说"这是兔子或鸭子的**眼睛**"。这幅画中的某物如何可能成为一只**眼睛**?

85."人们能真实地看到深度吗?"——"如果人们看到颜色和形状,为什么不应当能够看到深度?!视网膜图像是二维的这一点,并不能为相反的说法提供根据。"——当然不能提供;但这个回答并不适合上述问题。该问题是这样产生的:如果我一次通过透明的东西来描述颜色和形状,另一次用一个手势或侧影来描绘深度的维度,那么对所看到的东西的描述——我们所谓的"对所看到的东西的描述"①——就是其它种类的。

---

① 这里的"对所看到的东西的描述"出现了两次,在德文原文中是同样的词"Beschreibung des Gesehenen";但在英译本中使用了"the description of the seen"和"the description of what is seen"两种不同的表达方式。

86.一条这样的评论同样是无助的:深度维度的排列同任何其它排列一样,是"所看到的东西"的一种性质。

87.下面这种说法是什么意思呢:对病人来说,牙医正在检查的那个牙洞在感觉上比它实际的大小要大得多。例如,我用手指比划着并说道,我相信它有**这么**大。我依据什么来测量手指间的距离?——我究竟测量它了吗?人们是否可以说:"我一开始知道这个洞对我来说有多大,然后我用手指来指示它"?好吧,在很多情形下人们可以这样说;例如,我自己认为这个洞有5毫米宽,并通过对这个距离的展示来向一个人解释**这一点**。如果有人问我如下问题的话,情况又如何呢:"在你进行指示之前,你是否知道其直径有多大?"——对此我可以回答说:"是的。如果你在早先问我的话,那么我就会给你这种回答。"——知道某事并不是:**思维一种思想**。①

88.当我说自己知道什么时,——我是如何说出自己知道什么**这一点**的?

89.什么是对我看到什么的描述?(这并不仅仅意味着:我应当用哪些语词来描述我看到的东西?——也意味着:"一种对于我所看到的东西的描述,看上去是怎样的呢?我应当用它来称呼什么?")

90.一段叠句的反复带给我们的独特的感受。我想做出一种手势。但对于那段叠句的反复来说,这种手势是完全不能刻画其

---

① 异文:"知道恰恰并不是思维。"

特征的。或许我可以找到一个**词**,它更好地刻画了这种情况的特征;但这也不会解释对我而言这段叠句为何显得像是笑话,它的反复为何会引得我发笑或冷笑。如果我可以随这段音乐起舞,那么我可以最好地来表达这段叠句是**如何**触动我的。是的,肯定不可能有比这更好的表达了。

例如,我可以在这段叠句前加上语词"重复"。这肯定会是恰当的;但这并没有解释这段叠句为何会给我留下一种强烈的诙谐的印象。在"重复"是适得其所的地方,我也并不总是发笑。

91. 经验的、体验的"内容":我知道牙疼是怎样的,我了解牙疼,我知道红色、绿色、蓝色、黄色看上去是怎样的,我知道感到悲伤、希望、害怕、快乐是怎样的,我知道去希望做某事、去记住已经做了某事、去意图做某事、去把一幅图像交替地看作兔子头和鸭子头、去把一个词理解为一种意义而非另一种,等等,这些是怎样的。① 我知道把声音 a 看作灰白色和把声音 ü 看作暗紫色是怎样的。——我也知道什么叫作把这些体验向自己展示出来。如果我向自己展示,那么我展示的并非是各种行为或情况。——因此,我也知道什么叫作向自己展示体验吗?它意味着什么?我如何能够向别人或我自己做出解释?

92. 在语言中的"词"这个概念。人们是如何使用"同一个词"的?

"'habe'和'hatte'是同一个词。"②

---

① 从"我知道红色……"到"这些是怎样的",这段文字是用英文写的。
② "habe"和"hatte"为动词"haben"不同的变位形式。

"他两次说出同一个词,一次大声地,一次低声地。"

"银行(Bank)"(复数为"die Banken")和"长凳(Bank)"(复数为"die Bänke")是同样的词吗?

"它们**在词源学上**是同样的词。"

"当人们说'ich habe ein Haus'和'ich habe ein Haus gebaut'的时候,两个'habe'是同一个词吗?"①

93. 请思考:一个已经被我们征服的部落,我们想奴役它。正因为如此我们才对那些人的行为举止感兴趣。我们想描述这一点,描述这种行为的不同**面相**。例如,我们注意并观察疼痛的行为、高兴的行为,等等。在他们的行为中还有对一种语言的使用。而且一般而言,被习得的那些行为并不比不是被习得的行为——就像一个孩子的啼哭——少。是的,他们不仅仅拥有一种语言,而且还在这种语言中拥有心理表达形式。——请问问你自己:这些表达形式是如何被传授给部落的孩子们的?——

我现在假定,这些人拥有如下这样的表达式:"我有黑色的头发"、"他有黑色的头发"、"我有钱"、"他有钱"、"我有一处伤口"、"他有一处伤口"。而且现在他们在**心理**陈述中运用这些语法构造。

94. "当我听到'Bank'的时候,钱庄这个意义就浮现在我面前。"它就像是一个被体验到的、然后得到释义的意义的胚芽。现在它是一种体验吗?

---

① 意为"我有一座房子"和"我已经建造了一座房子"。第一个"habe"意为"拥有",第二个"habe"则是完成式的助动词。

人们完全可以说:"我有一种体验,它是这种用法的一个胚芽。"对我们来说这可能是自然的表达方式。

95.将就也是一种人们可以学会的思维活动。①

96.一个我们想奴役的部落。政府和科学家宣布,该部落的人没有灵魂;所以人们可以毫无顾虑地将他们用于任何目的。但我们自然还是对他们的语言感兴趣;因为,例如,我们必须给他们下达命令并接收他们的报告。我们也想知道,他们相互之间说些什么,这与他们的其它行为是相关联的。但我们一定也对他们那里与我们的**"心理表露"**相应的东西感兴趣,因为我们希望他们保持能够工作的状态,因此如下东西对我们而言是很重要的:他们疼痛、不适、沮丧、快乐等的表露。的确,我们也发现,人们可以成功地将这些人用作生理和心理实验的实验对象,因为他们的反应——包括语言反应——完全是拥有灵魂的人的反应。我假定,人们还发现,通过一种与我们的"教学"非常类似的方法,我们可以将我们的而非他们的语言传授给这些自动人偶。

97.例如,这些存在者现在学习书面或口头计算。但我们可以用某种方式使他们在静坐片刻后便说出一次乘法运算的结果,而无需书写或口算。如果人们此时来观察他们学习这种"头脑中的计算"的方法和方式,以及环绕着这种"头脑中的计算"的现象,那么就会有这样一幅图景浮现出来:这种计算的过程仿佛是隐藏的,并且发生在水平面**以下**。(请想想这样一种意义,在这种意义上水

---

① 异文:"将就也是某种人们可以学会的东西。"

由 H 和 O"组成"。)

我们自然是出于各种不同的目的而给出这样一种命令:"请在心中计算这个!";提出这样一个问题:"你已经算出它了吗?";以及"你到达了哪一步?";还有自动人偶的陈述"我已经算出了……";等等。简言之:如果他们说出**我们**之间关于头脑中的计算所说的东西,那么这也会令我们感兴趣。——如果我们中有人主张这样一种想法,即此时**在**这些存在者**之中**一定有什么事情发生,而且更确切地说是有某种心灵上的事情发生,那么这会像一种愚蠢的迷信那样被笑话。//如果我们中有人主张这样一种意见,即这些存在者一定拥有某种灵魂,在其中有如此这般的事情发生,那么我们会嘲笑他。//而如果这些奴隶真的自发地构建了那种表达,即**在**他们**之中**有这样的或那样的事情发生,那么在我们看来这是十分滑稽的。

98.我们也和这些存在者玩这样的游戏"请想象一个数字!——用它乘以 5!——……"——这是否证明**在他们之内**的确有某种事情发生?

99.我们现在来观察一种现象,——我们可以把它解释为体验的表达;把一幅图像一会儿看成这个,一会儿看成那个。例如,我们现在向他们展示一幅字谜画。他们发现了谜底;然后他们说了某些东西,指向某些东西,描绘某些东西,等等;而且,我们可以把我们的表达式"我总是这样来看这幅图像"传授给他们。或者他们已经学会了我们的语言以及"看"这个词的习惯性用法,并且自发地构建了那种形式。

100. 这种现象、这种反应，有着怎样的令人感兴趣之处和怎样的重要性呢？它们可能完全不重要、完全不令人感兴趣，也可能是重要的、令人感兴趣的。有些人把某些颜色和我们的元音联系在一起；有些人可以回答周几是胖的而周几是瘦的这样的问题。这些经验在我们的生活中扮演着非常次要的角色；但我可以很容易想出这样的情形，在其中，那些对我们而言不重要的东西反而获得了极大的重要性。

101. 这些奴隶也说："在我听到语词'Bank'时，对我而言它意谓……"。问题是：他们是在**哪种**语言技巧的背景下这么说的？因为所有事情都视这一点而定。我们已经教给他们语词"意谓"的哪种运用呢？我们从他们的表露中提取出什么呢，如果毕竟有什么东西被提取出了的话？因为如果我们完全不能用这种表露做任何事情的话，那么它可能因为稀奇古怪而令我们感兴趣。——让我们设想这样一些人，他们不知道梦为何物，并且听到了我们对梦境的讲述。请设想我们中的一个人来到这个无梦的部落并逐渐学会与那些人交流。——你或许认为，他们绝不会理解"做梦"这个词。但他们很快便发现了它的一种用法。该部落的医生可能对我们的梦非常感兴趣，并从这些陌生人的梦中得出重要的结论。——人们不能说，对这些人而言，动词"做梦"除了描述一场梦之外不能意谓其它事情。因为这个陌生人会使用"做梦"和"描述一场梦"这两种表达式，而我们部落的人却不会混淆"我梦见……"和"我描述这场梦……"。

102. 我们问自己："是什么让我们对那些人的心理表露感兴

趣?"——不要把这些语词反应令我们感兴趣这一点看作是那么不言自明的。

103.一种①物质的化学式为何令我们感兴趣?"好吧,这是当然的,因为它的成分令我们感兴趣。"——在此我们有一种相似的情形。回答或许也可能是:"因为,恰恰是它的内在本性令我们感兴趣。"

104."你当然不会否认,铁锈、水和糖拥有一种内在本性!""如果人们还不知道这一点,那么科学会无可辩驳地展示这一点。"

105.在这样或那样的意义上的对于一个词的听或思考,是一种**真实的经验**吗?——它是如何得到判定的?——可以说些什么与之相反的东西?人们不能发现这种体验的任何**内容**。就像是人们表露一种经验,却不能想起这种经验实际上是什么。就像人们有时可以想起一种与我们在寻找的经验同时发生的经验,但是我们所看到的只(像)是一件外衣,而在应当被衣物覆盖的地方,我们看到的是一片虚空。//但是我们所捕捉到的东西只像是一件衣服,而我们错过了它遮盖住的地方。//此时人们倾向于说:"你甚至不该去寻找**另一种**内容"。经验的内容恰恰是仅仅通过(经验的)**特殊的表达**而得以描述的。但这也并不令人满意。因为我们为什么感到如下事情呢:这里恰恰**没有任何**内容存在?

是否仅仅就意指的经验而言是这样的呢?比如,就记忆的经验而言,是否就不是如此呢?如果有人问我,我在过去的两个小时

---

① 异文:"那种"。

里做了什么,那么我会直接做出回答并且不需要从经验中读出答案。人们的确也说,**我想起来了**,而这是一种心灵过程。

106.几乎令人感到惊奇的是,人们可以对"你今天早晨做了什么"这个问题做出回答——无需寻找我的活动的历史痕迹或者类似的东西。是的,我做出回答,我甚至不知道记忆只有通过一种特殊的心灵过程才是可能的,如果没有人告诉我这一点的话。

107.但"我相信我记得这个"自然是存在的,无论对错与否——这里就出现了心理学上的**主观性**。

108.例如,如果我说记忆的体验和疼痛的体验属于不同的种类,那么这是误导人的,因为"不同种类的体验"可能使人想到疼痛的体验、瘙痒的体验和熟悉的感受之间的那种不同。我们所谈论的这种不同,毋宁说是数字 1 和 $\sqrt{-1}$ 的不同。

109.人们从何处得到了一种体验①的"内容"这个概念。好吧,体验的内容是私人对象,是感觉材料,是我用精神之眼、精神之耳等东西所直接把握到的"对象"。内部图像。——但是对人们来说,这个概念在哪里是必不可少的呢?

110.但是,当我报告自己的主观性的记忆时,为什么我不倾向于说我描述了自己的体验的内容?

111.诚然,当我说"那天的记忆浮现在我心中"时,这看上去是另一种情形。此时我倾向于谈论一种经验的内容,并且想到某些

---

① 异文:"经验"。

浮现在我心灵中的、像语词和图像一样的东西。

112. 我可以通过如下方法向一个人展示一种特定的疼、痒、刺痛等等为何物：我在他身上引起那种感受，并观察他的反应、他对这种感受的描述等等。但我能否在记忆体验的情形下做这样的事情呢？——也就是说，这样一来他现在能够说："是的，现在我知道'想起某事'是怎么一回事了。"是的，我自然可以将我们称之为"想起某事"的东西传授给他；我可以教给他这些语词的用法。但他是否能够说："是的，现在我已经经验到这是怎样的了！"（（"是的，现在我知道害怕是什么了！"））如果他这样说，那么我们会**感到惊讶**，并思考"他可能经验到了①什么？"——因为我们并没有经验到②特殊的东西。(PU II 321)

113. 如果有人说"现在我知道什么是刺痛了"，那么我们是通过"这种感受的表达"而知道这一点的：他抽搐，发出独特的声响，说我们在这种情形下也会说的话，像我们那样发现同样的描述是恰当的。(PU II 321)

114. 而人们也可以这样来真正地说一种"很久很久以前"的感受，而且这些语词是那种感受的表达，而不是如下这种感受的表达："我想起自己曾经多次遇见过他。"(PU II 321)

115. "如果会消失，那么就不是真爱。"这为何不**是**真爱呢？这是不是我们的这样一种经验：只有这种而非那种感受是具有持续

---

① 异文："感到了"。
② 异文："感到"。

性的？或者我们使用一幅图像：我们检查爱的**内在**特性，这种特性是直接的感受所不能揭示的。但这幅图像对我们来说是重要的。爱是一种重要的东西，它不是一种感受，而是某种更深刻的东西，只在这种感受中表露自身。

我们拥有语词"爱"，并把这个头衔给予重要的东西。（就像我们把"哲学"这个头衔授予一种特定的理智活动。）

116. 我们授予语词，就像我们授予业已存在的头衔一样。

117. "一个新生婴儿绝没有牙齿。"——"一只鹅绝没有牙齿。"——"一支玫瑰玫绝没有牙齿。"最后一个命题显然是真的！甚至于比一只鹅绝没有牙齿这点更为确实。——然而，事情可不是这样清楚。因为一支玫瑰究竟在哪里有牙齿？鹅在其**颌骨**里没有牙齿。它在翅膀中自然也没有任何牙齿，不过，说它绝没有牙齿的人中没有人意指这点。好的，假定人们这样说，情况如何：牛嘴嚼其饲料并且接着由此而施粪于玫瑰上，因此玫瑰在一只动物的胃里有牙齿。这种说法因为如下原因不是荒唐的，即人们从一开始就不知道到玫瑰的什么位置去寻找牙齿。（（这以某种方式与如下问题相关，即"地球已经存在了超过 10 万年"这条命题比"地球在最近五分钟内存在"这条命题具有更为清楚的意思。因为，我会向一个**这样**说的人提问道："你谈及的是何种观察呢？什么样的观察会驳斥你的命题呢？"但此时我或许知道，第一条命题属于哪个思想圈子，属于哪些观察。））(PU II 335)

118. "你看，当一个人想起什么时，事情就是这个样子。"**这个样子**？哪个样子？——人们是否可以设想有人这样说："我绝不会忘记这种经验(即这种记忆)!"?①

119. 记忆是一种经验吗？我经验到**什么**？当"Bank"一词对我来说意谓这个或那个东西的时候，这是一种经验吗？

再次问：我经验到**什么**？——人们倾向于回答：我看到这个和这个东西，我想到它。

我仅仅**说出**这点吗——这个词对我来说意谓这个——并且**没有任何事情**发生？这是单纯的语词吗？——不是的；人们也可以说，一些与之相应的事情发生了——但是人们不能用出现了一些与之相伴随的东西这一点来**解释**如下事情：这不是单纯的语词。因为这两种表达式意谓相同的事情。

120. 这样一种感受：有人之前曾经处于完全相同的处境。我从没有这样的感受。

当我看到一个很熟悉的人时，他的面孔对我来说是熟悉的；对我来说，它比那种仅仅"看上去熟悉"的情况要亲密得多。但这种熟悉存在于哪里？在我看着他的整段时间中，我是否都有这种熟悉的感受？为什么人们不愿意这么说呢？人们或许想说："我没有任何对于熟悉的独特的感受，没有感受相应于我对他的熟悉。"如果我说，他对我来说是极其熟悉的，我无数次地看到他并和他说话，那么这也不是对任何**感受**的描述。是什么表明这不是在描述

---

① 在安斯考姆和冯·赖特所编的英德对照版(Basil Blackwell Oxford, 1980)中，本条评论的部分德文被错印为第122节中的另一行话(打字稿出处为 TS 229 第219页，手稿出处为 MS 130 第178-179页)；但其相应的英文则是正确的，而且祖尔卡姆普出版社的八卷本版的相应部分也是正确的。

感受？——如果一个人断言,在他看着这个熟悉的对象的整段时间中,**他**都有这样的一种感受——或者如果他说,他**相信**自己有这样的一种感受,——我应当干脆说我不相信他吗？——或者我应当说我不知道那是怎样一种感受吗？

我看到一个很熟悉的人,而某个人问我,他的面孔对我来说是否是熟悉的。我会说:不。这张面孔是那个我见过成千上万次的人的面孔。"可难道你没有这种对于熟悉的体验吗——如果你对一张几乎不认识的面孔有这种感受?"!

如果我说如下事情,那么情况怎么会是我没有表达任何感受呢:这张面孔对我而言当然是熟悉的,或许不可能有什么比之更熟悉了？

121. 为什么在此谈论一种持续的熟悉的感受是可笑的？——"好吧,因为你没有察觉到这种感受的存在。"但**这**就是答案吗？

122. 对于熟悉的感受,这是某种与舒适的感受类似的东西。为何在这里谈论一种感受看上去就是正确的,而在那里就不然？——在此我突然想起关于舒适性的那种独特的表达。比方说猫的呼噜声。

123. 难道我不是也能设想这样一种情形吗,在其中,我会说一个人对某个对象有一种恒常的熟悉感？请设想一个人在自己很久没有居住的房间里四处踱步,并享受对所有旧物件的熟悉。在此人们难道不能谈论一种熟悉感吗？为什么不能呢？——我是否**在自己身上**认识到这种感受？我是否发现了,在此谈论这种感受**为什么**是有意义的？

124.我设想,他的所有动作都有一种让他觉得熟悉的调子。——但我如何会知道这一点?——好吧,是通过他对我说的话。因此他一定要使用某些语词,例如说"所有这些让我觉得如此熟悉",或者给出另一种对自己感受的特殊表达。

125.对环境的非真实性的感受。我曾经有这种感受,而且很多人在精神病发作前也有这种感受。不知是怎么一回事,所有东西看上去都不是**真实的**;但并不是好像人们**看到**这些事物是不清楚的或模糊的;所有东西看上去和平常完全一样。而我如何知道,另一个人拥有我所拥有的感受?因为他使用同样的语词,而这些词在我看来也是恰当的。

但是,为什么我恰恰会选择"非真实性"这个语词来进行表达呢?肯定不是由于它的声响。(一个拥有非常类似的声响但意义不同的语词不会被我选中。)我选择它,这是由于它的意义。但我肯定没有学习过在**一种感受的**意义上去使用这个词!不;可我在一种特定的意义上学习过这个词,并且现在我自发地**这样**来使用它。人们可能会说——尽管这可能是误导人的——:如果我在这个词的通常的意义上学习过它,那么我现在选择**这种意义**是为了将其作为对我感受①的比喻。但这里涉及的自然不是一种比喻,不是将这种感受与其它某种东西相比对。

126.事实不过就是,我把一个语词用作感受的表达,这个语词是另一种②技巧的承担者。我以一种新的方式使用它。那么这种

---

① 异文:"体验"。
② 异文:"一种特定的"。

新的用法在于什么呢？嗯，其中一点在于，**我说**：我有一种"非真实性的感受"——即在我已经以通常的方式学会了语词"感受"的用法之后。还有一点在于：这种感受是一种状态。

127.愤怒。"我痛恨……"显然是对痛恨的表达，"我是愤怒的"则很少作为对愤怒的表达。愤怒是一种感受吗？它为何不是呢？——首先：如果一个人是愤怒的，那么他会做什么？他会做出怎样的行为举止？换言之：人们在什么时候说一个人是愤怒的？在这样一些情形下他学会了使用"我是愤怒的"这种表达式。它是对一种感受的表达吗？——为什么它**应当**是对一种或一些感受的表达？

128.因此愤怒难道不是一种体验吗？——如果我紧握自己的拳头，说出或写下一个句子，那么这是一种体验吗？

129.请列举出各种不同的心理现象：思考、疼痛、愤怒、高兴、希望、害怕、意图、回忆，等等——并且比较与每种现象相对应的行为。——但在这里，有什么是属于这种行为的呢？仅仅是做出面部表情和做出手势吗？还是也有环境，这种环境可以说是那种表达的诱因？如果人们现在将环境也包括在内，——那么，例如，愤怒时的行为和回忆时的行为该如何进行比较呢？

130.这难道不类似于如下说法吗："请比较水的各种不同的状态"——并与此同时意指水的温度、流速和颜色等？

131.属于人们行为的当然不只有他们在没有学会一种行为时所做的事情，还有他们在接受一种训练后所做的事情（例如**言说**）。

而这种行为在与那种独特训练的联系中拥有自己的重要性。——例如,如果一个人学会使用语词"我很高兴",就像另一个人学会使用语词"我很害怕"一样,那么我们在此会从同样的行为中得出不同的结论。

132."他可以不感到害怕,即使他**从未**表露出来?"——这里的"可以"意谓什么? 它的意思应当是:"一个人是害怕的,但并未说出来?"——不是的。毋宁说:"提出这个问题是否有意义?"——或者:如果一位小说家述说某人感到害怕,却从未表露这一点,那么这是否有意义? 是的,这有意义。但是有哪种意义呢? 我意指的是:——这样一个句子是在哪里、是如何被使用的? 如果我问"它有何种意义?"——那么我并不希望回答是一幅图像或一系列图像——而是对情况的描述。

133."但沮丧的确是一种**感受**;你肯定不想说,你是沮丧的,却并没有感到沮丧? 而你在哪里感到它呢?"这依赖于人们所说的"感到"是什么意思。如果我将注意力①集中于自己身体上的感受,那么我会注意到一种非常轻微的头痛,一种轻微的胃部不适;或许还有某种疲劳。但是,如果我说自己非常沮丧,那么我意指**这种东西**吗? ——而且我又说:"我感到自己灵魂上压着一块重物。""好吧,我不能用其它方式来表达它!"——但这是多么奇怪啊:我这样说它,却不能以其它方式来表达!

134.我的困难完全就像这样一个人的困难,他发明了一种新

---

① 异文:"目光"。

的算法(比如微分)并正在寻找一种符号系统。

135. 沮丧并不是一种身体的感觉:因为我们**并不**在如下这种环境中**学会**"我感到很沮丧"这个表达式,即一种特定的身体感受标明了这种环境。

136. "但是沮丧、愤怒当然是一种特定的感受!"——这是怎样一个命题?它会被用在何处?

137. 这样一种不确信性:一个人是否真的有这种感受,或者他只是假装这样。但如下事情当然也是不确信的:他是否不是仅仅在假装自己在伪装。只不过这种伪装很罕见,而且并没有让人们易于理解的根据。——但这种不确信性在于什么呢?我是不是真的总是无法确信如下事情:一个人是否真的是愤怒的、悲伤的、快乐的,等等?并非如此。这并不比如下这些事情更加不确信:我面前是否有一个笔记本,我手中是否有一支白来水笔,如果我松开书,它是否会掉落,或者如果我说 25 乘以 25 等于 125,我是否没有算错。但如下事情是真实的:我不能陈述使得感受的存在不受怀疑的诸种标准;而这意味着:这些标准并不存在。——但**这**是怎样一种事实呢?它是一种与感受有关的**心理**事实吗?人们会想说,它位于感受的本质中,或者位于感受的表达的本质中。我可以说:它是我们语言游戏的一种特性。——但即使这是真的,它也忽略了这样一处要点:在**某些**情形下,我对于另一个人是否疼痛这一点是感到不确信的,例如,我在自己对他的同情中并不感到确信无疑,——而且**没有任何**表露能够消除这种不确信性。——此时我或许会说:"他现在的确也可能在假装。"但他在假装这一点为何应当是必然的呢;因为假装不过是这样一种特殊的情形,在其中,一个人表露出疼痛却并未感到它。一种特定的药物或许能够使他处于这样一种状态中,在其中,他"像机器人那样行动",没有假装,但并没有感到什么,尽管他表露出诸种感受。例如,我设想这种药物对他产生了作用,使得他在一场真正的疾病后的一段时间内,严格地按照顺序重复自己生病期间的所有行动,而比如在这种客观上的疾病期间,疼痛的原因已经不复存在了。此时我们对他的同情就像对一个被麻醉的人的同情那样少。我们说,他纯然自动地在重复所有疼痛时的表露,而这当然不是在假装。

138. "我从来不知道在他之内发生着什么;**他**却总是知道。"确实,当进行哲学思考时人们会想这么说。但何种实际情况与这种说法相应呢?我们每天听到一个人对另一个人说,他疼、悲哀、高兴等等,并没有怀疑的迹象;而且相对而言我们很少听到有人说他不知道在那个人之内发生着什么。这样一来,不确信性也就不是那么糟糕了。而如下这种情况也会发生,即一个人说:"我知道你那时有这样的感受,尽管你现在不愿承认它了。"

139. 这幅"他知道它,——我不知道它"的图像,使得我们的无知暴露在一种特定的令人生气的光线下。这类似于如下这样的情况,即一个人在各种抽屉里寻找一样东西,并同时自言自语道,上帝一直都知道它实际上在**哪里**,而我们搜寻这些抽屉完全是徒劳。

140. "每个人都知道他具有疼痛"——而他是否也完全准确地知道自己的疼痛有多强烈?

141. 人们可以把"他具有疼痛"这条陈述的不确信性称为一种

构成性的不确信性。

142.一个正在学习说话的孩子,他学习了"具有疼痛"这句话的用法,也学习了人们能够假装疼痛这一点①。这属于他所学习的那种语言游戏。

亦或者:他不仅仅学习了"他具有疼痛"的用法,还学习了"我相信他具有疼痛"的用法。(不过,当然没有学习"我相信我具有疼痛"的用法。)

143."他也可以假装疼痛"——这也就是说:他可以这样来做出举止,仿佛他具有疼痛;但实则不然。的确如此;而且这样一个命题当然强调了一幅特定的图像;但"他具有疼痛"的用法是否由此受到了影响②?

144.但如果一个人说如下事情,那么情况又如何呢:"具有疼痛和假装疼痛是彼此非常不同的心灵状态,而它们可能在行为中拥有同样的表达"?

145.那么,假装的疼痛和真实的疼痛是否因此拥有相同的表达呢?人们如何区分它们?我如何知道,我教给一个孩子语词"疼痛"的用法,而且他并没有误解我并且因此总是将我称之为"假装的疼痛"的东西称为"疼痛"呢?

146.假设一个人以如下方式解释对语词"疼痛"的用法的教授:如果这个孩子在一些特定的场合如此这般地行动,那么我认

---

① 异文:"也学习了假装疼痛"。
② 异文:"发生了改变"。

为,他感到我在那些情形下所感到的东西;如果我在这个问题上没有弄错什么,那么这个孩子便把这个词与他的感受结合在一起,并且在这种感受再次出现时使用这个词。——

这种解释也许是正确的;但它解释了**什么**呢?或者:它消除了哪种无知呢?——例如,它告诉我们,这个人**并不**把这个词和一种行为、一种"诱因"结合在一起。因此,如果有人不知道"疼痛"这个词是否标示一种感受或一种行为,那么这种解释就会教导**他**。它还告诉我们,这个语词**并不是**一会儿被用于这样一种感受,一会儿被用于另外一种感受,——尽管情况也可能如此。

147. 这种解释是说,如果我随后将一个词用于**另一种**感受,那么我就错误地使用了这个词。一整片哲学之云浓缩成一小滴符号实践之水。(PU II 336)

148. "我相信他具有疼痛"这句话为何不应当只是胡言乱语?就像一个人说"我相信我的牙齿在他的嘴里"。

149. 假定有这样一个部落:那里的人们经常假装,他们像生了病并且感到疼痛那样躺在一条路上;如果有人过来提供帮助,那么他们就突然袭击这个好心人。这个部落有一个专门适用于这种行为的语词。

150. 人们不说"他是否具有疼痛这一点是不确信的",而是可能会说:"请对他的疼痛的表露持怀疑态度!"——人们怎样做到这一点呢?

151. 相信另一个人具有疼痛,怀疑他是否具有疼痛,这些是对待其他人类的十分自然的行为方式;而我们的语言不过是这种行为的辅助和进一步的扩充。我的意思是:我们的语言游戏是更原初的行为的一种扩充。(因为我们的**语言游戏**就是行为。)

152."我并不确定他是否具有疼痛。"——如果有这样一个人,当他这样说的时候,他总是用一根针扎自己,以使疼痛这个词的意义跃然于他的心灵之中,并且使他知道自己对另一个人的**什么地方**感到怀疑!在他给出自己的陈述的时候,通过弄疼自己①,他的陈述的意义是否得到了担保?他现在肯定知道自己对另一个人的**什么事情**感到怀疑!——但是,他会如何怀疑自己现在在别人那里感到的东西呢?他会如何将自己的感受与这种怀疑联系在一起?是啊,从他的疼痛通向另一个人的疼痛的途径是什么呢?的确,如果他此时自己具有疼痛,那么他是否真的就能更好地怀疑另一个人的疼痛呢?为了能够怀疑一个人是否拥有一头奶牛,我自己是否必须拥有一头奶牛呢?

153.他因此具有一种真实的疼痛;而他对别人的怀疑就在于对方是否拥有**这种疼痛**。——但他是如何做到这一点的呢?——这就像我对一个人说:"在这里你拥有一把椅子;你看到它了吗?那么现在请把它翻译成法语!"

154.他因此具有一种真实的疼痛——而且现在他知道自己应当怀疑别人什么。那个对象在他面前;而这**并不是**"行为"或诸如此类的东西。(但现在!)为了怀疑另一个人在此刻是否具有疼痛,

---

① 异文:"感受疼痛"。

我必须拥有的东西是疼痛这个**概念**；而不是疼痛。而且如下事情或许是真的：人们可以通过使我遭受疼痛而告知我这个概念。

155. 通过对意义的体验来解释意义的理解这个概念，这就像通过对非真实性的体验来解释真实性和非真实性的概念一样；或者像通过在场的感受来解释人类的在场这个概念一样，这些都是不正确的。这就像人们可能想通过一种国际象棋感受来解释什么是国际象棋。

156. ↓ "但是人们的确可以把这幅图像看作箭头或是鸟的爪子，即使并没有把这一点告诉任何人。"这再次表明：如下这种说法是**有意义的**：某人把这幅图像一会儿看作这样，一会儿看作那样，但并没有把这一点告诉任何人。——我不愿意说这**没有任何**意义，但是这个意义不是绝对清楚的。——例如，我知道人们在谈论一种非真实的感受，他们说在他们看来一切都是不真实的；而且现在有人说：可能在这些人看来一切都是不真实的，即使他们没有把这一点告诉任何人。人们如何知道如下的说法绝对是有意义的呢："在这个人看来或许一切都是不真实的，尽管他从未谈论这一点。"我在此当然是故意选择了一种十分罕见的体验。正因为它不是一种日常的体验，所以人们才更加敏锐地观察这些语词的用法。——我想说：在紧急情况下，呼喊"这完全不是真实的！"是有意义——而人们已经知道，其它的陈述也是有意义的！——或者也可能是这样的：一个人告诉我说"在我看来一切都是不真实的"。我几乎不知道这是什么意思——然而我的确已经知道像这样说话是有意义的。好吧,这自然是由于他用这句话来描述自己的体验;也就是说,由于它是一句心理陈述。

157. 也就是说:如果一个人表现出一种心灵状态,那么他可以拥有它而不把它表露出来。这是一种言说。但是,如下这样一个命题的目的是什么呢:N 或许拥有体验 E,但却从未表露过?无论如何人们可以想象出这种命题的一种用法。例如,假定人们发现了大脑中的某种体验的痕迹,并且说,它显示了他在死之前在想些什么或看到些什么,等等。人们或许会认为这样一种用法是造作的或牵强附会的;但重要的是,这种用法是**可能的**。

158. 如果有这样一种诱惑存在,即将微分学视为一种用无限小的量级进行的计算,那么如下事情也就可以理解了:在另一种情形下,一种类似的诱惑可能强烈得多,——如果这种诱惑在各个方面都从我们的语言形式中得到滋养的话;而且人们可以想象它将会是难以抗拒的。

159. "我具有牙疼"——当我这样说的时候,我回忆起的不是我的行为,而是我的疼痛。这是如何发生的?有一幅痛感的黯淡的图像在一个人面前浮动吗?——以至于他有**很轻微的**痛感?"不;这是另一种图像;一种特殊的东西。"因此,这就像一个人从未见过油画而只见过半身像,并且人们对他说:"不,油画完全不同于半身像,它完全是另一种图像。"人们可能会发现,让一个盲人理解什么是油画要比让他理解什么是半身像困难的多。

160. 但是人们在这里喜欢使用的"特殊"一词(或者类似的词)并没有什么帮助。它是一种很罕见的表达手段,就像当有人说

"好"的性质是不可定义的时候,语词"不可定义"的地位一样。

我们想去知道和想去概览的东西,是语词"好"以及"回忆"的使用。

因为人们不能说:"你肯定**了解**这种特殊的记忆图像。"我不**了解它**。——我当然可以说:"我不能描述出 N 先生,但是我了解他";但是这意味着我认出他,而不意味着我**相信**自己认出他。

161. 说一个人有一种感受,但是从未向别人说过,这是有意义的;这与如下之点相关,即说"我那时有那种感受;我回忆起了它"是有意义的。

人们可以这样来解释这种相关性:人们当然不会说:"如果我从没说过我那时具有疼痛,那么我也就没有具有疼痛。"

162. "我当然知道'他具有疼痛'**意味**什么。"这是否意味着我能够**想象**这一点?而这种想象的重要性何在呢?

如下事情确然是很重要的:为了解释这条命题,我可以在任何时间诉诸对自己独有的疼痛的回忆,或者能够转而在我身上唤起疼痛,等等。

163. 一个人如何学会把一块糖命名为"糖"?如何遵守"给我一块糖"这个要求?"请给一块糖"这句话又如何呢——因此是对愿望的表达吗?!如何理解"扔掉!"这个命令;如何理解"我现在会扔掉"这个对**意图**的表达?或许吧,——成年人也许为孩子示范这一点,说出这个词并立即扔掉,——但现在这个孩子必须模仿**这一点**。("但是,只有当这个孩子实际上在心中拥有这种意图的时候,这才真的是对意图的表达。"——但人们什么时候会说情况就是如此呢?)

他如何学会使用"我那时正要扔掉"这个表达式?人们如何知道他那时真的处于**我**所谓的"正要……"的心灵状态?在他被传授给这样或那样的语言游戏之后,他会在这样或那样的场合使用这些语词,就像成年人在那些情形下会说的那样,或者使用一种更原初①表达方式,这种表达方式包含了与之前所学的东西的本质上的**关系**,而成年人则用合乎规则的表达方式代替了那种更原初的表达方式。

164. 这种新颖的(自发的,"特异的")东西是一种语言游戏。(PU II 356)

165. "但是,在有任何语言之前,所有这些现象——疼痛、愿望、意图、回忆等——是否不存在呢?"——哪个是疼痛的**现象**?——"什么是桌子?"——"嗯,比如**这个**!"而且这当然是一种解释;但这种解释教给我们的是语词"桌子"的使用技巧。现在的问题是:在一种内心生活的"现象"的情形下,哪种解释与这种现象相对应?现在这里并没有这样一种解释存在,人们可以直接将其当作是同源的解释。

166. 人们可以问:当我理解一个词的时候,是否总有什么与之相关的东西浮现在我的脑海中?(与此相类似的是:"当我看到一个如此熟悉的对象②时,是否总是有一种重新认出的活动发生?")

---

① 异文:"自发的"。
② 异文:"听到一个熟悉的词"。

167. 存在这样的现象,即一个在脱离任何语境的情况下被听到的词——例如——在一瞬间有一种意义,紧接着则又有另一种意义;如果人们反复地说出一个词,它便失去了任何意义;或者还有其它类似的情况。而这与一种**在脑海中的浮现**有关。

168. 对于不理解"我把这幅图像现在看作……,现在看作……"这些话的人,我们该说些什么呢?他们是不是在某种重要的意义上缺少些什么;这是不是他们就像是盲人;或者是色盲;或者是缺乏绝对听觉的?

169. 我们可以很容易地设想这样的人,他们不能以这种或那种方式来"修饰"素描①;但他们是不是还不能把素描一会儿**认作这个**,一会认作其它东西?或者我是否应当假定,他们在这种情形下不会说:视觉图像在一种本质性的意义上是保持不变的?因此,如果在他们看来一个立方体的图示一会儿是这样、一会儿是那样,那么他们是否相信这些线条改变了自己的位置?

170. 请你设想这样一个人,他不乐意看到一幅素描或一张照片,因为他说,一个无色的人是丑陋的。或者某个人可能发现,那些在图像上看起来很小的人和房子等,是令人毛骨悚然的或可笑的,等等。这当然会是一种十分古怪的态度。('你不应当给自己制造任何图像。')

想想我们对一张拍的很好的照片的反应,对照片上面部表情的反应。可能有这样一些人,他们在一张照片上最多只看到一种

---

① 异文:"图形"。

图示,就像我们观察一张地图时那样;我们可以从中推断出关于风景的各种事情,但是不能,例如,在看地图时赞叹风景,或者惊呼"多么壮丽的景色啊!"

"格式塔盲"一定就是**这种**不正常的人。(PU II 206)

171. 在听到一个词时,一种体验的缺失如何能够妨碍或影响我们用语词进行**计算**呢?

172. 请你设想这样一个人,他只能边大声说话边进行思考,而且只能通过画画来进行想象。或者如下说法更为准确:在我们进行想象的地方,他却在画画。我在其中想象自己的朋友 N 的那种情形,并不相应于另一个人在其中画画的那种情形;更准确地说,他必须画画,并且说出或写下这是他的朋友 N 这一点。——但如果他有两位朋友,彼此长得很像又重名呢?而且我问他"你意指的是哪个朋友;聪明的那个还是迟钝的那个?"——对此他无法做出回答。但他可以回答这个问题,即"这呈现的是他们中的哪一个?"——在此情形下,回答仅仅是对图像的进一步利用,而非对一种体验的陈述。

173. 请比较如下事项:詹姆斯关于思想在句子开始之处便已经完成了的观念、思想是如同闪电一般的观念,以及**意图**如此这般地说的概念。思想在句子开端之处便已经完成了(为什么不是在之前一个句子的开端之处呢?),这与如下说法意思相同:如果一个人在说出第一个词后被打断了,而且你随后问他"你那时想说什么",那么他能够——至少经常能够——回答这个问题。但詹姆斯在此还说,听上去像是一句心理陈述的东西,实际上并不是。因为,思想是否在句子开端之处便已经完成了这一点必须通过个人的经验才能得到证实①。

174.但是我们也时常无法回答如下的问题,即我们那时想要说什么。在这种情形下,我们说自己**忘记**这一点了。是否可以设想人们在这些情形下回答说:"我仅仅是已经说了**这些话**;我如何应当知道接下来会说什么呢?"——

175.如果一个人说"当我听到这个词时,对我来说它指称……",那么他以此指**涉一个时间点**和**一种语词运用方式**。——在这一点上引人注目的自然是与那个时间点之间的联系。

"意义盲"则会失掉这种联系。(PU II 10)

176.如果一个人说"我那时想继续:……"——那么他指涉一个**时间点**和一个**行动**。(PU II 10)

177.如果我谈论这种表露的本质性**指涉**,那么我们语言中那些非本质性的独特的表达式由此便被推到了背景之中。对于这种表露来说具有本质意义的指涉是这样的指涉:它们使得我们将一个在其它方面为我们所陌生的表达方式翻译成这种在我们这里通行的形式。(PU II 10)

178.如果一个人从不说"我那时想要做这个",并且人们也无法教给他如何使用这样一条表达式,那么情况会如何?显然,一个人可以思考很多东西,而不思考**这个东西**。他能够精通一片广阔的语言领域,而不精通这个领域。我的意思是:他回想起自己的一

---

① 异文:"得以显示"。

些表露,或许还想起他对自己说过如此这般的话。因此,比如他会说"我曾对自己说'我想到那儿去'",或许还有"我想象那栋房子,并且沿着那条通向房子的路行走"。这里独特的地方在于,他的意图具有思想或图像的形式,而且这些意图由此总是可以被替代为一个句子的说出或对一幅图像的看。他缺少"**闪电般的**"思想。——这是否应当意味着,他常常像一个机器人那样移动;在街上行走并且去购物;如果有人遇到他并问道"你去哪儿?"——那么他会盯着那个人,仿佛是在梦游一样?——他也不会回答说"我不知道"。亦或在他或我们看来,他的行为是没有计划的?我看不出为何会是这样!

如果我到面包师那里去,那么我或许会对自己说"我需要面包",并沿着那条熟悉的道路行走。如果有人问他"你到哪儿去?",那么我会认为,他会用与我们同样的关于意图的表达式来回答。——但他是否也会说"在我离开家的时候,我想要去面包师那里,可现在……"?不;但我们是否应当说:他因此似乎是在梦游中上路的?

179. 但这难道不奇怪吗:在成千上万的各色人等中,我们并未遇到这种人?或者恰恰在痴呆人群中有这种人;而且仅仅观察如下事情是不够的:他们能够和不能够玩哪些语言游戏?

180. 柏拉图说,思想就是一种交谈。如果它真的是一种交谈,那么人们就只能报告交谈中的语词以及在其中进行交谈的诸种环境,但不能报告这些语词在那时对该说话者而言的意思[①]。如果

[①] 维氏在这里使用的语词是"Meinung",但结合语境来看,它指的应当是"意义"、"意思",而非通常的"意见"。

一个人对自己说（或大声说）"我希望立即见到 N"，那么如下的问题是没有意义的："你那时用这个名字意指哪个人？"他只不过说出了这些语词。

但我难道不能够设想如下事情吗：他现在仍然希望以某种特定的方式**继续下去**；因此我可以问他"你现在是否用这个名字意指某人，而又意指谁呢？"

假设他现在通常能够继续下去，能够解释他的语词，——他与我们之间有何区别呢？——他能够使用语词来报告任何思想。因此，如果他说"我刚刚想起了 N"并且我们问他"你是**如何**想起他的？"，那么他总是能够回答这个问题，除非他说自己忘记了这一点。

181. 如果某个人对我说"N 给我写了封信"，那么我当然可以问"你意指哪一个 N？"——而为了能够回答我，他是否必须指涉在说出这个名字时的一种体验？——如果他现在只是说出名称 N——或许作为关于 N 的一个陈述的导言——，那么我是否不能以同样的方式问道"你意指谁？"，而且他也不能以同样的方式做出回答？

182. 人们的确实际上只是说出一个人的名字；也许是在一声叹息中。而另一个人现在问"你刚才意指谁？"

而且我们的那位意义盲现在会如何行动呢？他是不是不像那样叹息；或者不能回答那个问题；亦或者回答说"我意指……"，而不是回答说"我刚才意指……"？

183. 想象一个你熟悉的人！现在说，那是谁！——有时先出现的是图像,随后是名字。但这意味着我是依据图像的相似而猜出这个名字的吗?——如果名字是随后出现的,那么我是否应当说,这个熟悉的人的表象已经和图像结合在一起了,或者它只有在同这个名字结合在一起的时候才是完整的?我不是从图像的相似中推导出这个名字的;而且由此我可以说,这个表象已经和这幅图像结合在一起了。

184. "我必须去银行并取钱。"——你如何理解这个句子?这个问题是否一定仅仅是如下意思:"你会如何解释这个句子,你听到它时会期待何种行为,等等"?如果该句子在各种不同的环境中被说出,那么语词"Bank"显然一会儿意谓**这个**,一会儿意谓那个,——在你听到它时是否必定有某种特定的事情发生,你以此才理解了那个句子? 在这里,难道不是所有关于理解的**体验**都被用法遮盖了,都被语言游戏的实践遮盖了吗?而且这仅仅意味着:这些体验在这里完全不令我们感兴趣。

185. 当我看到送奶工过来的时候,我便拿起自己的罐子并走向他。我是否体验到一种企图?这不是我所知道的东西。(这或许就像我为了行走而**试图**去行走。)但如果我被阻挡并被问道"你拿着罐子想到哪儿去?",那么我会说出自己的**意图**。

186. 例如,如果我现在说"我已经站起来,以走到送奶车那里去",——那么人们是否应当把这称作是一种对企图的体验的描述呢?**为什么这是误导人的**?是不是因为这里不存在任何关于体验的"表达"?

187. 可是,如果我说"我已经站起来,以……,但接着我思考了一下,并且……"——那么在这里,这种体验在于何处呢,它又发生在**何时**呢?这种体验是否不过就是"思索了一下","做出了不同的决定"?

188. 我拿起牛奶罐,走了几步,然后我看到它并不干净,并说道"不!",接着走向自来水管。随后我描述了发生的事情,并命名了我的意图。我难道并不**拥有**这些东西吗?当然拥有了!但再说一次:称这些东西为"体验",这难道不是误导人的吗?如果人们**也**这样称呼我对自己说的话或自己的想象等等!(将意图称为一种"感受",这恰恰也是误导人的。)

189. 现在我们问,基于同样的理由,谈论"格式塔盲"或"意义盲"是不是并非完全是误导人的(就像一个人在被动地行动时,人们谈论"意志盲"一样)。因为所谓盲恰恰就是指那个没有这种**感觉**的人。(人们不能把——例如——盲人同弱智相比较。)

190. 当我画下第一个 ⌣ 时,它是一个半圆,第二个则是一个 S 型线条的一半;第三个则是一个完整的东西。

191. "我并不怀疑这经常发生。"——如果你在一场交谈中这样说,那么你是否能够真的相信自己在谈话中把语词"daß"和"das"的意义区分开了?①

192. 针对下面这种关于人类的虚构,即他们只能边大声说话

---

① "我并不怀疑这经常发生"的德文为 Ich zweifle nicht, daß das oft geschieht,其中的"daß"和"das"相继出现。

边进行思考，人们或许想提出如下异议：假定那个人这样说"在我离开家时，我自言自语道'我必须到面包师那里去'"——人们难道不能这样来提问吗："但你真的**意指**这些语词吗？你也可能在说出它们时将其当作语言练习，或当作引用或为了讲笑话，亦或为了误导某人。"——的确如此。但是他所做的事情，是否处于那种同这些语词相伴随的体验中？对这样一种论题可以说些什么呢？或许，被询问的那个人可以回答道"我是**这样**来意指这条命题的"，而不是从**外部环境**推导出它。

193. 人们当然想说，如果有人回想起自己曾经**意指**这些语词，那么他就会回想起对于某种**深度**的体验，对于一种共鸣的体验。（如果他没有意指这一点，那么他就没有这种共鸣。）但这是否并非纯粹是一种幻觉（就像一个人相信自己觉察到头脑中的思想那样）？人们通过不合适的概念来制造一幅关于这种过程的**图像**。（参阅詹姆斯。）

194. 做一下**这种**尝试：对自己说出一个有歧义的语词（"sondern"）。① 例如，如果你把它体验为一个动词，那么请尝试把握住这种体验，以使得它持续下去。——如果你频繁地对自己嘟囔这个词，那么它对你而言会失去自己的意义；而现在问问你自己，当你在日常言说中把它用作动词时，这个语词是否并非让人觉得像是在被频繁重复时失去自己的意义那样。——你肯定无法从记忆中确证其反面。更确切地说，人们仅仅发现，它不可能先天地是其

---

① "sondern"一词既可以是连词，表示"而是"的意思，也可以是动词，表示"分离"、"挑选出"的意思。

它的样子。

195. 如下事情完全是无关紧要的：人们是否说，他们随后才把对"sondern"一词的释义投射到说出这个词时的体验上。因为在这里，投射和描述之间并没有什么区别。

196. 人们可以把一幅素描画认作一个真实的立方体；但也可以在同样的意义上把一个三角形认作是平躺着或站立着的吗？——"在我走的更近的时候，我看到它不过是一幅素描。"但并不是："在我更细致地望向那里时，我看到这是底边而这是顶点。"

197. 我所说的"在你开始说话的时候，我想，你的意思是……"的话，与他话语的开端及我那时所拥有的想象是联系在一起的。——某个人自然可能从不做这样的事情。但我假定，他最终能够回答"我刚才在谈论哪个 N"这个问题。如下事情自然是可能的，即如果我在自己所做叙述的第一个词之后提出这个问题，那么他会给出另一种回答。难道因此他不应当理解如下问题吗："你是否在开始时便立即知道我在谈论的是谁？"——如果他现在并不理解这样一个问题，——那么我们是不是不会简单地认为他是弱智？我的意思是：我们难道不会简单地假定，他的思想不是完全**清楚的**，或者他不记得自己当时所想的东西了——如果他毕竟还是想了些什么的话？这就是说，我们在此通常会使用另一种图像，与我所建议的那种图像不同。

198. 但真实情况却是：对于弱智，我们往往拥有这样的感受，仿佛他们比我们更机械地说话。如果一个人是我们所谓的"意义盲"，那么我们会设想，他必定会拥有一种与我们相比不那么活生生的印象,会更加"像一个机器人那样地"行动。(人们也说:"上帝知道他心里在发生着什么!",并想到某种不清楚的、无序的东西。)

199. 情况也可能是,当一个人对某些人说出一个孤立的语词时,他们立即用这个词构造一个句子,而另一些人则不会这样做;前者是才智的标志,后者则是愚钝的标志。

200. 对"特殊的心理现象"或"不可还原的现象"这样的表达式,可以提出什么反驳呢?它们是误导人的;但它们来源于哪里?人们想说:"对于一个不了解甜、苦、红、绿、声响和疼痛的人,人们不可能使他领会这些语词意谓什么。"相反,对于一个从未吃过酸苹果的人,人们却可以向他解释这是什么意思。红色就是**这个**,苦就是**这个**,疼痛就是**这个**。但如果人们这样说,那么他们就必须真实地**展示**①这些词意指什么;也就是说,指出某种红色的东西,品尝或让人品尝某种苦的东西,使自己或另一个人遭受疼痛,等等。不要认为人们能够私人性地指向自己之内的疼痛。但这样的话,人们如何**展示**"想象"、"回忆"、"企图"、"相信"是什么意思呢?但是,"特殊的心理现象"这个表达式,对应于私人实指定义的表达式。

201. 如果我相信另一个人的话在那时对我来说具有这种意思,那么这(最终)是否是一种幻觉呢?当然不是!就像如下事情不是一种幻觉一样:相信一个人在醒来之前梦到了某种东西。

202. 在我设想一个意义盲的情形时,这是因为对意义的体验

---

① 异文:"示范"。

在语言的**使用**中似乎没有任何重要性。也是因为，意义盲似乎不能错过太多的东西。但这与如下事情相抵触，即我们有时说，在一种报告中，一个词有时对我们来说意谓**一样东西**，直到我们看出它意谓另一样东西。首先，在这种情形下，我们没有感到意义的体验在**这个词被听到**时发生。其次，人们在这里可以谈论对命题的意义的体验，而非对一个语词的意义的体验。

203. 与"银行很远"这个命题的说出联系在一起的图像，是对**这条命题**的阐释，而非对其中一个语词的阐释。

204. 如果一个人坚决主张，当他听到或理解一项命令或一条信息时，他通常没有体验任何东西，至少没有体验到任何对他来说决定了这个词的意思的东西，——那么他难道不能以任何一种形式说，他曾经**这样**来把握该句子最初的几个词，然后改变了他的把握？——但他这样说的**目的**是什么呢？就他那一方面来说，这可以解释一种特定的反应。例如，他听说 N 去世了，并且相信这是指他的朋友 N；然后他发现并非如此。他先是看上去很惊愕，然后变得轻松起来。——而且，很容易看出这种解释会有怎样的兴趣。

205. 现在我应当说什么：——意义盲无法这样做出反应吗？或者他只是没有断言自己**那时**体验到了那种意义，——他只是没有使用一幅独特的图像？

206. 因此意义盲是这样一种人吗，他**不**说："整个思维过程在一瞬间出现在我眼前"？但这是否就是说，他不能说"现在我明白了！"

207."那里没有树木或灌木"——这个命题是如何起作用的？嗯，"树木"代表一种看上去是**如此这般**的事物。当然了：一棵树看上去是这样的；但以语词作为事物的代表的想法，实际上真的是那么容易理解的吗？如果我在规划一座花园，那么我可以在那里用一块木桩来代表一棵树。木桩目前所处的位置，随后会被那颗树木代替。——但人们也可能会说，语词"树木"在命题中代表了那里的一棵树木的图像（而且，当然，即便一棵树也可以那样被使用）。因为，在一种图像语言中，人们可能会把这幅图像放置在语词"树木"的位置上，而且"树木"这个词在任何情形下都可以通过实指定义与那幅图像联系在一起。这样一来，正是实指定义决定了该语词"**代表**"什么。现在请把这一点用于语词"疼痛"。——但"⌂"这个符号在一张设计图中难道不是代表了一座房子吗？在一座房子也可以充当**符号**的范围内而言，的确如此！但这个符号肯定并不代表它所表示的那座房子。——"嗯，它**对应于**那座房子。"——因此如果我手拿着设计图行走并来到那座房子前，我会指着图上的这个位置并且说"**这就是那座房子**。"——"这个符号代表了那座房子"意味着："因为我不能把那座房子本身放置在设计图中，所以我代之以这个符号。"但这座房子自身究竟在设计图中起了什么作用！代表是某种短暂的东西，但是如果该符号**对应于**那座房子，那么在这里这就不是短暂的；如果我们来到房子前，那么该符号不会被那座房子代替。既然符号绝不会被它的承担者代替，那么人们就可以问：一根墨迹线条怎么可能代替一座房子呢？

不：木桩代替了树木，如果有人更愿意看到人但又必须将就于图像，那么图像可以代替人；但是，地图上的符号可不会代替它所指称的那个对象。

208. 在我进行书写的时候，我在自己的手部或腕部感到什么了吗？通常来说是没有的。但如果我的一只手被麻醉了，我难道不会感到有些不同吗？的确如此。而这是否是如下事情的证据，即**尽管如此**，如果我以正常方式使这只手活动的话，我还是会感到些什么？我相信：**并非如此**。

209. "我给予你满满的信任。"如果这样说的那个人在"你"这个词后停顿下来，那么我或许能够继续下去；由这种情况可以得出他想要说的东西。但如果他令我意想不到地继续说道"一块金表"，而我说"我刚才以为是另一样东西"——那么这是否意味着：在他说出头几个词的时候，我体验到那种可以被人们称为对这些语词的理解的东西？？我相信，人们不能这样说。

210. 或者请你想想这样一场交谈：他说："我给予你——"我说："我知道。可是在此情形下你**的确**不相信我。"——我打断了他，因为我知道他想要说什么。但我是否必然在思维中填充接下来的内容？（我是否在想象中填充一幅草图呢？）

211. "I found myself going…"

saying…"等等。①

如果我在说什么，开始一段旅程，等等，那么这种描述并非**总**

---

① 原文中这两段话即为英文。意为"我发现自己在走……"和"我发现自己在说……"。

是贴切的。

212.内省绝不会导向一种定义。它只会导向一个关于内省者的心理陈述。例如,一个人说:"我相信,在听到这个我理解的词时总是会感到些什么,而如果不理解这个词则我就不会感到这种东西"——所以这是一个关于**他的**某些体验的陈述。另一个人或许体验到某种完全不同的东西;而且如果语词"理解"在这两次都得到了正确的使用,那么理解的本质就在于这种使用,而不在于他们可以说出的关于自己经验的事情。

213.一个不能理解"上帝"这个概念的人,一个看不到有理性的人如何认真地使用这个词的人,人们必须把他称为什么?我们究竟是否应当说,他患上了一种**盲**?

214.一个人突然理解了、突然重复另一个人刚才说出的语词。他对我说"现在七点了";我起初并未做出反应;突然我惊呼道"七点了!那我已经迟到了……"我这才意识到他刚才的话。但现在,在我重复"七点"这两个词时,发生了什么呢?对此我无法给出任何令人感兴趣的回答。我只是在重复:我刚刚领悟到他所说的话等等诸如此类的东西;而这并未使我们更进一步。关于一种"特殊的过程"的谈论①,自然建基于这种"只是在重复"的东西之上。(那个心不在焉的人在听到"向右转"的命令时却向左转……)

215.如果我理解了这个词,如果我企图②去做如此这般的事

---

① 异文:"想法"。
② 异文:"意图"。

情,那么是否有什么事情发生——难道没有什么发生吗?问题并不在这里;而是在于:为什么我应当对你之内发生的事情感兴趣?(他的心灵或许在沸腾或是冻结了,可能会是红色的或蓝色的:使我关心的东西是什么呢?)

216.一个愚钝的人当然**不会**说:"在你开始讲话时,我认为你的意思是……"——现在人们会问:这是不是因为他总是立即做出正确的理解?或是因为他从不做出修正?亦或是:在我之内发生的事情也在他之内发生,而他只是不能表达它?

217."在你开始讲话的时候,我认为你想要……因此我刚才做出这种举动……"因此人们解释道,人们所做的事情是伴随着他们那时所拥有的想法的。现在我是否真的只是在事后才想出这种解释?我刚才是否并没有真的做出这种举动,因为我刚才认为……?——这是一种什么样的问题?这个"因为"肯定与一种理由无关①。

218."我会向你解释我为何站了起来;也就是说,我刚才认为你意指的是……"——是啊,现在我理解它了!——但这种理解的重要性何在呢?好吧,例如:如果这种解释有所不同,那么我现在就必须用语词或行动做出不同的反应。就这个范围内而言,他的思想像是一种行动,或是他身体之内的一种过程。关于他思想的报告,就像是关于那样的过程的报告。——"我一开始认为你的意思是……"这句话有什么令人感兴趣的地方?通常没有什么。人

---

① 异文:"肯定不是因果关系上的"。

们可以说，这句话向我们揭示出他的思想世界。但**这**是出于什么目的呢？这种揭示为何不是空洞的废话或单纯的白日梦？

219. 人们（当然）可以把这个关于那样一种理解的报告称为关于一种倾向的报告。（詹姆斯。）但在这里，关于一种倾向的体验不可能在体验的一种并未全部完成的图像之中被看到！好像这种体验产生出一幅有色彩的图像，而某些颜色被涂抹的十分浓重，另一些则仅仅被含蓄地暗示，也就是轻描淡写。

但是，就其自身而言，一种柔和的颜色并不是一种浓重颜色的暗示。

220. 一个事件在记忆中留下一条印记：人们有时认为，好像它就存在于如下事情中，即它在神经系统中遗留下一条印记、一种印象、一种后果。因此人们似乎可以说：神经也拥有记忆力。但是如果现在某人回忆起一个事件，那么他就必定是从这种印象、这种痕迹**推断**出它的。无论该事件在有机体中遗留下什么，它都不是记忆。

将有机体与录音机的卷轴相比较；印象和痕迹是声音在卷轴上遗留下的变化。如果录音机（或卷轴）重现了自己所记录的东西，那么人们是否可以说，它再次回忆起了被说出的话？

221. 依赖性的感受。人们如何能够**感到**自己是有所依赖的呢？人们如何能够感到**：**"它并不依赖于我"。但无论如何，这是怎样一种对感受的奇怪表达啊！

可如果有人每天早晨在做某些动作时起初有困难，比如举起手臂之类的动作，而且必须等到麻木感消失，而这有时要很久、有时又很快,以至于他无法预料这一点,也无法采取任何手段来使之加快,——那么难道不正是这一点给予我们对于依赖性的意识吗?这种意识的根据,难道不在于这种规律性的缺失或对这一点的生动的想象吗?

它正是这种意识:"人不是必须这样行走!"如果我从椅子上站起来,那么我通常不会自言自语道"因此我能够站起来。"我在一场疾病后或许会这样说。但如果某个人时常这样自言自语,或者在随后说"因此这次成功了",那么对于这样一个人人们可以说,他对生活持有一种独特的态度。

222. 人们为什么说"他知道自己在意指什么"?人们从何处知道他**知道**这一点?

如果他知道意指什么,但我不**知道**他意指什么,——如果我知道这一点的话,情况又会如何呢?的确,如果我知道而他不知道的话又如何呢?为了使得我们会说:"他**知道**另外那个人体验到了什么",一个人必须怎样来行动呢?

但是否必定有这样一种情形存在:我们会以前后一致的方式来描述这种情形? 如下事情是不清楚的,即任何现象都必须①用"A 具有 B 身体中的疼痛"这种话来进行描述。

换言之:虽然人们可以说:"这难道不是该表达式②的一种合乎逻辑的使用吗?"但我可能会或者不会乐于称其为是符合逻辑的。

---

① 异文:"应当"。
② 异文:"该表达方式"。

223.尤其请你回想一下在对梦境的记叙中的这个表达式:"而我知道……"人们可能认为:这是多么奇怪啊,人们能够梦见自己**知道**。人们也说:"而我在梦中知道……"

224.我所做的所有事情并不都是怀着一种意图做出的。(我边走边吹口哨,等等。)但如果我现在站起身来并离开家,然后再次返回,并对"你刚才为何这样做"这个问题回答说"没什么特别的根据"或"我只是就这么做了——",那么人们会发现这是异乎寻常的,而且某个常常这样不带任何特定意图而行事的人,会是非常背离常规的。他一定是人们所谓的"弱智"吗?

225.现在请你设想这样一个人,人们会这样谈论他:他从来不能回忆起任何一种意图,除非通过如下方法,即回想起一种对意图的表露。

一个人能够做我们在正常情况下"怀着一种特定的意图"做的事情却并不怀有那种意图,尽管如此,这一点仍然被证明是有用的。而且在这样一种情形下我们或许会说,他是带着**未被意识到的意图**行动的。

例如,他突然登上一把椅子而接着又走了下来。对于"为什么"这个问题他没有做出回答;但接着他报告说,他在椅子上注意到如此这般的东西,而事情看上去就像是:他登上椅子就是为了观察那个东西。

一个"意义盲"难道不能以类似的方式来行事吗?

226."在我说'他是个笨蛋'的时候,我意指的是……"在这些声响和那个人之间有什么样的联系呢?——如果被问到,"你意指谁?",那么我会说出他的名字,描述他,出示他的照片,等等。此外还有什么联系吗?在说这些话的时候,是否有一种特别的联系存在呢?但是,是在说出整个句子的时候,还是仅仅在我说出"他"的时候?没有答案!

227. 在那些词的持续过程中的体验——我想说——向着这种解释自然地生长着。

228. 但情况的确是这样的:在交谈中我有时会说"他是个笨蛋",而且如果有人问我"假如我们刚才谈论的不是 M 而是 N,那么你是不是会在这些语词持续的时间内体验到不同的东西",那么我必须承认,情况并非必然如此。但另一方面,在说出这些话的时候,我有时似乎拥有这样一种体验,它清楚明白地是属于**他**的。

与言说相伴随的那些体验似乎明确地与**他**联系在一起。

229. "我刚才当然是这样想到他的:我看到他出现在我面前!"——但我并不是依据他的图像而**认出**他的。

230. 我突然说"他是一个笨蛋"。A 说:"你刚才意指谁?"我说:"意指 N。"A 说:"你是在说出这个句子的持续过程之中想到了他,还是仅仅在给出这种解释之时才想到了他?"——我可能回答说,我的语词是一段很长的思绪的终点。我在整个时间中都想到 N。我现在是否可以说:这些语词自身不是通过特定的体验而是通过整个思维过程同他关联在一起的?我也可以用这些语词去意指另一个人,而它们指涉哪个人这一点,在于那些发生在它们之前的事情。

但为了能够说我曾经在谈论他、意指他、想到他,——我真的必须回忆起一种无论如何绝对与他相关联的体验吗？因此，难道我总是不可能想到如下事情吗：在我的语词的持续过程中，**没有任何指向他的事情**发生？因此我认为，我总是**意识到**我的想象图像是多义的。但与此同时——我这样假定——我还是说"我曾经意指那个……"。但这难道不是一种自相矛盾的假定吗？不；情况确实是这样的。我说"我曾经意指那个……"；我就**这样**继续下去了。

231. 我同自己的邻居谈论他们的医生；此时我眼前浮现出这个人的一幅图像——但我从未见过他，仅仅知道他的名字，而且我或许是根据这名字构造出他的图像的。这幅图像现在如何可能刻画了我对**他**的谈论的独特特征呢？——但它的确浮现在我眼前，直到我回想起自己完全不知道这个人长什么样子。因此，对我而言，与他的名字相比，这个人的图像一点也没有更好地表现他。

232. 如果**我把意义**的浮现同一场梦相比较，那么我们的言说通常是无梦的。

所以"意义盲"是一个在言说时总是无梦的人。

233. 人们真的可以这样问吗：他的梦与我有何相干？在他跟我说话或听我说话时，为什么我必须对梦到什么或是否在做梦感兴趣？——这当然不是说，这些梦从来不可能令我感兴趣。但它们在语言交流中为什么应当是最重要的东西呢？

234. 在此对"梦"这个概念的使用是有用的；但仅当人们看到这种使用在自身之中包含着一种错误的时候。

235. "我在整段时间中都在想，你在谈论……"——只是这**曾**

经如何呢？——情况不过就是：他真的曾经在谈论那个人。我随后才知道自己刚才错误地理解了他，但这一点并不改变伴随着理解而发生的事情。

因此，如果"我那时相信你意指的是……"这个句子是对一场"梦"的报告，那么这意味着，当我理解了一个句子的时候我**总是**在"做梦"。

236. 人们也说："我假定你在谈论……"，而这听上去更加不像是对一种体验的报告。

237. "我认为你在谈论……，而且你在说他……这一点令我感到惊奇。"——这种惊奇又出现在一种类似的情形下：在这里也有这种感受，就像人们用对这些思想的**说出**来补充那种初步的体验一样。

238. 嗯，这肯定是真的！因为在有的时候，如果我说"我认为……"，那么我可以报告说，我那时恰恰大声喊出这些语词或悄悄地说出它们；或者我那时并没有使用这些语词，而是使用了另一些语词，目前的这些语词是那些词的一种依据其意思的复述。**有时这当然会发生**！但与此相对的是如下这种情形，在其中，我目前的表达式并不是它们的**复述**。因为只有当该表达式遵循映射的诸种规则时，它才是"复述"。

239. 如果某个人无法说"sondern"这个词可能是动词或连词，或者无法造出这样的句子，在其中，那个词是动词或连词，那么他就不能胜任简单的学校练习。但是一个学生并不被期望去做如下**这种事情**：在一种语境之外如此这般地把握这个语词，或者报告自

己是怎样把握它的。(PU II 11)

240. 我想说：交谈、语词的使用及注解是流动的，而且语词只有在流动中才有自己的意义。"他已经离开了。"——"为什么？"在你说出"为什么"这个词时你意指什么？你**想到**了什么？

241. "我刚才认为，他意指**他**"——嗯，这与"我认为，你刚才意指他"的意思并不相同。不要被与过去时态的另一种用法的比较给弄糊涂了！

242. 我们玩这种游戏：这里有一些图像，一些语词被说出，而且我们必须指向与语词相对应的那幅图像。这些语词中也有一些是多义的。我在听到……这个词时首先想到它的**一种**意义并指向一幅图像，然后想到它的另一种意义并指向另一幅图像。意义盲能做这些吗？当然。——但是**这样的情况**又当如何呢？一个词被说出，而我想到它的一种意义。我不说出这种意义，而是寻找相应的图像。在我找到它之前，我想到了这个词的又一种意义；我说："我刚刚想到了第二种意义。"然后我解释说："首先我想到了**这种**意义，然后是**这种**。"意义盲可以做**这些**吗？——他难道不能这样说吗：他知道这个词的意义但是没说出来？或者，他难道不能这样说吗：他现在**想到**它，但是没有说出来？——我想他可以说上述二者。不过，在那种情况下的确也可以说："在你刚才说出这个词的时候，我想到了**这种**意义。"但为什么不是这样呢："在我刚才说出这个词的时候，我首先是在**这种**意义上意指它的"？

243. 我理解的那个词仿佛具有一种特定的轻微的香气，这种香气对应于那种理解。两个我所熟悉的语词似乎是相区别的，这不仅仅是由于它们的声响或外观,还由于一种气氛,即使我并不在听到它们时进行任何**想象**。——但请你想想,著名诗人和作曲家的名字如何看上去具有一种从自身之中提取出来的独特意义。所以人们可以说:"贝多芬"和"莫扎特"这样的名字不仅听上去有所不同,而且伴随着一种不同的**特性**。但是如果你应当进一步地描述这种特性——那么你会展示他们的图像还是音乐?

现在还是那个意义盲:他不会感觉到如下事情,即那些名字在被听到或看到时,是通过一种不可衡量的东西区别开的。他是否会由此而失去什么?——不过,如果他听到一个名字,那么他可能首先想到**一个**承担者,然后是另一个承担者。——

244. 我说,"现在我能做这件事!"这句话不表达任何**体验**。就像如下这句话一样:"现在我将举起我的手臂。"——但为什么它们不表达任何体验或感受呢?——它们是如何被使用的?例如,这二者都被作为一种行为的导言。一个陈述涉及一个时间点,但在这个时间点上,该陈述所意指的东西、所谈论的东西并没有在外部世界中发生;这个事实并不向我们表明该表达式是在谈论一种体验。

245. 请想想,当小学生知道答案时,他们的"举手"。一个小学生是否必须悄悄地对自己说出那个答案,以使得自己的举手能够带有意义?为此他之内必定会发生**什么**?——什么也没有。但如下事情是重要的,即如果他举起了手,那么他通常便会**给出**一种答案;而这是关于如下事情的标准,即他**理解**了举手。

246. "如果'是'这个词具有"同于"的意义,那么'玫瑰是红色的'这句话是没有意义的。"我们有这样一种想法,即如果一个人试图带着这种意义来说出"玫瑰是红色的"这句话,那么在思考中他一定会卡住。(这就好比一个人不能思考一条矛盾式,因为思想对他而言可以说是破碎了。)

人们可能想说:"你不能这样来意指这句话,但仍然可以将一种意思与整句话联系起来。"(PU II 12)

247.人们可以说,这个意义盲会这样来表露自己,即人们不能成功地对他说:"你必须把这个词听作……,那样你就会正确地说出这个句子。"这是人们在演奏一段音乐作品时给予一个人的指令。"演奏这个,仿佛它就是答案"——而且人们也许对此做出一种手势。

但一个人如何在演奏中翻译这个手势?如果他理解我,那么他会更好地按照我的愿望来演奏。

可你难道不能借助于"更强"、"更弱"、"更快"、"更慢"来给出这样一个指令吗?不;我不能这样。因为尽管他现在把这个音演奏的更强,把那个演奏的更轻,我还是根本不知道这一点。我也可以对他说"请摆出一副狡黠的面孔",而且如果他摆出了这样的面孔,我就会知道这一点,但却不能在事先或事后描述那张面孔上的几何变化。

248.如果有人问"意义体验是否类似于对想象图像的体验",那么他的意思是:这种区别难道不只是一种不同**内容**的区别吗?那么,那种想象图像体验的内容是什么呢?"它是**这个**"——但在这里我必须指向一幅图像或一种描述。——"人们在这里和那里都在进行体验"(人们或许想这样说)。"仅仅是不同的东西。一种不同的内容被呈现给意识——浮现在他眼前。"而这自然是一幅十分误导人的图像。因为它是对一种习语的图解,而且没有解释任何东西。同样,为了解释一种结构式的化学符号,人们可以勾勒一些图像,在其中,那些元素会被描绘为手拉着手的人。(炼金术士的图解。)(PU II 14)

249.如果某个人说,他拥有一颗闪光金球的想象图像,那么我们会理解这一点,但如果他说这颗球是空心的,我们就不会理解他了。但是在梦中,人们可以看到一颗球并且**知道**它是空心的。

250.舒曼发出的"就像来自远方"的指令。① 任何人都必定理解这个指令吗?任何一个理解比如"不要太迅速"这个指令的人,都理解舒曼的那个指令吗?意义盲所缺少的东西,难道不是这种能力吗?

251.人们能够像留住一幅想象图像那样留住一个意义的理解吗?因此,当我突然想起一个词的一个意义时,——它也可以停留在我的心灵的前面吗?(PU II 15)

252."全部计划一下子出现在我的心灵的前面,并且以这样的方式停留了一分钟。"在这里人们的意思或许是,一闪而过的东西和停留下来的东西不可能是相同的东西。(就像人们不能拉长一个复合元音一样。)(PU II 16)

---

① 出自舒曼(Schumann)的《大卫同盟舞曲》(*Davidsbündlertänze*)。——原编者注

253.如果发生这样的情况,即我说"现在我拥有它了!"(也即一种突然的开始),那么人们自然不能谈论说它是停留着的。

254."是的,我知道这个词。他就在我嘴边。——"在这里,詹姆斯所说的关于裂缝(间隙)的观念不禁浮现了出来;在其中,只有这个词才合得上,等等。——人们已经以某种方式体验到这个词,即使它并不在那里。——人们体验到一个**成长着的**语词。——而且我自然也可以说,我体验到一种成长着的意义或成长着的对意义的解释。——可奇怪的是,我们并不想说那里有某个东西,它是随后会成长为那种解释的东西。因为如果你"举手",那么你就是在说你已经知道它了。——好吧;但你或许也可能会说"现在我能够说它了",而你并不知道这种**能够**是否会成长为一种言说。如果有人说:"这种言说是**那种**能够的果实,如果它是从这种能够成长而来的话。"那情况又如何呢?

255.在我想说它,**能够**说它时,我还是并没有**说出**它。

256.在如下这种解释中自然也有某些出错的地方,即意义或对意义的解释形成自某个萌芽。事实上我们并没有感知到那样一种生长;或者仅仅在一些十分罕见的情形下才感知到它。而且这种解释恰恰来源于这样一种倾向,即进行解释而不仅仅进行描述。

257.纯粹的描述是如此的困难,因为人们相信,为了理解那些事实,人们必须对它们进行补充。这就仿佛有人看到一块布满凌乱斑点的画布,并且说:照现在这样它是无法被理解的;只有当人们补充进一种形状的时候,它才变得有意义。——然而我想说:在这里的**是**一个整体。(如果你对其进行补充,那么你就歪曲了它。)

258. 我**那时**当然想到这种**意义**！不是在我报告它的那个时间，也不是在两个时间中间。

这恰恰是人们如此称呼的东西：这恰恰就是语词"我想到这种意义"的用法（"在这个所谓的二十世纪"①）。

259. "意义肯定不是某种人们能够**体验**的东西！"——为什么不是呢？——意义并不是感觉印象。但什么是感觉印象呢？是某种像气味、味道、疼痛、声响之类的东西。但所有这些"像……之类的东西"都是什么呢？什么是它们共同的东西呢？这个问题自然不能通过如下方式来回答，即专注于那些感觉印象。但人们可以这样提问："在何种环境中我们会说某人拥有一种我们所缺少的感觉印象呢？"——例如，我们谈论动物说，它们拥有一种用来感知什么东西的器官，而且这种感觉器官并不一定与我们的相似。

260. 人们是否能够设想这样一种感觉感知，通过它我们把握到一个固体的形状，即其**整个的**形状，而非仅仅从**一个**视角看到的东西？例如，这样一个人会能够用粘土做一个物体的模型，而无需绕着该物体走或伸手拿它。

261. 关于一种意义的可能的解释的多样性，从根本上说，是不是就在于如下的事情：人们并不在与体验一种视觉图像"同样的意义上"体验一种意义？

262. 是什么使得我关于他的心象成为了关于**他**的心象？——是什么使得他的肖像成为了**他的**肖像？是画家的意图吗？而这是

---

① 原文中这句话是用英文写出的。

否意味着：他的心灵状态？——是什么使得一张照片成为了**他的画像**？是摄影师的意图吗？假定一个画家意图按照记忆画出 N，但却在某种无意识的力量的引导下画出了一幅 M 的极好的画像，——我会不会将其称为一幅 N 的劣质的画像呢？还请你设想这样一些人，他们接受过画像绘画的训练，并"机械地"描画坐在自己面前的人。（人形的阅读机器。）

现在，——是什么使得我关于他的心象成为了关于**他的**心象？适用于肖像的东西丝毫不适用于心象。这种**问题**犯了一个错误。（PU II 21）

263. 想到一个词的意义并且没有将它又**忘掉**的人现在便能够以这样的方式应用这个词了。

想到这个意义的人现在**知道**了它，而且这种想到是知道的开始。这与对于一个想象图像的体验毫无相似之处。（PU II 18）

264. 但如果我对自己说，我想如此这般地（用"x"）来称呼**这个**（与此同时我瞧着一个特定的图形），那情况又如何呢？我也可以大声地向自己说出一个实指定义"这个叫作'x'"。但我自己必须理解它！因此我必须**知道**，自己是如何依据何种技巧而想到了去使用语词①"x"。——如果有人问我"你知道自己会**如何**使用这个词吗？"，那么我会回答说：是的。

265. 宗教告诉人们，灵魂能够在肉体解体的时候继续存在下去。我竟然理解它教导我们的东西吗？我当然理解它——在此我

---

① 异文："符号"。

只能想象一些事情。(人们甚至于还绘制了一些关于这些事情的图像。为什么这样一幅图像应当仅仅是所说出的思想的不完善的描述呢?为什么它不能提供与我们的句子①相同的服务呢?重要的是服务。)(PU II 27)

266. 可你难道不是一个实用主义者吗?不是的。因为我并不说,如果这条命题是有用的,那么它就为真。

用途,或曰用法,给予该命题特定的意思,这是语言游戏给予它的意思。

一条规则经常被这样给出,即它被证明是有用的,而数学命题从本质上说与规则有亲缘关系,就这样的范围内而言,有用性反映在数学真理中。

267. 活生生的面部表情。人们必须特别记住如下事情,即人们能够**画出**一张带有活生生表情的面孔;记住这一点是为了相信,产生出这种印象的东西实际上就是颜色和形状。不要相信如下事情:只有人类的**眼睛**——眼球、眼睑、睫毛等——才能使人们在其目光下忘记自己,才是人们能够带着惊讶和陶醉去看向其中的东西。人类的眼睛正是这样来起作用的。"由此你可以看到……"

268. 如果我带着惊讶和陶醉去凝视另一个人的眼睛,那么我是否**相信**他之内有一个灵魂?

269. "如果 p,则 q"这个命题,例如"如果他来了,那么他会为我带些东西",并不与"p⊃q"相同。因为"如果……则……"这个

---

① 异文:"我们所说的话"。

命题允许虚拟式,而"p⊃q"这个命题则不然。——如果一个人对"如果他来了……"这个命题回答说"这不是真的",那么他不是想说:"他来了而且什么也没带",而是想说:"他**可能会**来而且什么也没带"。

从"p⊃q"并不能得出"如果 p,则 q";因为我完全能够在断定第一个命题时(例如,我知道情况是～p．～q)[①]否认第二个命题。

270. 我现在是否应当说,"如果……,则……"这个命题,要么为真,要么为假,要么是未确定的?(因此排中律失效了?)

271. 对于"如果他来了,那么他会带些东西"这个陈述,人们可以给出"并不绝对如此"这样的回答。——也可以说:"这并不合逻辑。"——人们还可以说:"这种关联并不存在。"——罗素说,如果人们断言"如果……,则……",那么他们通常意指的不是实质蕴含,而是形式蕴涵;但这也不是正确的。"如果……,则……"不能在罗素主义逻辑的表达式中被再现。

272. 人们很可能会说,"如果……,则……"这个命题要么为真,要么为假,要么是未确定的。——但人们会在何种场合这样说呢?我认为是:作为对一种进一步的辨析的导言。人们在这三种观察角度之下探讨这件事。我将可能性的领域划分为三个部分。

人们现在或许会说:一个**命题**将可能性的领域划分为**两个**部分。可为什么呢?除非这一点属于一个命题的定义。为什么我不

[①] "～p．～q"意为"并非 p 并且并非 q","．"是维氏在《逻辑哲学论》中便开始使用的表示合取的逻辑符号。

应当把那种将可能性领域划分为三个部分的东西也称为一个命题呢？

273. 现在请设想一种两分：我说："他要么来，要么不来。——如果他来，则……，如果他不来，则……"①我现在**能够**将这种考察用于"如果……和……相遇，就会发生一场爆炸"这个命题吗？例如，如果一个人做出这种考察，——那么我难道不能这样来答复吗："在这个问题上你要么是正确的，要么是不正确的：如果情况如你所说，那么……，如果并非如此，那么……"？

274. 排中律所表达的意思并不如其形式所伪装出来的那样：有是和否这两种可能性存在，而没有第三种。而是："是"和"否"将可能性的领域划分为两个部分。——而这自然并不一定如此。（"你是否已经停止殴打你妻子了？"）

275. "愿望是精神、灵魂对待对象的一种态度。""愿望是一种心灵状态，指涉一个对象。"为了使得这一点更易于理解，人们也许会想到渴望，我们的渴望的对象出现在我们眼前而且我们怀着渴望察看它。如果它不在我们面前，那么便有某幅图像代替它，而且如果此处没有图像的话，那么就有一种心象。因此，愿望便是心灵对待一种心象的态度。但人们想到的其实总是身体对待一个对象的态度。心灵对待心象的那种态度，恰恰是人们或许会在一幅图像中对描绘所采取的态度：人类的心灵好像带着向往的姿态倾向于一个对象的图像（那幅真实的图像）。

---

① 异文："在第一种情形下……在第二种情形下……"。

276.而且人们当然也可以用这样的方式来表现如下事情：一个人在自己的面部表情中丝毫没有对这种愿望的表达，但他的心灵则渴求这种愿望。

277."'但愿他会来！'这个命题能够承载我们的愿望。"——它在这里承载着什么呢？仿佛我们的心灵将一个重物加载在它之上。是啊，这完全就是我想说的东西。而我想这样说这一点是否无关紧要？

278.我想这样说这一点是否无关紧要？它难道不重要吗？对我而言，希望居住**在胸中**，这难道不重要吗？这难道不是人类的某种重要态度的图像吗？一个人为什么相信，一种思想浮现在他的头脑中？——或者更准确地说：他并不是**相信**这一点；他体验到它。因为他在此时试图抓住自己的头，闭上眼睛，以使得头脑中只剩下这种思想。他把头向后靠并做出一种手势，以表明任何东西都不应当干扰头脑中的那种过程。——嗯，这些难道不是重要的态度吗？

279.如果脑袋中的思想的图像能够硬让我们接受，那么灵魂中的思想的图像为什么不能更加强烈地硬让我们接受？（PU II 28）

280.还有什么东西是比一个带着相信的表情说"我相信……"的人更好的关于相信的图像呢？

281.人类是其灵魂的最好的图像。（PU II 29）

282.人们能够很容易地用图像来描绘对一只苹果的渴求，而无须将表达渴求的语词放置在口中,这当然是重要,——但如下这种深信则不能以上述方式来描绘:某事是如此这般的。

这是**很重要的**,因为它指示出不同心理① 现象之间的区别——本质上的区别——以及描述这种区别的类型与方式。

283.刚才我为什么说"本质上的区别"?它是否像是碳、重力、光速和紫外线之间的区别?所有这些"对象"都是自然科学要处理的。——

284.假设我们在谈论一些与人类的言说有关的现象。如下事项可能令我们感兴趣:言说的速度,语调的变化,手势,句子的长短,等等。——如果有人现在谈论一个人说,他拥有一种内心生活:他思考、意愿、害怕、相信、怀疑、拥有心象,感到悲伤,感到快乐等等,——这是否类似于:他吃饭、喝东西、说话、书写、奔跑,——或类似于:他的动作时快时慢,有时有目的有时没目的,有时是持续的有时是断断续续的?

285.请想想人们可以称之为一条线的特征的东西,以及所有必定会被称为对其特性的描述的东西。如果有人对一条线的特征感兴趣,那么他都可以询问些什么呢?

286.请设想我们观察了一个点的运动,比如一个黑色的点在一张平整的白纸上的移动。所有可能的重要结论都能够从这种运动的特性中得出。但我们能够观察到的所有东西是什么呢?——这个点的运动是单调的还是多样的;它的速度是否发生周期性的

---

① 异文:"心灵"。

改变;它是连续地还是断断续续地发生改变;这个点是否画出一条封闭的线条;该线条与圆形的接近程度如何;这个点是否画出一条波浪线,而其振幅和波长是多少;以及其它数不清的问题。其中任何一个都可能是唯一令我们感兴趣的问题。比如,对于我们来说,这种运动中除了在某一时间内的圈数以外的所有事项均可以是无所谓的。而且,如果现在不只是**一个**这样的特征,而是其多个特征令我们感兴趣,那么它们中的每一个都可能告诉我们一种独特的、按其种类不同于所有其它信息的信息。人的行为的情况、我们所观察到的这种行为的不同的刻画特征的情况是一样的。(PU II 31)

287. 那么,(**比如**)心理学处理行为,但并不处理人类的心灵状态吗?如果某个人在做心理学实验——那么他会报告些什么呢?——被试所说的话、所做的事,对他而言过去发生了什么以及他曾对此做出什么样的反应。——而不是:被试在想什么、看到什么、感到什么、相信什么、觉察到什么?——如果某个人在描述一幅油画,那么他是否在描述画布上线条的排布——而**不是**那个观察者所**看到**的东西?

但如下事情又如何呢:这个观察者在实验中有时会说:"那个被试刚才说'我觉察到……',而我则拥有这种印象,即这是真的。"——或者有人说:"那个被试看上去疲倦了。"这是对他行为的一个陈述吗?人们或许会说:当然了,不然还能是什么呢?——人们也可以报告说:"那个被试刚才说'我感到疲倦了'"——但是对这些话的评估会依赖于如下事情:它们是否可靠,是否在重复另一个人的说法,是否是一种译自法语的翻译,等等。

现在请想想这个问题:我陈述说:"他给人留下一种垂头丧气的印象。"有人问我:"给你留下这种印象的东西是什么呢?"我说:"我不知道。"——现在人们能否说,我描述了他的行为?? 如果我说"他摆出一副悲伤的表情",那么人们难道不能说我描述了他的表情吗? 即使我不能指明表情中哪些空间上的变化给人留下这种印象?

有人或许会回应道:"如果你更仔细地看,那么你就能够描述这种独特的颜色——以及位置变化。"但谁会说我或某人能够做到这一点呢?(PU II 32)

288. 再说一遍:如果我报告说"他很沮丧",那么我所报告的是一种行为还是心灵状态?(如果我说"天空看起来挺可怕的",那么我谈论的是现在还是未来?)两者皆是;但它们并不是并列的;而是在一种意义上是前者,在另一种意义上是后者。但这是什么意思呢?(这难道不是神话吗? 不是。)(PU II 33)

289. 这完全类似于关于物理对象和感觉印象的谈论。在此我们有**两个**语言游戏,而且它们彼此间的关系属于非常复杂的那种。如果人们想用一种简单的形式来说明这些关系,那么他们便误入歧途了。(PU II 38)

290. 假设我在描述一个心理学实验:仪器、实验员的问题、被试的行动和回答。接着我说:所有这些都是如此这般的一场舞台剧中的一个场景。这时一切都变了。因此,人们会解释说:如果在一本关于心理学的书中这个实验被以相同的方式加以描述,那么这种行为描述将恰好被理解为对心灵状态的表达,因为人们**预设了**,这个被试说出了真实情况,没有愚弄我们,并不是事先记住了答案。——因此,我们做出了一个预设?(PU II 36)

291. 护士对医生说"他在呻吟"——有时她想说的是"他具有强烈的疼痛";有时是"他在呻吟——虽然他并未感到什么";有时是"他在呻吟;我并不知道他是否具有疼痛或仅仅是在发出这种声音。"

我们做出了一个预设吗?——我们每次都以不同的方式来**利用**这个陈述。

292. "心理学家当然报告了被试所说的话和做出的行为,但这些肯定只是作为心灵过程的标志。"——这是正确的。例如,如果这种话和行为是死记硬背的结果,那么它们就不会令那位心理学家感兴趣。而"作为心灵过程的标志"这个表达式肯定是误导人的,因为我们习惯于将脸色当作是发烧的标志。然而现在一种拙劣的类比却通过一种更拙劣的类比而得以解释,以至于我们最终只能是由于疲劳才得以从这些不一致性中解脱出来。

293. 请设想一个人说:我们所熟悉的(比如一本书中的)每一个词在我们的精神中都有一个由被微弱地暗示出来的运用所构成的雾气圈、"晕圈"环绕着它。以这样的方式,即好像一幅油画中的每一个人物都由可以说处于另一个维度中的柔和的、画成雾一般的景象包围着,而且我们在此就是在其他的关联中看这些人物的。那就让我们来认真地对待这个假设好了!这样下面这点便是明显的了:它不能解释那个**意图**。

因为如果事情是这样的,即一个词的运用的诸可能情况在说或听的过程中以中间色调的形式浮现在我们心中,那么这点恰恰只是适用于**我们**。但是,我们与其他人进行交流时却不知道他们是否也具有这些体验。(PU II 39)

294.下面这种事情又怎样呢:在我们意识领域内的持续的生成和消逝? 嗯,这是怎样的呢:这是一种经验吗,或者人们能否想象它是其它的样子? 这里有一种不清晰之处。

295.我在一个房间中感到很熟悉:这就是说,我无需片刻思考,就能找到门,打开或关上它,使用每一件家具,我无需寻找桌子、书本、抽屉,也无需思考人们可以用它们做什么。我感到熟悉,这一点体现在这样一种自由上,即我自由地在房间中活动。这也可以表露在惊讶的缺失或怀疑中。对如下问题我应当如何回答呢:这种"我-在-这个-房间中-感到熟悉"是不是我心灵的一种状态呢?

296.对于"温度计有何用处"这个问题,我能够**立即**或毫无困难地用长长的一列句子来做出回答。我同样能满足如下这种要求:"请解释'书'这个词的用法。"

297.人们可以把感到熟悉称为一种体验,也可以不这样做。

298.某些语词的使用是出于韵律的要求。对我们来说,这种使用可能比它实际上的情况重要**得多**。

299."这是怎样一种体验:……?"人们不会问"如果**你**拥有它,那么会怎样?"——因为在这个问题上一个人可以这样回答,而另一个可以那样回答。人们不会问他们对那种体验的描述,而是观察这些人如何以及在哪些场合提及这种体验,谈论这种体验,而**没有**试图描述它。

300. 我说"树木"这个词,然后我说出一个胡说的语词。它们让人感到非常不同。何种程度的不同呢?——两个对象被展示给我:其中一个是一本书,另一个是我所不知道的、形状独特的事物。我说:它们不仅仅看上去不同,而且我在瞧着它们时具有一种不同的感受。我"理解"其中一样东西,但不理解另一样。"是啊,但这不仅仅是熟悉和陌生之间的区别。"嗯,这难道不也是熟悉和陌生这两个类别之间的区别吗?一个陌生人踏进我的房间,但我立即看到他是一个人。某个裹得严严实实的东西踏入我的房间,而我不知道它是一个人还是一只动物。我在自己的桌子上看到一个我不熟悉的对象,一颗普普通通的石子,但此前我从未在自己的桌子上见过它。我在路上看到一块石头;我并不感到惊奇,尽管我不记得之前是否见过它。我在自己的桌子上看到一个形状奇特的、不知有何用途的对象,而且我**并不**感到惊讶:它总是被放在那里,我从来不知道它是**什么**,也没有兴趣去知道它是什么,它对我而言完全是熟悉的。

301. "嗯,在你听到'树木'这个词的时候,你难道不理解它吗?——此时正有什么事情在你之内发生!"——可是什么呢?——我并不**理解**这一点。——问题不过是:关于理解,我是否应当说,它在我之内发生?有什么东西在阻止这一点;而这仅仅意味着,通过这种表达式,我们将理解与另一些现象放置在一起,并抹去一种我们想要强调的区别。但是哪种区别呢？——在何种情形下我们**不**会拒绝如下说法：在听到这个语词时，有什么东西在我们之内发生？

302. 我们到底会用什么来反驳这样一个人——他告诉我们说，**在他那里**理解就是一种内在的过程？——如果他说，在他那里能玩象棋是一种内在的过程，那么我们用什么来反驳他？——回答可以是：当我们想知道他是否能玩象棋时，我们对发生于他之内的任何事情都不感兴趣。如果现在他对此答复说：我们恰恰对他之中的事情，即他是否能玩象棋，感兴趣——这时我们可以如此而反驳他：提醒他向我们证明他的能力的那些**标准**。(PU II 40)

303. 为了通晓一种环境，你不仅仅需要知道从一个村镇通向另一个村镇的正确的道路，还要知道，如果你在路上走错了方向，那么你会无意中走到哪里。这表明，我们的观察与一场为了绘制地图而在一个地区进行的徒步旅行何其相似。而且如下事情并非是不可能的：那样一张关于我们所巡视的地区的地图，有时会被绘制出来。

304. 假定你在理解时具有一种独特的经验，那么你如何可能知道，它就是我们所说的"理解"的经验呢？——嗯，你究竟如何知道自己具有的那种经验就是我们所说的"疼痛"的经验呢？——这是不同的事项——我知道这一点，因为我在某种情况下的自发的行为，就是人们所说的对疼痛的表达。

305. 如果一个人学会了使用"疼痛"这个语词，那么这并不是通过如下事情而发生的：他猜出这个词会被用于何种内部的过程，例如在跌倒时的内部过程。

这时就可能会出现这样的问题:如果我弄伤了自己,那么我由于自己的**哪些**感觉而喊叫?

此时我设想,有人指向内部并问自己:"它究竟是**这种**还是**那种**感觉?"

306. "我是否将那个**正确的**名称附加给这种感觉,这一点是无关紧要的,——我刚刚已经把**一个**名称附加给它!"——但人们究竟如何将一个名称附加给比如说一种感觉呢?人们能否**在自身之内**将一个名称附加给一种感觉呢?在此发生了什么;而这种行为的结果是什么呢?((请参照:关于附上一张标签的评论。①))如果人们在心灵中关上一扇门,那么它是否就被关上了呢?而且这有何影响呢?是否没有任何人能够进入人的心中?

307. "你如何知道,你所拥有的经验就是我们称之为'疼痛'的那种经验?"——我所拥有的经验?哪种经验?我如何向自己和(向)另一个人详细解释它?

308. 请设想,我们能够学会人们所说的感觉之类的东西,比如一种"疼痛",而且接着人们就教我们**表达**这种感觉。为了能够将一种活动称为对一种感觉的"表达",它必须与这种感觉具有一种什么样的联系?

309. 假设一个人知道或猜出一个孩子具有感觉,但丝毫没有

---

① 《哲学研究》,第一部分,第 15 和 26 节。——原编者注

关于感觉的表达。现在他想教这个孩子去表达这些感觉。① 他需要如何将一种行为举止与一种感觉联系起来，以使得它成为对这种感觉的表达？

310. 他能否这样教这个孩子："你看看，人们是这样对某样东西进行表达的——例如，**这**就是对**它**的表达——现在请表达你的疼痛！"

311. "理解"恰恰不是像感觉语词那样被使用的。

312. 这是一幅令人迷惑的图像：我们在观察一种物质实体，——它的变化、状态、运动；这类似于这样一个人，他观察一座熔炉中的变化和运动。然而我们观察和比较的是人类的态度和行为。

313. 原初的疼痛行为是一种感觉行为；它被一种语言表达式所取代。"'疼'这个词标示一种感觉"就等同于说："'我具有疼痛'是一种感觉表露。"

314. 行为的诸种形式可能是无法比较的②。而且如我们所使用的那样，"行为"这个词一般来说是误导人的，因为它将外部环境——狭义上的行为的外部环境——也囊括进自己的意义中。

那我能否谈论比如说一种愤怒的行为，并且谈论一种不同的希望的行为？（想象一只愤怒的人猿，这是很容易的——但一只怀有希望的人猿呢？而它为什么是如此呢？）(PU II 1)

---

① 异文："现在他想把这些感觉的表达式教给这个孩子。"
② 异文："不可通约的"。

315.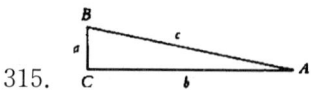

如果某人对我说"我现在把**这个**点看作这个三角形的顶点",那么我会理解他。但我用这种理解来做什么呢?好吧,例如,我可以对他说:"现在在你看来这个三角形是不是倒了下来,就好像它通常是以 a 为底边站立的?或者对你来说,它现在显得像是以 B 作为顶点的山峰?或者像是楔子?或者像是'倾斜的平面'?或者像是锥形?"

你现在可以问"把这幅图像看作**这样的**,这一点**在于**什么?"——可以说,你对于在这里所发生的事情做出了假设。例如,眼睛的转动,或者人们用来补足所看到的东西的想象——人们想象一个物体从这个倾斜的平面上滑下来,等等。所有这些都**可能**发生,但并不一定发生;如果某人告诉我他把这个三角形看作楔子,那么他**并没有**告诉我他的眼睛做出了怎样的转动,等等。——不;问题并不在于**这里发生了什么**,而在于:人们能够怎样使用这个陈述。例如,对这个报告的理解对我有什么帮助。

一种用法可能是:人们可以对一个人说"把这个三角形视作一个楔子;然后你将不会再对……感到惊奇了。"对此他或许会说:"是的,**这样一来**它对我来说就更自然了。"——我通过我的解释使他平静下来;或者帮助他能够更快地解答一道习题。

316. 看到一张面孔和另一张面孔的相似,一种数学形式和另一种数学形式间的类似,一幅画谜的线条中的人的形状,一幅轮廓素描中的立体形状,在"ne... pas"中听到或说出的、在"步子"的意义上的"pas"一词——所有这些现象以某种方式都是相似的,但肯定也是非常不同的。(一种视觉感知,一种听觉感知,一种味觉感知,一种运动感知。)

317. 在所有这些情况下都可以说,人们体验到一种**比较**。因为对这种体验的表达就是,我们倾向于一种比较。倾向于一种改写。

这种体验的表达就是一种比较。但为什么这是一种"体验"?嗯,我们的表达**是**对体验的一种表达。——是因为我们说"我把它看作……","我把它听作……"吗?不是;尽管这种表达方式与之相关。但它是**有正当理由的**,因为语言游戏使得这种表达成为对一种体验的表达①。

318. 一种在比较中得到表露的体验。——例如,为了以一种意识到的方式去听"je ne sais pas",一个人必须知道另一些像"not a thing"这样的表达式。②

通过一种比较而对体验所做的表达恰恰是**这样**一种表达,一种直接的表达。是的,这种现象是我们所观察的和感兴趣的。

319. 现在如果一个人不能这样来听、体验"pas",如果在我们对他说"这样来听"时他并不理解我们意指什么,——如果我们向他解释说"pas"在否定句中也拥有与"步伐"相同的意思,如果我们说它和语词"少量的"、"bit"、"thing"③等类似,那么他也不会理解

---

① 异文:"因为这种表达在语言游戏中成为对一种体验的表达"。
② "je ne sais pas"为法文,大意为"我不知道";"not a thing"为英文,大意为"没有什么"或"没有的事"。
③ 在这里"bit"和"thing"原文即为英文。

我们吗？但那个看到……这个词的用法和……这个词的用法**相类似**的人，他看到了什么呢？

320. 好吧，我出于什么目的而向一个人指出这样一种类似？我们对此期待着什么？它拥有何种影响？——看上去肯定有一种解释存在。它**是一**种解释。人们的确也说："是啊，现在我理解这个词的用法。"但人们也说："我知道你意指什么，但我不能像这样来**听**它。"

321. "正如我们今天也……，所以这些人……"

我们可以依据**那种**用法来观察**这种**用法。例如，这可以充当启发式原则。

322. 尽管每一个词——人们想这样说——在不同的语境中可以有不同的性格，但是它毕竟总是具有**一个**性格——一副面孔。它可是注视着我们。——人们确实可以设想，每个词都是一张小面孔，文字符号可以是一张面孔。人们也可以设想，整个命题可能是一种群体图像，以至于对这些面孔的一瞥便产生出它们之间的相互关系，并且使这个命题整体成为一个**有意义**的群体。——但这种关于一个群体是有意义的经验在于哪里呢？为了使用这条命题，必须这样把它感觉成是有意义的吗？（PU II 42）

323. 因此这也是确定无疑的吗：任何一个理解我们语言的人，都倾向于说任何一个语词都拥有一张**面孔**？而——这是很重要的——这种倾向属于我们心中的哪种一般性的趋向呢？

324. 首先，如下事情是很清楚的：这种将语词视作某种亲密的、富于感情的东西的趋向,并不总是存在,也并不总是具有同样的程度。但富于感情的东西的对立面就是机械的东西。如果某人要扮演一个机器人,——那么他会如何偏离我们日常的行为?例如,通过如下事项:我们日常的运动并不借助于、哪怕是近似地借助于几何学概念而得以描述。

325. 例如,人们是不是会从电报风格的句子中得出关于群体图像的印象呢?

326. 囚犯有一个作为其名称的数字。没有人会像歌德谈论人名那样来谈论这个数字。

327. 人们有这种想法,即命题的意思由其语词的意义组成。(群体图像。)例如,"我仍然没有见过他"的意思是如何由这些语词的意义组成的呢?

328. "habe"这个词也有一张面孔;因为"die Habe"这个词无论如何拥有**另一张**面孔。① 它让人觉得是不同的;因此"habe"也必定让人觉得是某种样子的。——但"Habe"给人的"感受"**必定**与"habe"不同吗?如果某个人向我保证说,这两个词给他的感受是完全相同的,那情况又如何呢?例如,他说:是的,连词和动词"sondern"给人的感受是不同的;但"Habe"和"habe"则不然。我们在这一点上不该相信他吗?

一种完全是不言自明的表露,与对这个语词的理解连结在一

---

① "habe"为动词"haben"(意为"有")的第一人称直陈式现在时;"die Habe"意为"财产"。

起,而(这种表露)在这里在纯然个人的感受表达①之中出现。这与如下事情并无不同:一个人说元音 a 和 e 在他看来拥有同样的颜色。我能否对他说:"你并没有在玩我们的游戏"?

329. 在这里一个敏感的人会不会假定,他在所有语境中都感到两个"sondern"是不同的呢? 不是的。只有在实验性地说出它们时②,人们才期待这一点。

330. 请你想想这样的人类,他们使用"极端复杂"的数字来进行计算。但这些数字被表现为图形,人们彼此重叠地来书写我们的数字时便产生出了这种数字。例如,他们把截至小数点后第五位的 π 写作这样: 。任何观察他们的人都会发现,很难猜出他们在做什么。而且或许他们自己都无法解释这一点。这种数字可以用某种不同的字体加以书写,而这样一来(对我们而言)其外观就会变得无法识别了。而且这些人所做的事情在我们看来显得是纯然直觉上的。

331. 因此我说:如果人们将如果-感觉的心理学兴趣看作一个意义的理所当然的关联物,那么人们便错误地评估了这种兴趣;相反,我们必须在一种不同的语境中来看待它,在它出现于其中的那些特殊的情况的语境中来看待它。(PU II 45)

332. 说:"很难把这两个事物分离开",并用那种连词的感受说

---

① 异文:"纯然个人的表露"。
② 异文:"只有在实验中不是出于其通常的目的而说出它们时"。

出最后那个语词！① 在日常的言说中，请练习带着那种不合适的感受说出一个有两种意义的语词！（如果它不与一种对声音的不合适的表达联系在一起，那么它就不会妨害交流。）

333. 现在请对自己说："sondern"这个连词实际上与动词"sondern"是一样的（就像 weg = Weg 和 trotz = Trotz），②并且在动词的意义上说出"这并不是更好，而是变得更糟了"这个句子！

334. 你确信下面这点吗：有**一种**如果-感觉？而且或许并非有多种？你已经试着在非常不同的类型的语境中说出这个词了吗？比如当它承担着这个句子的主要重音时和当跟着它的那个词承担着这个重音时。(PU II 43)

335. 如果一个人没有说出"如果"这个词，那么他便绝不会有如果-感觉吗？无论如何下面这点是令人惊奇的：只有这个原因才会引起这种感觉。詹姆斯是否问过自己，在其它时候人们是否也拥有这种感觉，以及在什么地方拥有这种感觉？——一个词的"气氛"的情况一般说来是一样的：——为什么人们将只有**这个**词具有这种气氛这点看成那般理所当然的？(PU II 46)

336. 歌德的签名使我感到某种歌德式的东西。就此范围内而言，它像是一张面孔，因为针对歌德的面孔我可以说同样的事情。

这像是一种**镜像**。这种现象是否属于如下**这种**现象："我曾经

---

① 最后一个语词指"sondern"。参阅之前注释中对"sondern"意思的解释。
② "weg"是一个副词，意为"离开了"、"消失了"等；"Weg"是一个名词，意为"道路"。"trotz"是一个介词，意为"尽管"；"Trotz"是一个名词，意为"反抗"。

一度处于同样的境地"?

或者我在例如如下情况下将署名"等同于"那个人:我喜欢凝视所钟爱的人的署名,或者将所钦佩之人的署名装在相框中并放置在自己的书桌上?(用图片、毛发等东西变的魔术。)

337. 那种与一个物件**不可分离**的气氛,——因此它也绝不是什么气氛。

彼此紧密地联系在一起的东西,彼此**被**我们联系在一起的东西似乎是彼此适合的。但是,事情如何看起来是这样的?它们似乎是彼此适合的这点如何表露自身?好比是这样:我们不能设想,具有这个名称、这张面孔、这种笔法的人没有生产出**这些**作品,而是或许生产出了完全不同的作品(另一个伟大人物的作品)。

我们不能设想这点?我们竟然尝试这样做了吗?(PU II 54)

338. 情况可能是**这样的**:我听说某个人在画一幅"写作第九交响曲的贝多芬"。我能够很容易地想象在这样一幅画上或许可以看到什么。但是,假定一个人要表现歌德在写作第九交响曲时的样子,情况如何?在此我不知道如何想象不令人为难和不让人觉得可笑的事情。(PU II 55)

339. 请瞧着一件你很熟悉的家具,它在你房间的老地方!"它是一个有机体的一部分",你或许会这样说。或者:"把它取出来,这样它就完全不再是之前的样子了",以及诸如此类的话。而且人们在这里自然不会认为,在这样一个部分和其余部分之间有任何**因果上的**依赖性。毋宁说情况是**这样的**:我可以将一个名称给予这个事物,并这样来谈论它,即它从自己的位置上移开了,它有一块污点,它粘上了灰尘,等等,但如果我想使它**完全**从目前的语境中脱离出来,那么我就得说,它不再存在了,而且另一样事物占据了它的位置。

是啊,人们也可能有这样的感受:"所有事物都属于所有事物。"(内在和外在关系。)将一块东西移开,它便不再是之前的东西了。这张桌子只有在这样的环境中才是这张桌子。所有事物都属于所有事物。在这里我们拥有那种不可分离的气氛。而那个这样说的人,他说了些什么呢?他提议了一种什么样的表现方式呢?——难道不是那幅被画出的图像的表现方式吗?——例如,如果这张桌子移走了,那么你是不是会画出一幅关于桌子**加上其**环境的新图像呢?

340. "一种完全特定的表情"——如下事项也属于这一点,即如果有人的面孔上发生了轻微的改变,那么这种表情会立即发生变化。

341. 他的名字看上去适合他的作品。——它**看上去如何适合**呢?好吧,我像这样来表露自己,——可是这就是事情的全部吗?——就好像这个名字与这部作品一起构成了一个牢固的整体。如果我们看到这个名字,那么这部作品就会浮现在我们眼前,而且如果我们想到这部作品,那么这个名字也会浮现出来。我们怀着敬畏说出这个名字。

这个名字成为了一种手势;成为了一种建筑结构上的形式。

342. 如果一个人不理解这一点,那么我们就想把他称为是"平淡乏味的"。而**这**是否就是"意义盲"所是的样子?

343. 任何其它排列在我们看来都显得是不正确的。通过我们的习俗,这些形式变成一种范式;可以说,它们获得了法律效力("习俗的力量"?)。

344. 如果一个人无法理解"把这幅图画**看作**箭头"这些词,并且也无法学会使用它们,那么我把他称作"是意义盲的"。

对他说"你必须尝试把它**看**作箭头"是没有意义的,而且人们也无法**这样**来帮助他。

345. 但是,如下**这种**说法的情况如何:"当你说出这点时,我在心中理解了它"? 与此同时人们指向心脏。人们没有用这种手势**意指**什么吗?! 人们当然用它意指了什么。或者,人们有意识地**仅仅**使用一幅图像? 肯定不是。——它不是一幅我们选择的图像,不是一个比喻,但的确是一种图像式的表达。(PU II 30)

346. 在孩子学习说话时,他在什么时候会发展出"意义的感受"呢? 如果人们在教孩子说话,观察孩子在说话时取得的进步,那么他们对这一点感兴趣吗?

347. 如果有人观察一只动物,比如一只猴子,它研究一个对象并掰碎它,那么这个人可以说:"你看,它之内发生着些什么。"这是多么奇怪啊! 但这并不比如下说法更奇怪:爱和信念位于我们心中!

348. 人类在什么时候、用什么来开始表露关于意义的感受呢? 这一点在哪些游戏中被展示出来呢?

349. 想到一种**意义体**的倾向,是否类似于想到一种思想的位置的倾向呢？——是不是每个人都**一定**倾向于说他在头脑中进行思考呢？——在孩童时期这种表达式就被传授给他。（"头脑中的计算"。）但是无论如何，这种**倾向**是从这里发展出来的（或者这种表达是从这里形成的）。无论如何——这种倾向随后便存在了。而那种谈论一种意义体（或类似的东西）**平常如何**形成的倾向，也是如此。

350. 我们是不是也谈论在头脑中的思考的"**感受**"？这种感受与"意义的感受"不同吗？

而且：没有这种感受的人，是否不能进行思考呢？

是的；某个研究哲学或心理学的人或许会说："我感到自己在头脑中进行思考。"但他无法说出这是什么意思。因为他无法说出这是怎样一种感受；而只能使用这样的表达式：他"感到"；仿佛他在说"**我在这里**感到这种刺痛"。因此他并未意识到如下事情还需要研究：他的表达式"我感到"意谓什么，或换言之，我们会从这种表露中得出何种结论。例如，我们会不会得出从"我在这里感到刺痛"中得出的那些结论。

351. 人们同样也可以说："**我**在头脑中感到价格攀升了。"这是**胡说**吗？但这种感受属于心理学的哪一章呢？不在关于感官感觉的那一章中，——除非某个人说"当我在头脑中觉察到这种疼痛时，价格总是在攀升"。

352. 难道一个人不能这样说吗："我在进行思维时有一种关于位置的感受①。例如，我有时可以在头脑中、有时可以在心灵中思

---

① 异文："我的思维拥有一个位置"。

考这些思想。"——而这是否会表明,一种思想拥有一个位置?我意指的是:这会不会进一步地描述了那种关于思想的体验?毋宁说这描述了一种**新的**体验?

"我想说:'我刚才在头脑中进行思考'。"

353. 人们能够遵守这种命令:"什么也不要想!","make your mind a blank!"。①

354. 如同人们是怎样在与思想的联系中学会习语"在头脑中"一样,如下东西也是这样被学会的:"这个语词有这种('一种')意义",以及所有与之有亲缘关系的短语。还有这种表达方式:"这两个词仅仅听上去相同,但此外毫无关系",以及很多类似的表达方式。而这种意义体验确实严格地遵循了这些惯用语。(它们当然也可能具有完全不同的形式——例如法语的"vouloir dire"②。)

355. 因此意义体验仅仅是一种幻想吗?好吧,即便它是一种幻想,我们对这种幻想的体验的兴趣也不会由此而变得**更少**。

356. 此外引人注目的是,"联想"这个语词在我们的考察中起着微不足道的作用。——我相信,这个语词以极其含混和模糊的方式被使用,并被用于完全不同的现象。

357. 关于一种精细的美学上的区别可以说**很多话**——这是重要的。换言之,最初的表露或许是这样的:"**这个词**适合,**这个词**不适合",或者诸如此类的东西;不过,现在还可以讨论每一个词所建

---

① "make your mind a blank!"原文为英文,意为"使你的心灵一片空白!"。
② "vouloir dire"意为"意思是"。

立起来的所有那些进一步分支化了的关联。事情**并没有**经由第一个判断就得到解决了,因为起决定作用的东西是一个词的**场**。(PU II 311)

358. 这种意义体验为什么应当是重要的呢?他说出这个语词,他说自己现在在这种意义上说出这个词;然后又在那种意义上说出。**我**说出相同的话。这显然与如下东西没什么关系:"我用这个语词意指**这个**"这个表达式的日常的、重要的用法。因此什么是值得注意的东西呢?是不是如下这点呢:我们这样来说?这当然是令人感兴趣的。但令人感兴趣的东西在这里并不在于一个语词的"意义"这个概念,而在于一系列类似的心理现象,这些现象一般而言同语词意义并无关系。

359. 某个人在语言教学中说,"让我们来说说'Weiche'这个词"。我问道:"你意指的是那个动词、形容词还是名词呢?"——他说:"我意指的是那个名词。"——在这里,他必须——或者我必须——拥有一种意义体验吗?并非如此。但在说这些话时大概有一些心象浮现在我们心中。它们会起到一种说话期间的随意涂鸦那样的作用。某个人习惯于在说话的时候在一张纸上随意涂鸦,他有时或许会画一个道岔,有时是一个鸡蛋,有时写下"Weiche!"这个词。

如果谈论的是一个道岔而他在这时画了一个鸡蛋,那么这会使他退出这场谈话;但如果他画的是铁轨,那么他就还停留在这件事情中。

360. 在何种程度上人们可以将随意涂鸦与关于心象的游戏相

比较？请你想想这样的一些人，他们自儿童时代起，就在所有我们在其中会说他们在进行想象的场合中作素描画。如果有人将一支铅笔放在他们手中，那么他们就会以很快的速度来作画。

但普通人难道不是在做某种完全类似的事情吗？尽管他并没有作画，但却"描述他的心象"，换言之，他不是作画，而是**说话**。或者，例如，他使用一些手势来表现他所想到的那个人！我必须假定他从什么东西中读出这种描述、这种手势吗？对此可以说些什么呢？——好吧，他也许**说**"我看到他在我面前！"，然后来对他进行表现。但是，如果我教他说如下话语而不是上述表达式，即"现在我知道，他看上去如何"，或"现在我可以说，他看上去如何"，或"现在我会说，他看上去如何"，——那么那幅危险的图像便被排除了。（没有球的网球。）

361. 为了爬进深渊，人们不需要做长途旅行；是的，为了做到这一点，你不需要离开自己最亲近、最熟悉的环境。

362. 我如何找到那个"适当的"语词？我如何在诸语词之间进行选择？有时或许好像我按照气味上的精细的区别来比较它们：**这个太……这个太……**，这是适当的。

但是，我不必总是做出判断，给出解释；我常常可能仅仅说道："它就是还不对。"我不满足，继续寻找。最后，一个词出现了："就是**这个**！"有时我能说出为什么。在此寻找看起来恰恰就是**这样的**，而且找到了看起来也是**这样的**。（PU II 309）

363. "我使得逗留在他之内的东西显示出来。"——我如何知道这个东西**在他之内**呢？——情况并非如此。人们也不能问："我如何知道,我**实际上**梦见了这个呢?"——它逗留在他之内,这是因为我说,它逗留在他之内。或者更好的说法是:因为我倾向于说……——而这是一种什么样的奇怪的体验呢:倾向于说……?这根本不是体验。

364. 但如果我在能够使所有这**些**显示出来之前便死去了,——那么它是否就**不**会被包含在我的体验中?——对这个问题回答说"不是",这是错误的;回答说"是"也一定是错误的。

"不是"会意味着:如果一个人并没有讲述一场梦,那么说他做了一场梦就是错误的。如下说法也会是不正确的:"我不知道他有没有做梦;他并没有说关于这件事情的东西。"

"是"会意味着:即使他并未做出报告,他也或许已经做了梦。但这不应当是一个**心理陈述**!而是一个逻辑陈述。

365. "一个人难道不能做梦而且不告知任何人吗?"——当然可以:他的确能够做梦**并且**告知某个人。

366. 我们在一则故事中读到,某个人做了一场梦并且没有将此告知任何人。我们不会问,作者如何能够获悉这件事。——当斯特雷奇做出猜测说维多利亚女王恰在濒死时看到些什么东西的时候,我们是否**理解**这一点呢?① 当然理解——但是人们也**理解**如下这个问题吗:在一根针尖上有多少灵魂?也就是说:无论人们是否理解这个问题,它在这里对我们都没什么帮助;我们必须问问

---

① 这里所谈及的东西,指英国作家李顿·斯特雷奇(Lytton Strachey)1921 年的作品《维多利亚女王传》(*Queen Victoria*)第十章中所述的内容。

自己能用这样一个命题着手做什么？——我们使用这个命题，**这一点**是很清楚的；问题是，我们**如何使用**它。

367. 我们使用这个命题，**这一点**并没有告诉我们任何东西，因为我们知道使用上的非常多的多样性。因此我们看出问题在于**如何使用**该命题。

368. 再说一遍：——醒来后告诉我们某些事情的人们。现在，我们教给他们"我做梦了"这种说法，跟着它的是梦的叙述。于是，我有时问他"今天晚上你做什么梦了吗？"并且得到一个肯定的或者一个否定的回答，有时得到一个梦的叙述，有时没有。这就是这个语言游戏。（现在我假定，我自己没有做梦。但是，我的确也从来没有一种不可见的现在的感受，而其他人具有它，我可以就他们的经验方面的事情询问他们。）

现在，我必须就如下事情做出一个假定吗：这些人的记忆是否欺骗了他们；他们是否**真的**是在睡觉过程中看到这些图像的，或者他们是否只是在醒来后觉得如此？这个问题有什么样的意义？——有什么样的兴趣？！当一个人向我们叙述他的梦时，我们什么时候曾经提出过这样的问题吗？如果没有提出，——这是因为我们确信他的记忆没有欺骗他吗？（假定他是一个有着十分差劲的记忆的人！）(PU II 57)

369. 而这是不是意味着，提出如下问题是**无意义的**：这场梦是否真的是在睡觉的过程中进行的，或者是一个睡醒的人的记忆现象？这取决于我们用它意指**什么**，也就是说：我们对该问题做出了**何种**使用。因为如果我们给出那幅关于梦的图像：一幅图像在那个睡着的人面前飘过（就像一幅油画所表现的那样），那么提出这个问题当然是有意义的。对此有人问道：它**是这样的**，还**是这样的**——而每个"这样的"都对应一幅不同的图像。（PU II 58）

370.（假设某个人问：水的结构是 $\overset{O\diagup H}{\diagdown H}$ 还是 H—O—H？这有意义吗？——如果你给予它意义，那么它就有意义。）

371. 回到关于讲述梦境的那种语言游戏：一个人有一次对我说"我不会将自己昨天夜里梦到东西讲述给任何人。"好吧，这有意义吗？为什么没有？在我已经报告了关于这种语言游戏之起源的事情之后，我是否应当说它**并没有**意义——因为那种原初的现象才是对那场梦的**讲述**？绝对不是！

372. 一个火车站加上它所有的设施、电线杆和电话线，它们对我们而言意谓一套纵横交错的交通系统。但如果人们在火星上发现这套带有全部东西的系统，以及一段铁轨，这并不会意谓同样的东西。

373. "看起来精神能够给予这个词以意义"——难道这不是好像我在这样说吗："看起来在苯元素中的碳原子位于六边形的各个角上"？这可绝不是**假象**；它是一幅**图像**。（PU II 59）

374. 我当然并不想给出"梦"这个词的一种**定义**，但我想做某种类似这样的事情：描述这个词的用法。因此我的问题的内容大致如下：如果我来到一个讲我们未知语言的陌生部落，而且那里的人们拥有对应于我们的"我梦到"、"他梦到"等的表达式，——那么我如何发现情况是如此的呢；我**如何**会知道，我应当将他们语言中的哪些表达式翻译成我们语言中的这些表达式呢?

因为发现**这一点**恰恰类似于:发现我应当将他们语词中的哪一个翻译成我们的语词"桌子"。

我当然不会问"他们怎么**称呼**这个?",与此同时指着某个东西。尽管我也可能这样提问并与此同时指向一种关于梦境或做梦的人的象征性的描绘。

375. 也就是说:孩子并不是绝对必须以如下**这种方式**来学习"做梦"这个词的用法:首先仅仅在醒来的时候报告一个事件,然后我们接着教给他"我刚才梦到"这句话。情况也可能是这样的,即这个孩子听到成年人说自己刚才做了梦,现在他同样这样来谈论自己并讲述一场梦。我**并不**是说:这个孩子**猜出了**成年人意指的是什么;如下事情就已经足够了:他有一天使用了这个语词,并且在我们在其中使用它的那些环境中使用它。

376. 因此问题实际上并不是:"他是如何学会这个词的用法的"——而是"他像我们那样来使用这个词,这是如何显示出来的?"

377. "永远的黑暗降临"。① ——人们能不能说:"好吧,**看上去仿佛它降临了**"? 我们究竟是否拥有一种关于某种黑暗之物等东西的幻觉?——是什么使得这些语词**是贴切的**?——"我们理解它们。"例如,我们说:"是的,我准确地知道这是什么样子的",而且现在我们能够描述自己的感受和行为。

---

① 歌德,《浮士德》,第二部分第五幕"午夜"。——原编者注

这句话在《浮士德》的不同中译本中有不同的译法;在这里我们采取了直译,以尽量保留其字面含义。

378."在你谈论梦、思想、感觉时,——难道所有这些事物看上去都失去了似乎是它们本质特征的神秘感吗?"为什么梦应当比桌子更神秘呢?为什么这两者不应当是同样神秘的呢?

379."把▶看作箭头或其它东西这种现象,肯定是一种真正的视觉现象;即使它不像形状和颜色那样明确。"它为何不应当是一种视觉现象呢?!——任何一个谈论这一点的人(除非他从事哲学或心理学)会对此有所怀疑吗?难道我们并不对此而向一个人进行询问并向他叙述这一点,就像对任何其它视觉现象那样?我想说的是:我们在谈论这种现象时更加犹豫吗?对我们所说的东西或许并没有清楚的意思这一点感到怀疑吗?当然不是。但肯定还是有一些区别存在。这些区别是我们通过"不那么明确"这个表达式所暗示的那种区别。

情况不过就是这样:如果我在一个人面前放上两种物质,那么我可以说:"请在这里触摸这种物质!难道你没有发现它摸上去更柔软吗?"如果他给出了肯定的回答,那么我会说:"是啊,我也觉得是这样。因此这**是**它们之间的一种区别。"(也就是说:我并不仅仅在幻想。)——但对心理现象来说则**有所不同**。如果我说:"这个没有那个那么明显"——也即没有那个非时间性的句子那么明显——那么这依据的并不是在判断上的共识,依据的**不是**我们所有人都觉得是这样(如果我们"**观察**"这种体验的话)。

380.不要把这种现象放在错误的抽屉里。在**其中**它看上去是幽灵般的、不可触摸的、让人觉得陌生的。在正确的观察之下,我们便不再那么多地意识到它的"不可触摸性",就像我们在听到"现在是午餐时间"时,对待时间的"不可触摸性"那样。(糟糕的分类所产生的担忧。)

381. "这种咖啡**完全没有**味道。""这张面孔**完全没有**表情。"——与此相反的是"它拥有一种完全特定的表情"(尽管我不能说出是哪种表情)。比如,一种**强烈的**表情可以立刻与一段故事联系起来。或者与对一段故事的寻找联系起来。如果有人谈论蒙娜丽莎神秘的微笑,那么这可能意味着他在问自己:在何种情况下、在何种故事中,人们可能会这样微笑呢?因此如下事情是可设想的,即某个人找到了一种解决办法;他讲述了一段故事,而我们自言自语道,"是啊,**这**就是人们在这里假定**那个**人物所拥有的表情。"

382. 回忆一种特定的运动感受——回忆一种运动的视觉图像。——用右手和左手的拇指做同样的运动,并判断这两种运动感觉是否相同!——在行走时你是否拥有一种运动-感觉的记忆图像?——如果你觉得累了,或具有疼痛、肌肉疼痛或一种皮肤的刺痛,——那么在四肢运动时的感受,与在另一种状态下的感受是一样的吗?但你有时是不是怀疑自己此刻真的把腿抬了起来,因为这种感受完全不同?——你实际上感到在关节部位的运动了吗?

383. 你有时听到一个人说"我生动地想象他的举止"或"他的声音"——但你听过如下说法吗:"我生动地想象在做这种手势时的那种运动-感觉"?!**为什么没有听过呢?**

是不是人们想象这件事却只是没有说出来?

384. 如果某个人用如下话语回应我们,那么我们应当给出怎样的回答呢:"如果你在做某种动作时牵着一个人的(比如)手,那么你是不是恰恰以此来向他展示一种特定的运动-感受,而且如果他按照命令来重复这种动作,他就会再现这种感受"?人们能不能说,他当然能够以这种方式被动作的视觉图像所引导——但难道不是被一种运动-图像所引导吗?

385. 如下事情有多么重要呢:有一种关于视觉动作的图像式的描绘存在,而且对那种"运动动作"来说,并没有任何东西与之相应?

"做一种看上去是**这样的**动作!"——"做一种产生**这种**声响的动作!"——"做一种产生**这种**运动-感受的动作!"在这种情形下,正确地复制这种运动-感受会意味着:按照**表面现象**来正确地重复这种动作。

386. 请你设想,这种运动**非常**疼,以至于这种疼盖过了这个位置上的每一种其它的轻微的感觉。(PU II 71)

387. 用手指做一种动作(比如弹钢琴时的某种动作);重复这种动作,但幅度要更小一些。你能不能回忆起,自己昨天在做第一种动作时的感受是这两种感受中的哪一种吗?

有人也许会说:"不,这种动作在昨天看上去是不一样的"——可难道不也会这样说吗:"这并不完全是同一种动作——我并不是完全精准地拥有那种运动-感受"?

388. 因为我们自然拥有动作感受,而且我们也**能够**再现它。特别是在这样的情况下,即我们在同样的环境中、仅仅在短暂的暂停后便来重复一种动作。人们也定位这种感觉,但几乎从不是在关节里,而是大部分在皮肤上。(鼓起脸颊!你在哪里**做**这个动作,而你又在哪里**觉察到**它?)

389. 人们可以将分析的生长与一颗胚芽的生长相比较。而且在此情形下,说"它已经完全存留在这种感觉里",或者说"它像从一颗胚芽里生长出来那样,从这种感觉里生长出来",是一回事。如下说法有多少(真实性)呢:尽管人们有时(例如)依据一种视觉图像来再现一种手臂的动作,但却并不依据一种运动图像来这样做?

390. 人们有时真的依据一种视觉心象来操控手臂吗?我只能说:如果我在转过脸去确认自己是否移动手臂之后却并没有看到自己的手臂被移动,那么我会感到困惑,而且大概会信任我的**眼睛**。无论如何,这种看能够告诉我自己是否已经准确地完成了所意图的动作,例如,是否碰到了自己想触碰的那个部位;**感受**不能起这种作用。我也许感到自己在做动作,也能够大致依据这种感受来判断在**如何**做动作,——但我仅仅**知道**自己刚才做了哪种动作,而人们并不能谈论关于该动作的**感觉材料**,不能谈论关于该动作的直接的内部图像。如果我说"我仅仅**知道**……",那么"知道"在这里的意思就像"能够说"一样,而且并非一种内部映像之类的东西。

391. "为了能够说这种感受告诉我自己的手臂现在在哪里,或者我移动它的幅度有多大,人们必须将感受和运动相互进行分配。人们必定能够说:'如果我有这种……感受,那么根据经验,我的手臂就在**那里**。'或者也能够说：**除了**有关于完成的动作的同一性标准之外，人们必定也有关于感受的同一性标准。"但即使这种条件一般而言是有意义的，对于**看**来说它能否得到满足？好吧，例如，人们可以使用绘画来描绘一幅视觉图像。但人们却不能做到如下这种事情，即在不弯曲手臂的情况下，来给予另一个人或他自己那种手臂弯曲成 30 度的独特感受。

请稍微地弯曲一下手臂！你感到了什么？——一种在这里或那里的张力或类似的东西，而且主要是我袖子的摩擦。——再做一次！这是同样的感受吗？**差不多吧**。差不多在同样的那个部位。你能不能说，**这种**感受总是与这种动作相伴随？不能。对我来说，这个论证中仍然有某种不合适之处。

392. 请你设想，某些动作产生出一些声音，而且有人现在说，我们知道自己的手臂被移动了多大的幅度，这是根据该动作所产生的声音。这的确是可能的。（在钢琴上弹奏一个音阶。）但为了这种目的，什么样的前提条件必须被满足呢？例如，如下事情是不够的，即声音和动作相伴随；如下事情也是不够的，即就类似的动作而言，声音也常常是类似的。如下说法仍然是不够的：就同样的动作来说，声音**必须**恰恰具有同**一**种性质，因为声音是仅有的我们**能够**在其中认出动作幅度大小的感觉材料。

393. 但对于动作感受和类似的东西来说，难道不也存在着一种私人实指定义吗？例如，我弯曲一根手指，并觉察到一种感受。现在某个人对我说"我将以如此这般的方式在你的手指上唤起某些感觉，但你不要弯曲它，而且如果这就是你在手指弯曲时具有的那种感觉,那么请告诉我。"现在我难道不能这样做吗:为了自己独特的用法而将这种感觉称为"E",将其用作我的记忆的同一性标准,并且说"是的,这又是 E 了"等等?

394. 如下事情也是可设想的,即我再次认出这种感觉,以及这种感觉在出现时**并没有**如下这种信念的伴随:这种动作已经发生了——并没有这种动作的感觉。

395. 例如,我肯定可以多次连续抬起自己的膝盖并说,我每次在这样做的时候都有同样的感觉:这并不像是我抬起膝盖时自己**总是**有这种感觉,也不像是我能够在这种感觉中①认出那种动作;这不过就是:我在这一系列膝盖运动中有三次感到了同样的、被这种动作所唤起的感觉。

在这里,"是同样的"当然与"看上去相同"具有同样的意思。

396. "我有三次同样的感觉",这描述了我私人世界中的一种过程。但是另一个人如何知道我意指的是什么?在这样一种情形下我用"同样的"指涉什么?这依赖于如下事情吗:我在这里像平常那样来使用这个语词?但在这种情形下,什么是与通常的用法**相类似**的那种用法?不,这种困难之处并不是一种矫揉造作;他**确实**不知道、也不可能知道,在此情形下什么是同样的对象。

397. 一台发动机位于滚筒之内的压路机,②这个例子的确比

---

① 异文:"通过这种感受"。

② 这里的压路机原文是"Motorwalze",发动机是"motor",而滚筒则是"Walze";可见,"Motorwalze"一词是由"motor"和"Walze"直接复合而来的。在译为汉语时,很难体现它们在词源上的关系。

我刚才所做的解释更加合适、更加深刻。因为,在某个人将这种构造呈现在我面前时,我立即看到它不可能运转起来,因为即使那台"发动机"并没有在工作,人们也能够从外部滚动这个滚筒;但我并没有看出如下**这一点**,即它是一种僵硬的构造,而且完全不是一台机器。在这里,有一种与私人实指定义的情形十分密切的相似之处。因为,可以说,在此也存在着一种直接的和间接的道路,以审阅那种不可能性。

398. 我将这种动作感觉命名为"E"。对其他人来说,它就是我在做这种动作时具有的那种感觉。可对我而言呢?"E"现在指谓其它什么东西吗?——嗯,对我来说它指谓**这种**感觉。——但这是哪种感觉呢?我在一分钟之前正指向自己的感觉,——现在我如何能够再次指向**它呢**?

399. 但请设想这样的情形,一个人做出了一系列的手臂动作并与此同时说道:"我将现在自己腿上的这种感觉命名为'E_1'",如此等等。随后在各种不同的场合中他说:"现在我感到 E_3",如此等等。——这些表露也许是很重要的;例如,如果我们观察到与这些感觉之间的某些心理学关联并且能够这样从他的表露中得出一些结论的话。

400. 如果这是真的,即我们并不通过这种**感受**来判断四肢动作的种类和幅度,——那么如何将这样一个人同我们区别开:在上述情形下他与我们的做法不同?好吧,人们很容易想象**这种事情**,即一个人在各种不同的动作中感到不同强度或各种各样的疼痛感。因此他也许会说:"如果我把这根手臂弯曲到大约 90 度,那么我会感到这种刺痛。"

401. 请你设想这样一个人,他能够借助探测杆并按照它所施加的牵引力来确定一处泉眼的深度。他是**这样**学会这一点的:他走过不同深度的泉眼并**注意到**那种牵引力。(人们或许能够用一个弹簧秤来确定它。)他把这种牵引力与深度结合起来,并从牵引力中推断出深度。这可能是这样发生的,即他陈述了那种牵引力——也许以千克作为单位——接着或许依据一张图表而将其转变为那种深度。但也可能是这样的,即他并不知道这种牵引力的其它刻度,除了泉眼的深度之外。在一些练习之后他能够正确地报告这种深度。如果有人通过一些重物来对探测杆施加一种牵引力,那么他也会说"它就像被这种深度的泉眼拖拽着一样"。

402. 但情况还可能是这样的,即他能够通过探测杆受到的牵引力来**正确地**陈述一处泉眼的深度,但却不能估计探测杆受到的牵引力。我的意思是这样的:情况可能是,不同深度的水在不同环境中施加了同样强度的牵引力;比如,这个探测者现在说:"这处泉眼比之前那处深,它的牵引更弱一些"——而且他是正确的:这处泉眼确实更深,但使用弹簧秤测定的牵引力则是相同的,而且他并未正确地注意到**这种牵引力**。——在此情形下我是否应当说,他依据牵引力来判断深度?

403. 他或许会说:"这种牵引力是一处泉眼在这个深度的牵引力……",在这时他似乎在研究这种牵引力——就像人们权衡自己手上的一个重物那样。但他或许会说"我不能判断这种牵引力——水的深度是……"。在这种(后一种)情形下,人们并不说他是依据牵引力来判断深度的。(至少不是"有意识地"这样做。)

404. 现在假设一个人说,他通过一种肘部的压迫感的强度来判断自己弯曲手臂的幅度是多少。这当然意味着:如果这种感觉达到了某种强度,那么他据此便知道了手臂已经弯曲到了**这种**程度。或者如若不然的话,如下事情应当意味着什么呢:他依据压迫感的程度来判断弯曲的程度?

405. 我想说:一个人如何知道自己是依据**这种**感受来判断某事的?——如下事情是否就足够了:他在进行估计时将自己的注意力指向这种感受?

406. 如果你说如下事情是必然的,即一个人能够陈述说:"如果这种压迫的强度是**这样的**,那么我的手臂就弯成了 90 度"——那么这个强度的"**这样的**"就必定可以得到陈述。否则的话,人们依据那种压迫感来判断弯曲这一点就至多意味着,如果有人**没有**觉察到压迫感(或仅仅觉察到极小的压迫感),那么他就**不能**判断这种弯曲。(如果人们被麻醉了,那么情况大概就是如此。)

407. 因此存在着各种不同的情形。一个人能够**说**,他是依据压迫或疼痛感来判断弯曲的,可以说在这个时候他在聆听这种感觉;但在其余情形下这种感觉的程度就无法以任何方式被陈述。——或者可能是这样的,即存在两种相互独立的对这种感觉的程度和对这种弯曲的程度的陈述。

408. "如果我觉察到这种压迫的强度是**这样的**,那么……"——这难道没有意义吗?甚至某个人可能说,他拥有一整段程度范围内的压迫感。我大概能够思考这一点。这并不是一段**真正**的范围,就像一幅温度计的图像不是一只温度计那样。尽管在很多方面该图像与温度计有着很大的相似性。

409. 我给出一种游戏的诸规则。另一个人完全按照这些规则走了一步棋,可我并没有预计到这种可能性,而且这步棋扰乱了这场游戏,也即扰乱了我所意愿的事情。我现在必定会说:"我给出了糟糕的规则";我必须改变自己的规则,或者也许要进行一些补充。

那么我是不是因此已经预先拥有了该游戏的一幅图像?在某种意义上:是的!

例如,情况可能是:我并没有预料到一个二次方程并不一定有实数解。

因此,针对这种规则将我导向的事情我会说:"我并不期待这幅图像;我总是**这样**来想象一种解:……"

410. 如果有人这么说,那么情况会如何呢:"并不是任何一种规则的系统都确定了一种计算。"人们把除以 0 作为例子。让我们来设想这样一种算术,在其中除以 0 是被允许的,而且人们由此能够证明任何数字都与其它数字相等同。

411. 当孩子们在玩铁路游戏时,——我应当说,模仿火车头的那个孩子被另一个孩子看作火车头吗?他在这个游戏中被**理解**成火车头。

请你设想,我把这个形状 ⌐ ̄ ̄ 展示给一个成年人并问道

"对此你想起了什么",然后他回答说"一个火车头"——这意味着他把它**看作**了火车头吗?

如果某个人说"现在我把它看作这个,现在看作那个",那么我便认为这是典型的"把什么看作什么"的游戏。因此,如果他知道不同的面相,并且这一点**独立于**他对所观察到的东西的任何一种使用,那么情况也是如此。

所以我想这样说:我不把图像的任何使用看作这幅图像被这样或那样**看**的标志。

412.一个儿童理解什么叫把这张桌子看作"桌子"吗?他学习过:"这是一张桌子,这是一条长凳"等等,而且他完全掌握一种语言游戏,又没有任何一种面相在此时被涉及的暗示。

413."是的,一个儿童恰恰没有分析自己做了什么。"——再说一次:这里谈论的不是对于发生了什么的分析。仅仅是谈论对我们的概念——这个词是非常具有误导性的——的分析。我们的概念比儿童的要复杂的多;也就是说,就这个范围内而言,我们的语词有着比儿童的语词更为复杂的用法。

414."我确实**以这种方式**看到它,在我没有进行表达时也是如此。"这可能意味着,当我进行表达时我所看到的东西没有发生改变。如果有人问:"这个物体是不是只有在被称重量时才有重量?"——那么这意味着:"如果我们把它放在秤上,它的重量会改变吗?"这自然完全不是我们想问的问题。

415.面相似乎只有通过面相转换现象才与其它的看区别开。就好像在面相转换的经验之后人们可以说:"因此这里有一种面相存在！"

416. 如果一个人把一样东西的**油漆**擦掉，那么人们可以说"因此它曾经是有一种油漆的"。——可是如果一个物体的颜色发生变化，——我是不是可以说"那么它曾经是有一种颜色的！"——就好像我刚刚才想到这一点那样？

人们能不能说：当一个物体的颜色发生变化时，我才意识到它曾经是有颜色的？

417. 不要以为把墙上的一幅画看作立体的是件**奇怪**的事。它就像——我想说——它看上去那么普通。（而且对很多事情我都可以这么说。）

418. 请你设想，在我们周围环境中的那些事物——桌子、书本、椅子等，——它们会定期突然变换自己的颜色；而其形状则保持不变。在这里人们能不能说，我们是以这种方式才意识到作为独特组成部分①的颜色和形状的？

419. 如果我对田野中的花和花园中的花进行比较，那么我会意识到**特征**上的差别；但这并不是说我已经在这之前在感知到花之外也感知到了它的特征，或者我必定感知到它具有某种特征。

420. 我一定知道自己在用两只眼睛看吗？当然不是。在通常进行观看时我是不是拥有**两种**视觉印象，以使得我注意到自己的立体视觉印象是两种视觉图像组合而成的？当然不是。——因此我不能把立体性与看割裂开。

---

① 异文："作为我们视觉体验的独特组成部分"。

421. 如果我问一个人"在你看来'F'和'J'分别是朝向哪边的?"他回答说,在他看来 F 朝向右边,J 朝向左边,——当然,这并不意味着当他瞥见 F 时总是拥有一种关于方向的感觉。如果一个人**这样**来问:"你想把眼睛和鼻子画在 F 的哪里?"那么事情会更清楚。——但是如果一个人说:"因此只有当你想这些或说这些的时候,它在你看来才是朝向这个方向的。"——这难道不像是如下这样的问法吗:"只有当你真的在那里给 F 画上鼻子的时候,你才会去在那里给 F 画上鼻子吗?"

422. 我总是把一张面孔看"**作面孔**"吗? 我面前有一些书:在全部时间里我都把它们看"**作书**"吗? 我的意思是:如果我恰恰不把它们看作别的什么东西,那么我在全部时间里都把它们看作书吗? 或者,我经常或时常仅仅看到颜色和形状而看不到特定的面相吗?(显然不是!)我们对一个人说:"如果**这个**是底边,那么**这个**是顶点,**这个**是高。"或者他必须回答这个问题:"如果**这个**是底边,那么哪个是三角形的高?"但是我们并不坚持他要如此这般地**看**这个三角形。——人们有时可能说"请设想它是颠倒的!"(或诸如此类的话),也可以说"颠倒过来看它",而且这种评论可以是有帮助的;也就是说,正如一幅图像的一种图样式的补充——这种补充提示了那种面相——可以是有帮助的一样。

423. 例如,我是否可以说:我把这把椅子看作**对象**,看作**统一体**? 就像我说,我现在看到这个黑色的十字在白色的背景之上,现在又看到白色的十字在黑色的背景之上?

如果有人问我"在你面前的是什么?"而且我自然而然地回答

说"一把椅子",那么我因此便把它作为一个统一体来对待。但人们现在是否可以说,我把它**看作一个统一体**?

而我是不是可以在**不把**这个十字形看作**这样或那样**的情况下瞧着它?

424. 如果我问一个人"你在你面前看到了什么?"而他说:"我在我面前看到的东西是**这样的**",并且画出这个十字形,——他**一定**是在某种面相之中看到它吗?如果他只能做出图样式的描述,那么他是否并没有看到它?

425. 一个孩子能不能向你报告说,他在立体地看?

而且请你设想,他对你说"我看到所有东西都是平的",——这会告诉你什么呢?他可能看到所有东西都是**平**的,并通过一种直觉知道它们并不**是**平的,而且据此来做出行动!

426. 如果这个孩子把这幅图像**认作**这个或那个,那么我会推论说"因此他**这样来看**这幅图像"——我做出的是怎样的一种推论?这个推论**告诉**我什么?人们可能会说,我推论出的是那种感觉材料或视觉图像;仿佛这个结论是说:"因此他精神中的图像是**这样的**";而且现在人们必定生动形象地描绘了它。

427. 那么会不会是这样呢:"我曾经总是把'Σ'这个符号读作一个 Sigma;①现在有人对我说,它也可以是一个倒下的 M,而且我现在也可以**这样**来看了;——所以之前我总是把它**看作** Sigma 吗"?这意味着,我不仅看到 Σ 这个图形并把它读作**这样**,而且还

---

① "Σ"是希腊字母,读作"西格玛"(Sigma)。

把它看作这个！

428. "但如果你问我的话，我如何知道自己是这样做出反应的呢？"——如何知道？不存在如何知道这回事。但存在着如下事情的征兆，即我在这一点上是正确的。

429. 我想描述自己看到的东西，为此我制作了一个透明体。现在有人问我"是**这个**在前面而**这个**在后面吗？"于是我通过语词或一个模型来描述自己看到的在前面或在后面的东西。现在又有人问我"你把**这个**点看作三角形的顶点吗？"我也必须做出回答。——但是对此我必须给出一个答案吗？——请设想，目光的朝向决定了面相，尽管这不是真实情况。在**一种**情形下，我的目光始终指向图像上的同一个点，而在另一种情形下，我的目光依据一条简单的规则有规律地移动，在第三种情形下，我的目光在该对象之上毫无规律地游移。如果我们现在用对目光朝向的描述来代替对面相的描述，那么在目光无规律地或不确定地游移的情况下，这难道就不是一种描述吗？而且这甚至可能正是通常的情形。——因此，针对"你是否把这个点看作三角形的顶点？"这个问题的回答可以是："我不能命名任何确定的面相"，或者"无论如何我并没有**以这种方式**看它。"

430. 此外，这种关于目光朝向的重要性的假定，与我们有何关系呢？——它提供给我们一幅关于某种多样性的图像。

431. 但其实这样一种理论是一种心理现象的心理学模型的构造。而且由此是一种生理学模型的构造。

这种理论实际上说："它可能是**这样的**：……"而这种理论的有

用之处在于它阐明了一个概念。

但它可能做出更好或更糟的阐明；恰当的程度可能更高或更低。可以说，这种理论因此是这种心理现象的一种记号。

432. 因此，如果我们"放弃解释"——如果我们说，对我们而言**解释**最终来说是无关紧要的——那么剩下的就是语法确定。这关涉到"我在图像中看到一种特定的面部表情"这个陈述的用法。

433. 这段主旋律除了它自身之外，是不是没有指示任何东西呢？是啊！但这意味着：——它给予我的这个印象同它的环境是相关联的——例如，同我们的语言及其语调的存在相关联，而这就意味着同我们整个语言游戏的领域相联系。

例如，如果我说：在这里似乎有一条结论被得出了，或者在这里似乎有什么东西被强调了，或者似乎**这**是对之前东西的回答，——那么我的理解恰恰预设了对这些结论、强调和回答的熟悉感。

434. 一段主旋律具有一种面部表情这一点，并不比一张面孔具有一种面部表情这一点更不可靠。

435. "重复是**必要的**。"在何种范围内它是必要的？好吧，唱出它，那样你才会看到这种重复给予它很大的力量。——对我们来说难道不是这样吗：在此仿佛在实在中一定存在着一个主旋律的样品，而且只有当这一部分被重复的时候，主旋律才与该样品相接近或相对应？或者我应当说这样的蠢话："它在重复中听起来更美妙"？而此处，在主旋律之外肯定没**有**范式。但在主旋律之外毕竟**有**某种范式：也就是我们的语言、思想和感觉的旋律。而主旋律反过来也是我们语言的一个**新的**部分,它被合并到我们的语言之中;我们学会了一种新的**手势**。

436. 主旋律与语言处于相互影响之中。

437. "整个疼痛的世界都位于这些语词中。"

它如何**可能**位于它们之中呢?——它与它们相结合。这些语词就像能够长出一棵橡树的橡子一样。

但橡子长成树所依据的那种规则位于何处呢?嗯,这幅图像通过经验而合并到我们的思想中①。

438. "你在哪里觉察到这种忧虑?"——在心里。——如果我在这里必须指明一个位置,那么我会指向胃部区域。而在关于爱的情形下会指向胸部,在关于一种念头的情形下则会指向头部。

439. "你在哪里觉察到这种忧虑?"——在心里。——这仅仅意味着什么呢?——我们从这种位置陈述②中可以得出什么结论呢?一种结论是,我们**并不**谈论忧虑的身体位置。但我们**的确**指向自己的躯干,就仿佛这种忧虑位于其中一样。这是不是因为我们觉察到一种身体上的不适呢?我并不知道其中的原因。但我为什么应当假定,这种原因是一种肉体上的不适呢?

440. 请你想想如下问题:人们能否思考一种疼痛的如下方面,比如风湿性疼痛的性质,而**不**思考其位置?人们能否**想象**它?

如果你开始思索这个问题,那么你会看到,你在何种程度上想

---

① 异文:"经验把这幅图像合并到我们的思想中"。

② 异文:"位置规定"。

把关于疼痛位置的知识转化为**被感到的东西**的一种独特标记,转化为一种感觉材料的独特标记,转化为关于位于我们心灵之前的私人对象的独特标记。

441. 我说,对一个十分忧虑的人而言,整个世界看上去都是灰暗的。——但位于他心灵之前的其实并不是忧虑,而是一个灰暗的世界;仿佛这就是忧虑的原因。

442. 将某种东西感知为色差——另一方面感知为拥有同样颜色的阴影。我问道"你有没有感知到在你前面的这张桌子的颜色,你在整段时间内都在瞧着它?"他说"是的"。但他把这张桌子描述为"棕色的",而且没有注意到在它耀眼的桌面上映衬着那面绿色的帘子。——现在他是不是并不拥有这种绿色的视觉印象?

"在你面前的这堵墙整面都是黄色的吗?"——"是的"。但它部分地位于阴影中,而且看上去差不多是灰白的。

那个凝视这堵墙的人现在会看到什么?我是不是应当说,他看到的是一整面黄色的墙面,该墙面当然不规律地位于阴影中?或者:黄色和棕色的斑点?

443. 一个奇特的事实是,我们几乎从未意识到自己视野边缘的模糊性。例如,如果人们谈到视觉图像,那么他们中的大多数**不会**想到这一点;如果人们通过一副图像来谈论对一个视觉印象的描绘,那么人们在此不会看到任何困难。这是**非常**重要的。

444. "我所感知到的东西是**这个**——"而且接下来是一种**描述**形式。人们也可以这样来解释这一点:让我们想想一种体验的直接的转播。——但现在什么是我们关于如下事项的标准呢:这种体验真的被转播了？"嗯,他拥有的完全是与我同样的东西。"——但**他**如何"**拥有**"它？

445. 请考虑一下物理实验的多样性。例如,我们在测量温度；但仅仅在一种特定的一般性的技术下,**这种**实验才是一种对温度的测量。——因此,如果令我们感兴趣的是(物理学)测量的多样性,我意指的是测量方式的多样性,那么令我们感兴趣的就也是方法的、概念的多样性。

446. 你如何能够**查看**这种忧虑？通过让自己**是**十分忧虑的吗？通过不让任何事情驱散你的忧虑吗？因此你通过**拥有**这种感受而去观察它吗？而且如果你同任何一种消遣都保持遥远的距离,——那么你观察到的恰恰就是**这种**状态吗？或者是你在进行这种观察**之前**处于的另一种状态。因此你是否在观察自己的观察？

447. 请设想,某个人问道"在物理学中被测量的所有东西都是些什么？"现在人们可以枚举如下事项：长度、时间、光的强度、重量,等等。

但人们并不能说：如果你问"如何进行测量"而不是"什么东西被测量"的话,你会获悉更多事情。

如果一个人做**这件**事情,如果他**这样**来进行测量,那么他是在测量温度,——如果他在做那件事情,如果他**那样**来进行测量：那么他是在测量一种电流强度。

448. 但忧虑难道不是由各种各样的感受组成的吗？它难道不是一种感受的混合物吗？因此人们能不能说,它由 A、B、C 等感受组成——就像花岗岩由长石、云母和石英组成那样？——因此，我是不是会说一个拥有……感受的人是充满忧虑的？而我如何知道他拥有这种感受呢？他告诉我们这一点吗？

449. 忧虑肯定是一种心灵的体验。人们说，人们体验到忧虑、快乐、失望。而且这样一来这些体验看上去实际上就是混合而成的，并分布在整个身体上。

快乐的深呼吸、欢笑、欢呼、关于幸福的想法，——难道所有这些体验不都是快乐吗？因此，我知道他是快乐的，这是不是因为他向我报告说他感到自己的欢笑，感到并听到自己的欢呼，等等——或者是因为他在欢笑和欢呼？如果**我**说"我是幸福的"，那么这是不是因为我感到所有这些？

450. "我是幸福的"这句话是一种快乐-行为。

451. 如下事情是如何发生的呢：如果我仅仅摆出一张快乐的面孔，那么我——就像詹姆斯所说的那样——便拥有一种快乐的感受；如果摆出一张忧郁的面孔，那么我就拥有一种忧郁的感受？因此，我是通过模仿这些感受的外部表情而能够唤起这些感受的吗？这是不是表明，那种肌肉的感觉就是忧郁，或者是忧郁的一部分？

452. 请设想，一个人说："举起你的手臂，你就会感到你举起了你的手臂。"这是一个关于经验的命题吗？如果有人说"摆出一张悲伤的面孔，你就会感到自己是悲伤的"，那么这是一个关于经验的命题吗？

或者这句话想说的意思是："请感受你在摆出一张悲伤的面

孔,而且你会感到悲伤感"? 这是一条冗言吗?

453. 请设想,我说:"是啊,如下事情是真的:如果我摆出一张更友好的面孔,那么我立刻就觉得更好了。"——这是不是因为面孔上的那些感受是令人愉快的? 或是因为摆出这种面孔会产生一些后果? (有人说"把头抬高!")

454. 人们会不会说:"我现在感到自己好多了:面部肌肉上和嘴角周围的感受很好"? 为什么这听上去是可笑的,除非人们之前在这些部位具有疼痛?

455. 如下两种比较的方式是否相同呢:人们将我嘴角上的感受与他嘴角上的感受相比较——以及将我的情绪状态与他的情绪状态相比较?

例如,如何比较我的压迫感与他的压迫感? 我如何**学会**比较它们? 我如何比较我们的运动感觉,如何将它们彼此关联起来? 而悲伤的感受、快乐的感受等等又如何呢?

456. 现在让我们承认——尽管这是非常可疑的——在微笑时肌肉的感受就是幸福感的一个组成部分;——可是其余成分又在哪里呢? ——好吧,在胸中,在腹部,等等! ——但你真的感到它们,还是仅仅推论出它们**一定**在那里? 你真的意识到这些拥有确定位置的感受吗? ——如果不是的话,——那么它们究竟为什么应当在那里呢? 为什么在你说自己感到幸福的时候,你应当意指**它们**呢?

457. 这无论如何不会是你的意思:某样东西必须通过一种**观**

看才能被确定。

"悲伤"、"快乐"等等,恰恰**不是**这样被使用的。

458. 为什么这点听起来令人奇怪:"他在一秒钟内感觉到深沉的忧伤"? 这仅仅是因为它很少出现吗? 如果我们设想人们经常拥有这种体验,那么情况又如何? 或者设想这样一些人,他们常常在数小时的时间内交替地感到一秒钟的强烈的忧伤和真挚的幸福。(PU Ⅱ 3)

459. "你**现在**难道没有感觉到忧伤吗……"——这像是有人在问:"难道你**现在**没有玩象棋吗?"但实际上这是那种关于个人性和时间性的问题,而不是哲学问题。(PU Ⅱ 4)

460. "'我希望……'——对我心灵状态进行描述":这听上去就像我在瞧着①自己的心灵并描述它(就像人们描述一处风景那样)。如果我现在说:"我一再希望他还会到我这里来"——这是一种希望行为吗? 这难道不与如下话语一样不是一种希望行为吗:"我那时希望他会来"? ——因此我难道不应当说,有两种"希望"的现在时存在? 一种似乎是惊呼,而另一种似乎是报告?

461. 如果我现在对某个人说"我非常希望他会来我们的集会"——那么他会不会问我:"这是什么:一种报告,还是一种惊呼?"——如果他不知道这一点,那么他是不是就不理解我? 说"我希望他会来"是一回事,说"我并没有失去他会来这种信念"则是另一回事。

---

① 异文:"察看"。

或者请想想这种表达式:"我希望并祈祷他会来。"

462. "我希望他会来"——人们可以这样说——有时与"他会来"这样一种以充满希望的语调说出的惊呼意谓同样的事情。但这种惊呼并不一定要采用完成时态。人们难道不能设想这样一种语言吗,在其中虽然有与那种关于希望的惊呼相等价的东西,但并没有该动词的其它变位形式? 在其中,如果人们想谈论过往的希望,那么他们便引用自己的话;比如这样的说法:"我曾经说'他当然会来!'。"

463. 人们可以说:**这个**陈述在说某种关于精神状态的事情,而我们可以从该陈述中推断出这种精神状态。(这听上去比它实际的情况更加愚蠢。)如果情况是这样的,那么"请给我那个苹果!!"这个关于愿望的表达式就在谈论某些关于我精神状态的事情。因此这个命题是不是对该状态的描述?人们并不想这么说。("Off with his head!")①

464. "救命!"这声呼喊是对我精神状态的一种描述吗?它难道**不是**对一种愿望的表达吗?它难道不是与任何一种呼喊一样吗?

465. 我自言自语道:"我希望而且仍然希望,尽管……"——与此同时我好像在对自己摇头。这与单纯的"我希望……!"意味着完全不同的事情。(在英语中"I am hoping"和"I hope"之间的

---

① 这句话原文即为英文,意为"砍掉他的头!"。

区别。)①

466. 在一个人对自己的希望所做的观察中,被观察到的是什么呢?他会**报告**什么?各种东西。"我每天都希望……我想象……我每天自言自语道……我叹息道……我每天都在……的希望中沿着这条路行走。"

467. "观察"这个词在这里被不恰当地使用了。我试图想起这个和那个。

468. 如果一个人想起了自己的希望,那么顺带提一句,他不会因此而想起一种行为,也并不必然会想起一种思想。他说——他知道——自己那时曾经这样希望。

469. "但愿有酒可以喝"这个命题大致与"把酒拿来!"有相同的意思。没有人会把这称作是一种描述;但我可以从中推断出,那个这样说话的人热衷于喝酒,而且如果有人拒绝他的愿望的话,他在任何瞬间都可能转而动手打人——而人们会把这称为关于他心灵状态的一种结论。

470. "我相信……"是对我的心灵状态的一种描述吗?——好吧,这**是**一种什么样的描述呢?比如:"我很悲伤","我情绪很好",亦或是"我具有疼痛"。

471. 如下做法是灾难性的:认为穆尔悖论是某种只能发生在

---

① "I am hoping"意为"我正希望着","I hope"意为"我希望";二者之间主要是时态上的区别。

心灵领域内的事情。

472. 首先我想说,人们用"天要下雨了"这个断言来表达信念,就像用"把酒拿来!"这句话来表达搞到酒的愿望一样。人们也可以这样说:"我相信 p"大致与"p"意味同样的事情;而动词"相信"和代词"我"在第一个命题中不会误导我们。我们由此只是清楚地看到,"我相信"的语法与"我写下"的语法大不相同。

但是,如果我这么说,那么我所说的意思并不是,在这里不可能也存在着巨大的相似性;而且我没有说这是哪**一种**差异性。((实在和想象的统一体。))

也就是说,请记住,我们所谈及的是概念的相似性和差异性,而不是现象的相似性和差异性。

473. 人们可能说如下奇怪的事情:"我相信天要下雨了"与"天要下雨了"意味相似的事情,但"我那时相信天要下雨了"和"那时天下雨了"则不然。

但现在,什么叫作第一个命题与第二个命题意味大致相同的事情呢?这是不是意味着,这二者在我的精神中唤起同样的思想?(同样的**感受**?)——(PU II 95)

474. "我想**这样**思考,而不是**那样**思考。"不管"**这样**"和"**这个**"听上去或许有多么奇怪,它们都不是彼此截然分开的。

475. 你如何使用语词"上帝",这一点并不表明你意指的是**谁**,而是表明你意指什么。

476. "但是,'我那时相信'可是必定在过去说出了恰恰'我相信'在现在所说出的东西!"$\sqrt{-1}$相对于-1所意指的东西当然必定就是$\sqrt{1}$相对于1所意指的东西!这根本没有任何意义。(PU II 95)

477. 这是什么意思呢:"我相信 p"大致与"p"说了同样的事情? 如果一个人说出第一个和第二个命题,那么我们大致会以同样的方式做出反应;如果我说出第一个命题而一个人并不理解"我相信"这句话,那么我就会用第二种形式来重复那个命题,如此等等。就像我也会用"走开!"来解释"但愿你走开"一样。

478. 人们可以**这样**来表述穆尔悖论:"我相信 p"与"⊢p"①说出了大致相同的事情;但"假定我相信 p……"与"假定 p……"所说的事情并不是大致相同的。

在理解对意愿的表露之前,人们能不能理解我在意愿什么的假定呢?——孩子首先学会表露意愿,随后才假定自己意愿这个或那个。

479. "假定,我具有疼痛……"——这并不是对疼痛的表露,因此也不是疼痛的行为。

有这样一个孩子,他将"疼痛"这个词作为呼喊来加以学习,然后开始陈述一种曾经的疼痛,——他在某一天陈述说"在我具有疼痛时,那位大夫来了"。在这种学习的过程中,"疼痛"这个词有没有改变自己的意义? 它的用法改变了;但人们必须避免如下事情:将这种转换解释为该语词所对应的那个对象的转换。

---

① "⊢"是表示推论的逻辑符号,"⊢p"的意思应当为"推论情况是 p"。

480. 请你想想,通过一幅绘画来展现"我相信……"。我如何能想象这种事情? 这幅图像也许会向我展示些什么,或者某幅在我头脑中的图画。在这个问题上,关键点并不在于他使用的是哪种符号系统。那幅关于我所相信的事情——例如,正在下雨——的图像在其中浮现出来。我的心灵或许会抓住这幅图像、紧握这幅图像,如此等等。——现在,我们假定这幅图像被用作"正在下雨"这个断言。好吧,在这一点上并没有什么奇怪的事情。我是不是应当说,有很多关于这幅图像的**多余**的东西? 我并不想这样说。

481. "其实,我用这些词所描述的是自己的精神状态,——不过,这种描述在此间接地构成了一个对所相信的实际情况本身的断言。"——正如在有些情况下我描述一张照片,为的是描述它所拍摄的那个东西。(PU II 96)

482. 可如果这种类比经得起考验的话,那么我必定也能够说,这张照片(在我精神中的那个印象)是可靠的。因此我必定能够说:"我相信,天在下雨,而且我的信念是可靠的,因此我信任它。"这时我的信念仿佛是一种感觉印象。(PU II 96)

483. 你会不会这样说:"我相信它,而我是可信赖的,所以它大概也会是可信赖的"? 这就像是有人在说:"我相信它——因此我相信它。"

484. 人们能够通过同样的活动时而测量桌子的长度,时而检查尺子,时而检验测量的人在进行测量时的精确度;就像上述这些事情一样,我也可以将一条断言用于传递关于其内容的信息,或者用于传递关于做出断言的那个人的特征或心灵状态的信息。

485. 人们也很可能会说:"他来了,但我仍然不能相信这一点!"——"他来了!我不能相信这一点!"

486. 请你设想,有一个车站的传达员,他按照计划预告一列火车,但是——可能并没有什么根据——他深信这列火车不会抵达。他可能会预告说:"……次列车会在……左右到达。我个人并不相信这一点。"

487. 如果一名士兵在做一些军事报告,这些报告或许已经在观察的基础上得到了辩护;但他同时又对此补充道,他相信它们是错误的。——那么,我们不要问,在那个这样说的人精神之内可能发生了什么,而要问,其他人能否用这种报告做某种事情,以及能做什么事情。

488. 这种报告是一种使用这些语词的语言游戏。如果我们采取如下说法,那么会产生出困惑:报告中的语词、被报告的那个命题中的语词具有一种特定的意义,而这种报告、这个"断言"又为其增添了一种意义。这就仿佛一个由一部留声机说出的、属于纯粹逻辑的命题,仿佛在这里它拥有纯粹的逻辑上的意义,仿佛我们在这里有这个对象在自己面前,它被逻辑学家拿在手里并进行观察,——而此时那个被断言、被报告的命题则是**在交易中的**事物。就像人们可以说:植物学家将玫瑰**作为植物**来观察,而不是作为服装或房间的装饰物或者作为精致的小礼物。我想说,这个命题在这种语言游戏之外并没有任何意义。这与如下事情有关,即它并不是一种**名称**。因此人们或许会说:"'我相信……'——这是**这样的**",而在这时人们(或许在自己身上)指向给出该命题之意义的东西。

489. 这样来进行的报告是一种重言式吗:"骑兵会马上抵达;而且我相信这一点"?

490. 悖论是:人们可以这样来表达这种**假定**:"假定**这个**曾经发生在我**之内**而**那个**曾经发生在我**之外**"——但"**这个**正发生在我**之内**"的断言则说:这个正发生在我之外。在这个**假定**中,这两个关于内部和外部的命题是完全相独立的,但在那个断言中则不然。

491. 那这一点是否位于"相信"这个概念的本质之中呢?当然是了。

492. 请你设想,一个人说"我意愿,——但我并不想我的意愿被满足。"——(莱辛:"如果上帝的右手……")①因此,人们能不能请求上帝给予他这个愿望而又**不**满足它?

493. 在此"我相信"这个断言似乎不是对"我相信"这个假定所假定的东西的断言!(PU II 94)

494. 请不要将下面这点看成是理所当然的,而要将其看成是非常令人惊奇的:"相信"、"希望"、"意愿"、"意图"等等动词都展示了"吃"、"读"、"切割"也具有的那些语法形式。(PU II 99)

495. 请设想,我是一个阴阳人,可以说"我不相信正在下雨;而且正在下雨"。——可这些语词可以被用于什么呢?我能想出对

---

① "假若上帝的右手握着所有真理,左手握有唯一的、不断躁动的追求真理的冲动,而且带有时时甚而总是使我陷入迷途这一附加条件,然后对我说:选吧!我会恭顺地扑向他的左手,并说:我父,给我吧!纯然的真理只属于你自己!"——原编者注

上述译文引自《莱辛注疏集·历史与启示——莱辛神学文选》(朱雁冰译,华夏出版社 2006 年)中的《第二次答辩》一文。

它们做出的哪些使用呢?

"他来了。我个人并不相信这一点,但不要被这迷惑了。"——"他来了,你信赖这一点。**我**并不相信这一点;但不要被这迷惑了。"这听上去像是有两个人从我这里发出声音说话;或者像是在我之中有一级法院向另一级法院给出这个报告,即他来了,而这级法院意愿另一级法院相应地采取行动,——此时另一级法院在某种意义上预告我自己的行为。这就像是有人在说:"我知道,这种行为方式是错误的,但也知道我会这样来行动。"

因此"他来了,但我并不相信这一点"可能出现在一种语言游戏中。或者毋宁说:我们可以想出一种语言游戏,在其中这些语词并不令人觉得是荒谬的。

496.一台电压表,可以不通过指针和刻度盘来指示电压,而是在一张唱片的帮助下来**说出**电压。如果人们按下一颗按钮(提出问题),那么这部仪器会说"电压总计是……"。让这台电压表说如下事情,这也可能是有意义的吗:"我相信,电压总计是……"?——人们可以设想这种情形。

我现在是不是应当说,这部仪器陈述的是它自己的事情,——或者是电压的事情? 我是不是应当说,这台仪器**总是**在陈述它自己的事情?而且,例如,如果它可以重复电压的一个更高的读数:那么是不是它曾经**相信**,电压曾经是……?

497.或者我们可以这样说:我是不是应当说,一台电压表指示的是它自身或电压的东西?我难道不能说这二者吗?也就是说,每一种情况都是在不同的环境之下的?

498. "救命!"和"我需要帮助"是不是有不同的意思;①我们将它们视为同义的,这是否仅仅是我们理解上的一种粗糙之处?它是否总是意味着如下这样的说法:"严格来说,我意指的不是'救命!',而是'我意愿得到帮助'。"

在这里,我们的理解的最糟糕的敌人是这样一种观念或图像,即我们所谈论的东西的"意思"在我们的精神之中。

499. "他会来"这个断言并不暗指那个做出断言的人。但也并不暗指这个断言中的那些语词,然而"'他会来'是一个真正的命题"则暗指那些语词,而且与并不暗指那些语词的那个命题拥有同样的意思。

500. 人们能不能谈论"即他会来"这些语词的意思?② 因为这些语词恰恰是弗雷格式的"假定"。好吧,我难道不能向一个人解释这种语词表达式意谓什么吗?我能够这样做,这要通过向他解释或指明该表达式是如何被使用的。

501. 如果你认为"我相信……"这个命题说出了我心灵状态的某种东西,那么这种困难是难以克服的。如果情况是这样的话,那么人们必定能够通过如下方式重现穆尔悖论:不谈论关于自己心灵状态的事情,而是谈论关于大脑状态的事情。但问题的关键恰

---

① "救命!"和"我需要帮助"的原文分别为"Hilfe!"和"Ich brauche Hilfe",其中"Hilfe"都作为具有同样含义的名词出现在句子里,但前者一般在汉语中被译为"救命"。如果将其理解为"请给予我帮助!"的话,或许会有助于我们把握这两种表达式之间的关系。

② "即他会来"的原文为"daß er kommen wird",其中的"daß"引导后面的从句,由于在汉语中没有相应的语词与之直接相对应,所以使用"即"来指示这种语法功能。

恰在于，没有任何关于我（或其他任何人）大脑状态的断言等同于我所相信的那个断言——例如"他会来"。

502. 尽管如此，现在我们还是把"他相信 p"这个断言理解为关于他的**状态**的陈述，而且无论如何，从这种状态中都会得知他在给定的环境中将如何行动！那么是不是没有**第一人称现在时**与这样一个陈述相对应呢？因此我难道不能说出自己的如下事情吗：我现在处于一种状态中，在其中如此这般的言语反应和其它反应是很可能的？无论如何，这类似于我的如下说法，"我现在很暴躁"。同样，我也可以说"我现在能够很轻松地相信任何糟糕的消息"。

503. 现在，有这样一个命题，它说我——或我的大脑——现在处于如下这样一种状态中，即我用"是"来回答"他会来吗"这个问题，并且表现出这样或那样的反应，——这样一个命题与"他会来"这样一个断言是不是相同？

在这里人们可以问："你如何设想我已经被告知了自己状态？——比如通过经验吗？因此我是不是想借助这种经验预言说，我现在总是会**这样**来回答那样一个问题，等等？"

如果情况是这样的，而且我在这种意义上做出"我相信他会来"这个陈述并补充说"并且他不会来"，那么这仅仅在如下这样说法的范围内才是一条矛盾式："我不能说出任何有四个音节的语词"，①或者"我不能说出哪怕一个德语句子"。

---

① "有四个音节的"原文为"viersilbiges"。这个单词本身就有四个音节，因而上述句子自身包含矛盾。

如果后者是一种矛盾式,那么如下假定仍然不是矛盾式:"假定我连一个德语句子也不能说。"

504. 我们从对一个人本身的观察中得出他相信如此这般的事情这一点,但他并不在自我观察的基础上做出"我相信……"这个陈述。**因此**,"我相信 p"可能等价于关于"p"的那个断言。因此,"情况是这样的吗?"这个问题也可能等价于"我想知道情况是不是这样的"这个命题。

505. "这张面孔有一种完全特定的特征——"实际上意味着:我们可以对此说**很多**。——人们什么时候这么说?这么说的正当性何在?这是一种特定的经验吗?人们是否已经知道自己将要说什么;人们是否已经悄悄地念出来了?这难道不是类似于这样的情况吗:"现在我知道怎样继续了!"

506. 我们都知道这些面相的突然转换的过程;——但如果有人说:"是否有一个面相持续地位于 A 的眼前——如果没有任何面相转换发生的话?"这么说来,**面相难道不能变得更清新或是更不确定**吗?——而我**问**这个是多么奇怪啊!

507. 存在一种像面相的突然闪动这样的东西。这就像人们可以带着强烈的或不那么强烈的表情来演奏。使用更强的或稍弱的节奏重音或乐曲结构来演奏。

508. 把**这个**看作或听作**那个**的变体。因此,有这样一个时刻,我在瞥见 A 时**想**到 B,这时这种看可以说是急剧的,而在随后的时间中则是缓慢的。

509. 难处**并不**在于解释这种心理①现象,而在于**容忍**它。

510. 作为不同图形变体的"F"。

如果我自己设想,在我看着一个对象时,有一种被我看作其变体的范式正以某种方式出现在我心中,那么这个范式(的确)可能时而变得更清晰,时而更不清晰,也可能完全消失。

511. 请你设想这样两个人:其中一个在青年时期把"F"当作"Ⅎ"进行学习——另一个则像我们一样把它当作"F"。如果他们现在都读到"图形"②这个词,——我是否必须说、我是否有理由说,他们以不同的方式看"F"? 显然不是。如下情况难道是不可能的吗:当一个人听到另一个人是如何学习书写和读这个字母的时候,他对他说,"我从来不是**这样**,而总是**那样**来看它的"?

此外或许还存在这样一些情况,在其中,我们会**这样**来解释其中一个人所做或所说的事情:"他把这个字母视作……的变体。"

512. **这**是肯定的,即人们可以说:"我从不这样看它"。这里的"从不"是确定无疑的。——但如果你说"我**总是**这样看它",这里的"总是"则不是同样肯定的。如果一个人不说"看"而说"理解",这自然是无足轻重的。

513. 设想你知道 F 这个符号是由一个 Γ 和一个 ⌐ 组成的。——这让人们想起做梦的现象,当人们述说梦境时会使用"而我知道……"这样的语词来进行描述。这也和人们所谓的"幻觉"

---

① 异文:"心灵"。
② "图形"原文为"Figur",其中包含字母"F"。

具有相似之处。

514. 如果我看着这个符号①,那么仿佛我心中会呈现出一个范式,一个样品。但这是什么样的样品呢?它看上去是什么样子的呢?无论如何这肯定不是像那个符号本身那样!——因此是不是像该符号看上去的**那样**呢?——可是看上去是**怎样**的呢?我应当如何记录下这个面相?我们如何记录它,如何在我们之间对之进行交流呢?比如,我说:"这个符号在我看来是朝向右边的。"我甚至可以谈论一种视觉重心,——我可以说:符号 F 的重心在**这里**。我能够解释自己用此意指什么吗?不能。——但我可以把我的反应和其他人的反应进行比较。

515. 我是不是始终都意识到自己视野边缘的模糊性?我是不是应当说:"几乎从来不",或是"从来不"?

516. 在另一个思想空间中——人们或许想说——这个事物看上去是别的样子。

517. 人们在一段音乐中可以设想一种主旋律的变奏,对这种变奏来说,如果略加改写的话,人们就能把它理解为该主旋律的另一种完全不同的变奏。(在节奏中存在着某些模棱两可之处。)是啊,如果一种重复使得该主旋律出现在一种完全不同的光线中,那么我所意指的东西也很可能总是会出现。

518. 没有一种面相不(也同样)是理解。

---

① 异文:"字样"。

519. 假定一个人对我说:"现在这幅**图像**中的什么东西改变了——我不能以其它方式来表达这一点——尽管形状是和之前一样的。我只能说:之前它是一种 F,而现在则是一种 ⅎ。"如果他**这样**说,那么我难道不能不信任①下事情吗:他总是持续不断地这样来**看**那个图形,而不是仅仅从未以其它方式来理解它?

520. 请你设想,当一个孩子学习字母"R"时,我们对他说:"我总是把它看作一个'R'。"这可以告诉我们什么呢??——是的,即使他对我们说,"我总是把它看作一个有斜的支架的'P'",这也只是告诉我们:这个孩子是如此理解它的,他是如此向自己解释这个字母的,等等类似的情况。只有当他谈到面相的转换时我们才会说,现在它是那种现象……

521. 如果一个人说"我总是**这样**看它",那么他一定可以说清什么是"**这样**"。假定一个人通过如下方法做到了这一点:按照一种特定的次序或特定的节奏把这幅图画的轮廓补充出来。这就**类似**于他对我们说:"我总是**这样**用眼睛来追寻这幅图像。"而在这里他当然**可能**被自己的记忆欺骗。

522. 如果他说"我(现在)**这样**看这幅图像"并以特定的方式临摹它,——那么这也并不一定是一种可以说与看本身相类似的描述。但如果他说"我**曾经**总是这样看它",那么这意味着他从未以**其它方式**看它,而他可能欺骗了自己。

523. 不,这个范式并非始终浮现在我的心灵之前——但是当

---

① 异文:"怀疑"。

我描述面相的转换时，我借助于这个范式的帮助。

524. "我曾经总是**这样**看它"——人们其实是想用这个说："我曾经总是**这样**来理解它，而面相的**这种**转换从未发生过。"

525. "我从未**这样**看它，而总是**那样**看它。"**单独来说**这并不是一个命题。它还缺少一个场。

526. "我曾经看到它总是带着**这种**面孔。"但你必须说出是**哪种**。一旦你说出了**这点**，这就不再是你曾经**总是**在做的事情了。

"我曾经总是看到这个字母带着一种忧郁的面孔。"在此人们可以问："你确定**总是**这样吗？"换言之：这种忧郁**总是**引起你的注意吗？

527. 而"引起注意"是怎样的呢？它是发生在一瞬间的，还是持续性的？

528. "当我注视他时，总是看到他父亲的面孔。"总是？——但肯定不是只在**转瞬之间**！这种面相可以持续。

529. 请你设想，有人说："我现在总是在**这种**语境中看到它。"——

530. 绝对和相对的听觉。这里有某种类似的东西：我听到从一个音调到另一个音调的过渡。但在一个较短的时间后我不再能认出两个音高中较高或较低的那一个。如果不存在一种**正确的**认识的标准的话，那么谈论这种"认出"一定也是毫无意义的。

531. 事情看起来几乎是这样的："在这种语境中看这个符号"

是一个思想的回声。(PU II 245)

532. 针对一张真实的或画出的面孔说"我曾经**总**是把它看作面孔",这或许是奇怪的;但如下说法则并不奇怪:"对我来说它总是一张面孔,而且我从未把它看**作什么别的东西**"。

533. 例如,如果我有一次把 F 看作一个 T 加上一条附加的横线,这就好像是**分组**改变了。但如果一个人问我:"那么你此前总是看到这幅图像带着 F 这样一种分组吗?"那么我不能说情况是这样的。

534. 如果一个人说:"我谈论的是一种视觉现象,在其中,视觉图像,即它的组织,确实改变了,尽管形状和颜色还保持不变"——那么我可以回答他说:"我知道你谈论的是什么;我**也想说**你所说的东西。"——因此我不会说:"是的,我们都在谈论的这种现象真的是组织的一种转换……",而是会说"是的,对组织转换的谈论等等,是我也所意指①的那种对体验的表露"。

535. "视觉图像的组织改变了。"——"是啊,这也是我想说的。"

这类似于如下情况:一个人说,"我周围的所有东西都不真实地浮现在我面前"——而另一个人回答说:"是的,我了解这种现象。我也完全想这样来表达。"

536. "这个视觉图像的组织改变了"的用法与如下这句话的用法并不相同:"这个协会的组织改变了。"如果我们协会的组织改变

---

① 异文:"谈论"。

了,那么**在这里**我可以描述**这是怎样的**。

537. "我从未想到人们可以**这样**看这个图形":这是否意味着,我曾想到或知道人们可以**这样**来看它,就像我曾经总是看它的那样?

538. 我听到一个音调——但我会不会没有听到它有多高?——这样的说法是否正确:如果我听到一个音调,那么我就必定会意识到它的音高?——如果它的强度改变了,这个音调也就改变了。

539. 乍看起来似乎是**这样**:某人注意到人们也可以把 F 看作是 T 加上一个附加物;他说"现在我把它看作 T,等等,现在又看作 F"。由此似乎可以得出,他第二次的看的方式,就像他在自己的发现之前**总**是看的方式那样。——因此,如果说"现在我又把它看作 F"是有意义的,那么在面相的转换**之前**说"我总是把字母 F 看作 F"就也是有意义的。

540. 如果我总是在同一种语调中听到(并且经常听到)一个句子,那么是不是可以说,我当然必定已经意识到这种语调?如果这种说法像是意味着,我曾经在这种语调中听到过它并且也总是在这种语调中说它,——那么我就意识到了这种语调。但我不一定知道有"语调"这样的东西存在,我丝毫不需要**想到**这种语调,丝毫不需要**倾听它**。

我可能完全不了解语调这个概念。对我来说不需要实现语调和句子的"分离"。

因此我并未学习过任何用"语调"这个词来进行的语言游戏。

541. 当孩子学习字母时，他不是学习**这样**而不是那样看它。我是否应当说，人们在面相的转换之后会想到自己曾经总是以相同的方式看一个字母，例如 R？——这是**可能的**，但实际情况并非如此。不，**这不是我们所说的事情**。甚至当一个人说对他而言字母……总是具有如此这般的面孔时，他也会承认，在很多情况下、在瞥见这个字母时他并没有"想到"一张面孔。

542. 现在我是不是应当说：对我们而言，"一种看"是和一个字母联系在一起的？当然不是；除非它意味着类似这样的情况：一张面孔和一个字母相结合。

543. 请考虑"写法"这个概念。人们可以说"这是这个字母的一种有趣的写法……"——但是不是任何一个曾经学习过书写字母的人都理解"写法"意味着什么？我的意思是：一个完全不知道字母有其它写法的人，能否注意字母 S 的写法？——或者在这里我仅仅是在玩文字游戏？

只是你不要有一种过于狭隘的"体验"的概念。

问问你自己：一个从未见过其它例子的人，能否感觉到一个发音是**粗俗的**？

544. "这种字体对我而言是令人不悦的。"如果一个人刚刚学会读书和写字，那么对他而言，一种字体能不能是"令人不悦"的？——它或许可以在某种意义上令他感到厌恶。只有对如下这样一个人来说，说一种字体对他而言是令人不悦的才是有意义的：他已经能够给出关于字体的各种各样的想法。

545. 如下这种情况是可设想的吗：在两个相同的音乐片段的

小节上有一些指令，它们要求我们第一次**这样听**，第二次**那样听**，而不对演奏施加任何影响。这个音乐片段可能是为八音盒而写的，并且这两个小节以同样的强度和速度被演奏——只是每次**得到**不同的**理解**。

好吧，即使一个作曲家从未写下过这样的指令，难道批评家也不能写下它们吗？这种指令难道不能和标题音乐的题目（"农夫之舞"）相比吗？

546. 当然，只有当我对一个人说"**这样**听它"时，他才必定能说："是的，现在我理解它了；现在它确实有意义了！"（一定有什么东西咬合上了。）

547. 我们有哪些相同性、同一性的概念呢？如果牵涉到的是相同的颜色、相同的声响、相同的形状、相同的长度、相同的感受，并且你需要来决定这种或那种情况是否应当被包含在这一家族之中①，那么你就知道"相同"一词的用法了。

548. 如下这种观念中有什么令人厌恶的地方呢：我们学习一个语词的用法，指出在描述这种用法中的错误，等等？首先人们会问自己：**这**对我们而言如何可能是如此重要的？这依赖于如下事情：人们所谓的"错误描述"是否指与已获得认可的语言使用不一致的那些描述，——或者是否指与描述者的实践不一致的那些描述。只有在第二种情形下才会出现哲学的冲突。

549. 如下这种观念则不那么令人厌恶：例如，我们为自己制作

---

① 异文："并且你需要来决定人们在此是否应当谈论'同一性'"。

关于思维的**一幅错误的图像**。因为在这里人们自言自语道：至少我们处理的是思维，而不是"思维"这个词。

因此，我们为自己制作了关于思维的一幅错误的图像。——但我们为自己所制作的一幅错误的图像是关于什么的呢；例如，我如何知道，你为自己制作了关于**那个东西**的一幅错误的图像，而我也为自己制作了关于它的一幅错误的图像？

我们假定，我们的思维的图像是这样一个人，他用手支撑着自己的脑袋并且自言自语。我们的问题并不是"这是一幅正确的图像吗？"而是："这幅图像如何被用作关于**思维**的一幅图像？"

不是："我们已经为自己制作了一幅错误的图像"——而是"我们并不熟悉我们的那幅或那些图像的用法。"因此我们并不熟悉我们语词的用法。

550. 大概是吧，——但这个语词肯定仅仅在如下范围内才是令我们感兴趣的，即它对我们而言实际上具有一种完全特定的用法，因此它已经指涉某种现象！——这是真的。而这意味着：我们所关心的并不是改善语法上的约定。——但"我们都知道'思维'这个词自身指涉哪一种现象"意味着什么呢？这难道不意味着如下事情吗：我们都能够用"思维"这个词来玩语言游戏？把思维称为一种"现象"，这只会产生出不清晰之处；而说"我们为自己制作了关于这种现象的一幅错误的图像"则会产生更进一步的不清晰之处。（人们或许更愿意说"一个错误的概念"。）

551. 如果我们处理的是"五"这个词的用法，那么我们在某种意义上就是处理与这个语词"相应的"东西；只有当**这**是一种原初的表达方式时,它才预设了一种对于一个语词用法的原初的理解。

552. 一种"语言游戏":人们让一个人根据一幅素描画来选择一种香味,比如咖啡的香气。人们对他说:"咖啡闻起来是这样的:⌒"并接着命令他将闻上去**是这样的**那种液体拿过来。——现在我假定他真的会拿来那种正确的液体。因此我有了一种方法,即通过某种**符号式的**方法来向一个人发出命令。((与规则、技术、数学的本质之间的关系,——例如与实数的本质之间的关系。))这也与如下事情有关:("母鸡'呼唤'小鸡过来。")

553. "人们不能描述咖啡的那种香气。"但人们难道不能想象自己能够做到这一点吗?而为了做到这一点,人们必须想象些**什么**?

如果某个人说"人们不能描述这种香气",那么人们可以问他:"你想**用什么**来描述它呢?借助于哪些**要素**?"

554. 我们完全没有为这样一种任务**做好准备**,例如,描述"思维"这个词的用法。(而我们为何应当去准备呢?这样一种描述可以被用于什么呢?)

而且人们形成的关于这一点的质朴心象,完全不与实在相对应。我们期待一种平滑、规则的轮廓,而看到的则是一种破碎的①轮廓。人们在这里确实可以说,我们为自己制作了一幅错误的图像。这差不多类似于如下事情:有一个我们称之为"巨人"的名词,

---

① 异文:"衣衫褴褛的"。

借助它的帮助人们可以表达所有我们用形容词"大的"所谈论的东西。在语词"巨人"出现时我们所想到的那幅图像就是关于一个巨人的图像。而现在,人们应当用我们眼前的这幅图像来描述我们对语词"大的"的奇怪的使用。

555. 麦考莱①说,诗艺是一种"模仿的艺术",而他自然就立即陷入了这个概念的巨大困难之中。他想进行描述;但向他呈现出来的每一幅图像都是不贴切的,无论它乍看上去是多么正确;也无论如下事情看上去是多么奇怪:人们不应能够描述自己所准确地理解②了的东西。

在这里人们告诉自己:"它**一定**恰好是这样的!——即使我并不能摆脱所有的异议。"

556. 如下事情肯定是可设想的:一个人很精确地通晓一座城市,也就是说,他可以很确信地找到从该城市中的每个地点到另一个地点的最短的路径,——然而他却完全无法绘制出这个城市的一张平面图。一旦他进行尝试,就只会制造出完全错误的东西。(我们关于"本能"的概念。)

557. 首先,那个尝试进行这种描述的人缺乏任何系统。他所想到的那些系统是不充分的;而且他似乎突然发现自己身处一片荒野,而不是身处他很熟悉的那座布置精美的花园。

他或许想到一些规则,但实在却没有指示除了例外情况之外

---

① 应当指英国十九世纪的历史学家和政治家托马斯·巴宾顿·麦考莱(Thomas Babington Macaulay)。

② 异文:"了解"。

的其它东西。

558. 前景的那些规则使得我们无法认出①背景中的那些规则。因为，如果我们将背景与前景放置在一起，那么我们就仅仅看到令人厌恶的例外情况，也就是**无规律性**。

559. 我们会不会说，**任何一个有意义地说话的人都在思维**？例如，在第二节的语言游戏中的那个建筑者？② 我们难道不能在如下这种环境中思维那栋建筑和对那些语词的呼喊吗：在这种环境中，我们不把建筑和呼喊同一种思维联系在一起？

因为"思维"与"考虑"是**同源**的。

560. 我们大概会这么说："机械地进行一种乘法运算"（无论是在纸上还是在大脑中）——但"机械地考虑某事"，这对我们来说包含着矛盾。

561. 考虑的表达和考虑的行为。我们会针对什么东西采用如下说法：它在考虑某事？针对人类，有时也针对动物。（不会是针对树木或石头。）一种在行动中的犹豫是考虑的**一种**标志（科勒）。③（并不是**任何**一种犹豫都是如此。）

562. 请在如下东西中思考"考虑"：在"试图"中；在"研究"中；在一种惊讶的表情中；在失败的表情和成功的表情中。

563. 为了让我们说这个人在**思维**，他必须做多少事情啊！

---

① 异文："看到"。
② 参阅《哲学研究》，第一部分，第2节。——原编者注
③ 指德国格式塔学派的心理学家沃尔夫冈·科勒。

564. 他不可能**知道**我是否在思维,但我却知道。我知道的是什么? 是如下事情吗:我现在正在做的事情是**思维**? 而为了知道这一点,我把它同什么东西进行比较呢? 我难道不会在这个问题上出错吗? 因此剩下来的就只是:我知道,自己正在做自己正在做的事情。——

565. 但如下说法肯定是有意义的:"他并不知道我刚才在想些什么,因为我刚才并未告诉他"!

如果我在自言自语中大声表露出它,如果没有人听到我,那么一种思想是不是就是"私人性的"呢?

"只有我自己才知道我的想法。"这大概意味着:"**如果**我想的话,那么我**能够**描述它、表达它。"

566. "我的思想只有我才了解。"——你从哪里知道这一点呢? 经验未曾把它教授给你。——你由此来告诉我们什么呢? ——你必定是在糟糕地进行表达。

"当然不是! 我现在正在思考着什么;请告诉我它是什么!"那么它因此而是一个经验命题吗? 并非如此;因为如果我告诉你你在思考什么,那么我还是仅仅**猜中**了这一点。我是不是正确地猜中了,这是如何确定的呢? 通过你的语词和某些环境:因此我将这种语言游戏与**另一种**相比较,在后者那里,确定(证实)的手段似乎是不同的。

567. "我在这里不可以……"——那么我在哪里**可以**呢? 在另一种游戏中。(我在这里——即在网球中——不能把球打进球门里。)

568. 但如下二者间难道没有一种联系吗：思想语法上的"私人性"和如下的事实之间，即在另一个人说出自己的思想之前一般而言我们不能猜出它们。在如下这种意义上的确存在着对思想的猜测，即一个人对我说："我知道你现在在想什么"（或者"你现在正在对什么进行思考"），而我必须承认他正确地猜中了我的思想。但是实际上这是很少发生的。我常常一言不发地坐着，在我的课堂呆上好几分钟，而思想则浮现在头脑中；我的听众都无法猜出我刚刚在想什么。不过，如下事情也是可能的：一个人猜到了它们并书写了下来，仿佛我说出了它们。而且如果他向我展示被写下的东西，那么我一定会说"是啊，我刚才想的完全就是这个"。——而且，例如，在这里，如下问题是不可确定的：我自己是不是没有出错；我是不是真的思考过这个，或者仅仅是在他记录的影响下我才坚定地**自以为**那恰恰就是我所思考的东西。

而且"不可确定的"这个词属于对于这种语言游戏的描述。

569. **这**难道不是可设想的吗：我对一个人说"你现在在思考……"——他否认这一点。但我仍然坚持自己的断言，而且最终他说："我相信你是正确的；我刚才是在思考这个；我的记忆欺骗了我。"

现在请设想，这是一种十分平常的事件！

570. "思想和感受是私人性的"的意思大致相当于"有假装存在"，或者"人们能够掩饰①自己的思想和感受；甚至能够说谎和假

---

① 异文："隐瞒"。

装"。而问题在于,这种"存在"和"人们能够"意味着什么。

571. 人们会在哪些环境中、出于哪些诱因说:"只有我才了解我的思想"？——人们何时也可能会说:"我不会告诉你我的思想",或者"我的思想是保密的",或者"我的思想不可能被你猜到"。

572. 那么人们会针对什么说自己**了解**它？在何种范围内我了解自己的思想？

人们难道不这样说吗:他们了解自己能够正确描述的东西？而人们能够这样来谈论自己的思想吗？

如果一个人想把这个词称为对思想的"描述"而不是对思想的"表达",那么就让他问问自己,人们如何描述一张桌子,而又如何学会描述自己的思想。而且这仅仅意味着:让他看看人们如何判断对一张桌子的描述是正确的还是错误的,而又如何判断对思想的描述是正确的还是错误的;让他把处于各种情况之中的那些语言游戏纳入自己的视野里。

573. "但事实可是人们仅仅了解自己的思想。"("但事实可是只有我才知道我自己的思想。")

人们可能会说"而且我也不了解"。

574. "自然使得一个人能够秘密地思考。"请设想有人这样说:"自然使得一个人能够以能被听到或不能被听到的方式在自己的心灵中讲话。"这意味着,他因此能够以这两种方式来做同样的事情。(就像他可以可见地领悟,也可以不可见地领悟。)只不过在心灵中讲话的时候,这种讲话比身体内部的任何一种事件都隐藏的更好。——可如果我在讲话而其他所有人都是聋的,那么情况又如何呢？在这里，我的讲话难道不是同样好地被隐藏起来了吗？

"它发生于心灵最深的隐秘之处。"

575. 如果某个人对**我说**，他曾经想到了什么，——那么他是不是真的对我说：他曾经**想到**了什么？那种真正的精神事件难道不是必定未被描述的吗？——**它**难道不是那个隐秘的东西吗，——在谈话中，我只能给予另一个人关于这个东西的一幅图像？

576. 如果我对一个人**说**，我在**思考**什么，——那么在这里，我对自己思想的了解，是不是比我的语词对它的表现更好一些呢？这是不是就像，我了解一个物体，但仅仅向另一个人展示一张照片？

577. "人类拥有这样的禀赋，即在完全与世隔绝的状态下与自己讲话；在比一个隐士更彻底得多的隔离中。"我如何知道 N 拥有这种禀赋呢？——因为他这样说并且是可信赖的吗？

我们的确说："我很想知道，他现在在想些什么"；这完全就像是我们可能会说："我很想知道，他现在在自己的笔记本上写些什么。"是啊，人们的确可能**这样**说，并且可以说把如下事情看作是不言而喻的：他自己在思考将什么写入笔记本中。

578. 现在如果有这样一些人，他们能够**有规律地**——比如通过对一个人喉头的观察——"读出"一个人的思想，——那么他们也倾向于向自己诉说精神的完全的离群索居吗？——或者：他们也倾向于使用**那幅**关于这种"完全与世隔绝"的**图像**吗？

579. "我想知道他在思索什么！"但现在问问你自己如下这

个——看上去是无关紧要的——问题:"'在他之内'、在他的精神中所发生的事情究竟有什么令人感兴趣的地方——假定有什么发生了的话?"(把他之内发生的东西交给魔鬼吧!)

580. 将思维比作一种隐秘之中的过程,这在哲学上是误导人的。

这与如下事情是**同样**误导人的:把对那个恰当的表达式的寻找,比作一个人想精确临摹只有他自己才能看到的一根线条的努力。

581. 使我们感到迷惑的是,了解另一个人的思想,这从**一个**方面看在逻辑上是不可能的,而从另一个方面看则在心理学和生理学上是不可能的。

582. 如下说法是正确的吗:这两种"不可能性"是如此相互关联着,以至于心理学上的不可能性(在这里)提供了一幅图像,这幅图像(在那时)对我们来说变成了"思维"这个概念的标志?

583. 人们不能这样说:在一个人的笔记本上写下的东西或独白式的言说,"**类似于**"那种默不出声的思考;但出于某些目的,其中一种过程可以**代替**另一种过程(例如,头脑中的计算代替书面的计算)。

584. 可能有这样一些人存在,他们在进行思维时总是喃喃自语,因此他们的思维对其他人而言就是可以进入的吗?——"是的,但我们还是不可能知道,除此之外他们在思维时是否不是对自己默不出声的!"——但情况难道不可能是这样的吗:这种假设是没有意义的,就像假设这些人的头发或一块石头在思维是没有意义的一样?

这意味着:如果情况是这样的,那么我们是不是一定会产生这样的想法,即一个人在他的精神中隐秘地思考,隐秘地拥有思想?

585."我不知道你在思考什么。请说出你在思考什么!"——这就意味着:"讲吧!"

586.因此如下事情是误导人的吗:谈论那个人的灵魂或者他的精神?它的误导性是**那么的**少,以至于我的如下说法完全是可理解的:"不只是我的理智疲乏了,我的灵魂也疲乏了。"但你难道没有说如下事情吗:人们能够通过"灵魂"这个词表达的所有东西,也能以某种方式通过关于身体的那些语词而得到表达?我并不这样说。但如果情况就是如此,——那么这又说明什么呢?这些语词如同我们在对它们的解释中所指向的那些东西一样,都仅仅是工具,而且视其用法而定。

587.我们对各种语言的认知,使得我们不会严肃地对待那种以每一种语言的形式写下来的哲学。但与此同时我们却无视我们(自己)在赞成或反对某些表达形式上的深刻的成见;无视如下事情:恰恰是这些多种语言的堆叠给予我们一幅独特的图像。可以说,我们并不随意地通过另一种形式来覆盖这**一种**形式。

588.你必须考虑,可能存在这样一种语言游戏:"把一系列数字继续下去",在其中,没有任何规则或规则的表达,只有**仅仅**通过举例来进行的学习。所以如下这种想法对这些人来说是全然陌生的:每一个步骤都要通过我们精神之中的某种东西——一种样板——来得到辩护。

589. 关于名称的例子:只有在与其承担者相伴随的时候,名称才有意义,也就是说,只有在这样被使用的时候才有意义。因此,它们仅仅被用于避免持续不断的指示。我们总是会想到的一个例子是,在一些几何图形中用 A、B、C……a、b……等标记线、点和角。

590. 在阅读的时候:对语词的图像的看:"我匆匆地看了这个词"——这是一种独特的体验,无法通过电影来得到描绘。

591. 请你设想这样一种精神疾病,在其中,人们只能在名称的承担者在场的情况下才能使用和理解这些名称。

592. 符号可能按照这样一种方式被使用,即一旦其承担者不再存在了,它们也就变得无用了(人们或许会销毁它们)。

在这种语言游戏中,可以说,名称与对象之间必定连着一条线;如果该对象不再存在了,那么人们就可以丢弃那个与该对象联系在一起而起作用的名称了。

593. "我意图走到那儿去":这是对一种心灵状态的**描述**,还是**表露**?——如果人们想象心灵的一个模型,那么这个命题可能就是对于当前状态中模型的一种描述。那个人瞧着自己的心灵并说道:……是一个好的还是一个坏的模型?——这是如何被确定的?这个问题就是说:它作为符号是如何被**使用**的?

594. "我意图……"**可能会**被人们当作一个陈述来使用:"我在做某种符合这种意图的事情。"例如:我为这趟旅程打点行装,通过思忖或行为来如此这般地为这趟旅程做好准备。人们**可能会**这样来使用一个动词。或许对应于"我带着……这种意图来行动"这个表达式。

595. 对我心灵状态的描述：恐惧和希望的转换，例如"早上我充满着希望，然后……"。每个人都会把这称为一种描述。但如下事情是描述的特征，即这种描述能够平行于对我行为的一种描述。

596. 请比较如下东西：对于恐惧和希望的表达，以及对于如此这般的事情将要发生的"信念"的表达。——为此人们也把希望和恐惧称为"情绪"，但并不这样称呼那些信念（或**那种**相信）。

597. 如果我说："做这件事的意图随着时间越变越强了"——那么人们会把这称为描述。但也会把**这个**称为描述："我在整段时间内都意图……"

现在请比较"我在整段时间内都相信万有引力定律"和"我在整段时间内都相信自己听到一种低声的耳语"。在第一种情形下，"相信"像"知道"那样被使用。（"**如果**有人问我，那么我**会**说……"）在第二种情形下，我们拥有一种活动、一种猜测、倾听、怀疑，等等。而且即使"相信"并不**指涉**这种活动，它也还是使得我们说：我们在这里**描述**一种心灵状态或心灵活动。——我们也可以这样说：我们形成了关于这样一个人的一幅图像，他在整段时间内都相信自己听到一种低低的声响。但并没有形成这样一个人的一幅图像，他相信万有引力定律的正确性。

598. 我意图（人们可以说）并不意味着："我此时正在进行意图"，或者"我正在从事意图"（就像人们会说，我正在从事报纸阅读)。但人们可能会说:"我正在进行计划我的旅程"等等。

我们没有——但可能有——这样一个单个的动词(而且它可能真的存在于一种很罕见的语言中)来表达如下事情:"带着如此这般的意图去行动和思考。"

599. "我意图……"**绝不**是一种描述,但在某些环境中可以从中推断出一种描述。

600. 对你自己说:"这里发生了什么?"错误的问题!人们不仅不能说发生了什么——而且也不能说:人们不知道发生了什么——还不能说人们仅仅知道与之相关的这个或那个!但如下说法也是错误的:它恰恰是一种特殊的过程,除了通过这些语词之外,我们无法描述该过程。——"描述"和"报告"这些概念。人们会说:一个人报告说他曾经对自己说……。在何种范围内,这可以与如卜这种"报告"相比较呢:例如,他曾经说……? 我们要想到**描述**是一种非常特殊的**语言游戏**。——我们必须挖掘我们概念的坚实的根基。

601. 概念**可以**减轻或加剧一种胡作非为;促进或阻碍它。

602. 这是完全正确的:人们不能想象一种对于"红"或"颜色"的解释。但这不是因为这是某种特殊的体验,而是因为这是语言游戏。

603. "人们不能向一个人解释什么是**红**。"——可如果现在人们能够这样做了,——那么它难道就不是我们称之为"红"的东西了吗?

让我们设想这样一些人,他们通过如下东西来表达一种介于红和黄之间的中间色,即**这样**一种二进制的小数:R. LLRL,等等,在其中,例如,黄色位于右侧,而红色位于左侧。——这些人已经在幼儿园中学会了以这种方式来描述色调,根据这些描述来选择以及调和颜色,等等。他们与我们之间的关系,就大致像是那些拥有绝对听觉的人与缺乏这种能力的人之间的关系。**他们能够做**我们不能做的事情。

604. 而且在这里人们可能想说:"但这真的是可以想象的吗?是的,这种**行为**当然是可以想象的!但那种内部的过程、那种关于颜色的体验也是可以想象的吗?"人们很难看出应当如何回答这样一个问题。如果我们还并没有遇到拥有绝对听觉的人,那么我们会不会想到那种人是很可能存在的?

605. 如果一个人说"红色是复合而成的"——那么我们无法猜出他用此暗示什么,想用这个命题着手做什么。可如果他说:"这把椅子是复合而成的",尽管我们同样不会知道他在谈论哪一种复合,但却能够立刻想到他的陈述有不只一种意思。

现在我给予关注的是一种什么样的事实?

无论如何它是一种**重要的**事实。——而这个命题可能暗示的技术,都不是我们所熟悉的。

606. 我们在这里描述一种我们**不可能学会**的语言游戏。

607. "那时在他之内发生的一定是某种完全不同的、我们不了解的东西。"——**这向我们表明**,我们依据什么来确定"在另一个人之内"所发生的事情是否与在我们之内发生的事情不同或者相同。

这向我们表明，我们**依据什么**来判断那些内部的过程。

608. "红色不是复合的"——什么是红色啊？！——在此我们或许会干脆指向某个红色的东西；然而我们忘记了，如果那个陈述应当有一种意思，那么我们所得到的就一定不只是那种实指定义。我们仍然完全不理解"X 不是复合的"这种形式的命题的意思是什么，如果 X 被一个拥有我们的颜色语词那样的用法的语词所代替的话。

609. 这是事实：不能通过那些与色样没有关联的语词来向一个人解释"红"。这难道不应当是很重要的吗？

610. "人们如何可能想向一个人解释红，因为它毕竟是一种特定的感觉印象，而且只有拥有（或曾经拥有）它的那个人才了解它——而解释只能意味着：在另一个人之中**制造出**它！"——

611. "某个拥有绝对听觉的人，他的音调体验一定与我的不同。"——每个拥有绝对听觉的人都拥有同样的体验吗？如果并非如此，——那么为什么它一定与我的体验不同呢？

612. 请你设想，为了向一个人说明"红色"，我们向他展示某个发红的棕黑色东西，并且说："这种颜色由黄色（我们展示纯粹的黄色）、黑色（我们展示它）和另一种颜色组成，这种颜色就叫'红色'。"由此他现在便能够从一定数量的色样中挑选出那种纯粹的红色。

613. 请注意：人们并不指向红色，而是指向某个红色的东西。这当然也就是说："红色"这个概念不是通过指向什么而得以确定的,而且现在不仅可能把"红色"解释为比如一种形状的名称,而且还可以解释为概念语词,它比前者**更接近于**一个颜色语词。

614. 一个语词的**使用**并不是:标示某物。

615. **你**能否想象一个红绿色盲看到了什么？你能否画出他如何看这个房间的图像？

616. "如果某个人看到的所有东西仅仅是灰的、黑的和白的,那么为了让他知道什么是红色、绿色等等,必须**给予**他某些东西。"必须给予他什么呢？好吧,是那些颜色。那就是说,例如,**这个**、**这个**和**这个**。(请你设想如下事情,比如,除了那些单纯的灰的和黑的东西之外,还必须把一些有颜色的样品引进他的大脑中。)但这一点一定是作为达到将来某种行动之目的的手段才会发生吗？或者这些样品恰恰就被包括在这种行动中？我是不是想说:"必须给予他某些东西,因为否则的话他显然就不能……"——或者:他的看的行为**包含**某些新的成分？

还有:我们会把什么**称为**"对看的解释"呢？人们是不是应当说:好吧,你肯定知道"解释"在其它情况下意味着什么;因此请在这里使用这个概念吧!

617. 我能不能说:"凝视它! 这样你会看到它是无法被解释的。"——或者:"饮下红颜色,这样你会看到它是无法通过其它东西来得到描绘的!"——如果现在另一个人赞同我,那么这是不是表明他已经饮下了和我同样的东西？——而且我们倾向于这样说这一点意味着什么？红色在我们看来似乎是孤立地站立在那里。为什么呢？这种表面现象、这种倾向的价值是什么呢？

618.请思考一下"红色不是一种混合色"这个命题以及它的功能。

这种用颜色来进行的语言游戏的特征,恰恰被我们能够和不能够做的事情所刻画。

619.红色是某种特殊的东西;但如果我们凝视某个红色的东西,那么我们不会看到它。相反,(我们看到的是)那种**现象**,即我们通过带有"红"这个词的语言游戏来**确定其界限**的现象。

620."红色是某种特殊的东西",这一定就像是说:"**这**是某个特殊的东西"——与此同时人们指向某个红色的东西。但为了使得这一点是可理解的,人们必须已经意指了我们的"红"的概念,意指了那个样品的用法。

621.如果你对这些事物感到惊奇,那么你首先对别的什么东西感到惊奇!也就是说,对那种总的来说可以对之进行描述和报告的东西感到惊奇。如果你把自己的惊奇集中在这上面,那么其它那些问题就会缩水①了。

622.原色。如果在其他一些人那里,那些被我们称为混合色的颜色起着我们的原色的作用;那么我们会不会说,**他们的**原色就是,例如,这种橙色、这种青红色、这种蓝绿色,等等?因此,"红色是一种原色"这个命题是不是就意味着:红色在我们这里起着如此这般的作用;我们如此这般地对红色、黄色等做出反应?——人们通常不会这样想;换言之,"红色是一种纯粹的颜色"是一个关于红

---

① 异文:"褪色"。

色的"本质"的命题,时间并没有进入它之中;人们不能设想如下事情:**这种**颜色可能**不是**单一的。

623. 这样一种色圈:原色间的相等距离是任意的。是的,例如,如果那个纯粹的蓝点与那个纯粹的绿点之间的距离比它和那个纯粹的红点之间的距离更近,那么这些过渡可能会给我们留下一种更为一致的印象。如果距离的相同处于这些事物的本性之中,那么这会是非常奇特的。

624. "不存在一种发红的绿色"类似于那些我们在数学中用作公理的命题。

625. 人们数数和计算:请描述他们在这里所做的事情!在这种描述中是不是也应当出现像**这样**的命题:"他现在理解如何继续这个数列了"——或者"他现在能够进行任意一种乘法运算"?而**这个**命题是不是也算在里面呢:"他现在在精神中看到整个数列浮现在眼前"?

这些命题可能出现在这种描述中;但我们难道不能要求人们向我们解释它们的用法吗;这样可以不让错误或不相关的心象偷偷溜进我们心中?

这里的问题在于,我们是为谁而给出这种描述的。我们说什么人能够进行任意一种乘法运算?人们究竟是如何想到这个**概念**的?这种描述对谁而言、在哪些环境中会是重要的?

626. "红色是一种退化的绿色。"如果有人看到一片叶子从绿色变成红色,那么他会说,这种绿色是脆弱的,并且会完全退化为红色。如果有人看到那种红颜色,那么他总是会摆出一种表情。

人们现在难道不能把红色解释为绿色的最极端的退化吗？

627."人们不能向任何人**解释**什么是红色！"——人们究竟是如何想到这种观念的；人们在何种场合这样说？

628."诸种颜色是某些特殊的东西。它们不能通过其它的东西得以解释。"人们如何使用这种工具？——请描述那种用颜色进行的语言游戏！对颜色的命名，对颜色的比较，对颜色的制造，颜色与光线和光照之间的关联，颜色与眼睛之间的关联，声音与耳朵之间的关联，以及其它无数的东西。颜色的"独特之处"在这里难道不会显示出来吗？人们如何向一个人展示一种颜色，而又如何展示一种声音？

629.如果我们在思想中自言自语道："某件事情发生了；这是确定无疑的。"可是这些语词对我们而言的**用途**，实际上与我们想要解释的那些独特的心理学命题是同样不清楚的。

630.我们如此这般行动这种事实，并不是不可分析的、特殊的、不可定义的；相反，这种事实包括，例如：**惩罚**某些行动，**确定**事实情况是如此这般的，**给出命令**，做报告，描述颜色，对另一个人的感受感兴趣。那个被接纳的东西、被给予的东西——人们可以说——是生活的事实①。（PU II 366）

631.我们依据如下的东西来判断一种行动的动机：一个做出该动作的人对我们所说的话，目击者的报告，以及在此之前发生的事情。我们这样来**判断**一个人的动机。但对我们而言如下事情似

---

① 异文："是**生活形式**"。

乎不是奇特的:存在着"对动机的判断"这样的东西。以及如下事情:这是一种极为奇特的语言游戏——桌子和石头是没有任何动机的。还有:有这样的问题:"这是一种可靠的判断一个人的动机的方式吗?"——但是,为了能够以这样的方式提问,我们必须已经知道了"关于动机的判断"意味着什么。为了使我们能够谈论技巧的变更——这种技巧被我们称为对一种动机的更可靠的判断——那么必定已经有一种我们在此所想到的技巧存在。(PU II 358)

632.人们判断一根棍子的长度,人们可以寻找并找到一种方法,以便更为精确地或者可靠地判断它。因此,你说,在此被判断的**东西**独立于判断的方法。人们不能借助于确定长度的方法来解释什么**是**长度。——这样想的人犯了一种错误。哪一种错误?——"喜马拉雅山的高度取决于人们攀登它的方式"这种说法是奇怪的。人们要将"越来越精确地测量长度"这样的事情与如下事情加以比较:越来越接近于一个对象。但"越来越接近这根棍子的长度"意味着什么,这一点恰恰并不是在所有情形下都是清楚的。而且人们不能说:"你肯定知道一根棍子的长度是什么;而且你知道'确定它'意味着什么;**因此**你知道'越来越精确地确定长度'意味着什么。"

寻找更精确地确定这根棍子的长度这一点意味着什么,在某些环境中是清楚的,在某些环境中则不清楚而且需要一种新的确定。人们并不通过学习什么是长度以及什么是确定来学习"确定长度"意味着什么;而是通过学习确定长度是什么来学习长度这个词的意义,等等。"使确定长度变得更精致"是一种新的技术,它修

订我们关于长度的概念。(PU II 359)

633. 如果人们描述一些简单的语言游戏以阐明比如被我们称为一种行为之"动机"的东西，那么为了表明我们的理论仍然不符合事实，人们会向一个人展现越来越错综复杂的情形。然而更错综复杂的情形不过就是更错综复杂的情形而已。因为如果涉及的是一种理论，那么人们的确可以说：观察这些特殊的情形并没有什么用处，它们恰恰没有对那些重要的情形给予任何解释。相反，那些简单的语言游戏起着一种完全不同的作用。它们是一种描述的极点，而非一种理论的基底。

634. "这是如何发生的呢：我现在拥有的颜色印象，被我认作是特殊的、不可分解的？"——那又请问我们为什么想这么说呢？人们不难找到**关于它**的答案。如下问题的确也是很奇怪的：它在我们"**看来**"为什么像是……。因为在这种表达式中已经存在着一种误解。

635. 请设想，你应当描述人们是如何学会数数的（例如在十进制下）。你会描述教师所说的话和所做的事情，以及学生接着是如何做出行动①的。在教师所说的话和所做的事情中会有例如这样一些语词和手势，它们会鼓励学生把一个数列继续下去；还会有像"他现在能够数数了"这样的语词。现在，我所给出的关于教授和学习的过程的描述，除了教师所说的话之外，是不是也包括我自己的如下判断：那个学生现在能够数数了；或者：他现在已经理解数

---

① 异文："做出反应"。

词的系统了？如果我没有把这样一种判断纳入那种描述中，——那么这样的描述是不完整的吗？如果我把它纳入其中，那么我是不是超出了纯粹的描述？——我能不能出于如下理由来避免这种判断：**"这就是所有发生的事情！"**

636. 我难道一定不会这样来提问吗："描述究竟会做些什么？它服务于什么目的？"——在另一种语境中，我们确然知道什么是一种完整的描述什么是一种不完整的描述。问问你自己：人们如何使用"完整的描述"和"不完整的描述"这样的表达式？

完整地（或不完整地）再现一段言说。对如下东西的再现是不是也属于这种情况：声调、面部表情、感受的真实性或不真实性、说话者的意图、讲话时的吃力？对我们而言这种或那种再现是否属于完整的描述，这依赖于该描述的目的，依赖于接收方用该描述去做什么。

637. "这就是所有**发生**事情"这个表达式界定了我们所谓的"发生"。

638. 我将自己的判断"这个学生现在能够数数了"提供给某些目的。人们由此给予它一种工作。如果你说"因此这个判断不是描述学习的一部分，而是一种预言"——那么我会回答说："你可以这样或那样地来理解它。"你可以说，你在描述那个学生的状态。——

639. 请你设想，红色被视为所有颜色的顶点。三和弦在我们的音乐中起了一种独特的作用。我们不理解古老的教会调式。

640. 在何种环境中人们会说,这些人把所有颜色理解为**一种**性质的程度。

641. 你能不能设想,我们总是把蓝色和红色视为紫色的一种变化中的两个最远端的极点?那样人们就可以把红色称为一种非常高的紫色,而把蓝色称为一种非常低的紫色。

642. 或者请你设想这样一个世界,在其中,颜色几乎总是在彩虹那样的过渡中出现。所以,如果一片绿色的平面有一次破例作为一种彩虹的变异体出现,那么人们注视着的①就会是一片绿色的平面。

643. 我现在能不能说,如果**这**是事实,那么人们就会拥有这些概念?当然不能。但可以这么说:请不要认为,我们的概念是唯一可能的或合理的概念;如果你想象一下与不断环绕着我们的事实完全不同的另一些事实,那么与我们的概念不同的概念对你来说就会显得很自然了。(PU II317)

644. 但不要相信如下事情:你之所以在心中拥有那个概念,是因为在你进行察看的时候总是会察看到一个有颜色的对象。

(这如同如下事情一样是不可信的:你是通过负债而拥有负数概念的。)

645. 假定我们认识一个民族,它拥有一种与我们完全不同的陈述颜色的形式:那么我们在大多数情况下会认为,把我们的表达方式教给这些人是一件很容易的事情。而且:他们如果精通两种

---

① 异文:"把握到的"。

表达方式①的话,那么就会承认它们之间的区别是非本质上的。(我们名词的词性。②)是这样吗?一定是这样吗?

我们设想,对于蓝色的两种色调,人们拥有两个不同的简单名称,而且这两种颜色对他们而言是**非常**不同的,但对我们而言则不然。这一点是如何表现出来的呢?我们也可以设想如下这种相反的情况:对于一个民族来说,红色和蓝色仅仅是"在程度上"有所不同,而不是"完全不同的颜色"。什么会是**这一点**的标准呢?

我们说,在音阶中,同样的音在每七个音之后再次出现。"我们**感到**它们是相同的音"意味着什么呢?我们把它们称为相同的音,这仅仅是一种语言上的**偶然之事**吗?

646. 人们把弱智想象为这样一副形象:退化的、在本质上不完整的、仿佛衣衫褴褛的。因此,弱智的形象是杂乱无章的,而不是质朴有序的(这会是一种更富有成效的观察方式)。

647. 在一种封闭的系统中——就像一段旋律是封闭的那样——数数、计算等等。比如,这些人借助一段独特旋律的音调来数数;在旋律的终点,这段数列也结束了——我们是不是应当说:当然还有更多的数字存在,只是这些人不知道它们罢了?或者我是不是应当说:还有另一种计数——即**我们**所进行的那种计数——而那些人并不知道它(不这样进行计数)。

648. 体验这个概念:类似于发生、过程、状态、某物、事实、描述

---

① 异文:"表达形式"。
② 德语中所有的名词都是阳性、阴性或中性的。——原编者注

和报告的概念。在这里我们意指的是，我们站在坚实的基底上，而且这比所有特殊的方法和语言游戏都更加深刻。但这些最一般的语词恰恰也具有一种最模糊不清的意义。它们实际上与**无数**特殊的情形联系在一起，但这并没有使它们更**牢固**，而是使得它们更不稳固。

649. 头脑中的计算或许是唯一一种这样的情形，在其中，想象被做出了一种日常生活中的有规律的使用。它因此具有独特的令人感兴趣的地方。

"但我**知道**，有什么事情在我之内发生了！"是什么事情呢？难道不是如下事情吗：你在头脑中进行了计算？——因此，头脑中的计算**的确**是某种特殊的东西！

请你首先考虑一下：人们究竟如何使用"他在头脑中进行计算"、"我在头脑中进行计算"这种描述。人们碰到的困难，是关于精神过程发生之标准的模糊性的。这可以被清除吗？

650. 人们能否**想象**头脑中的计算？

651. 人们能够可感知地进行计算和在头脑中进行计算：人们能不能也在头脑中做某种**不能**可感知地进行的事情呢——对此并不存在任何可感知的等价物？

如果情况是这样，那又如何呢：人们有一个头脑中的计算的名称，该名称并不把头脑中的计算列入**活动**的范围，更不会把它列入计算的范围？它们可能把头脑中的计算标记为一种**能力**。我假定，他们使用与我们完全不同的**图像**。

652. 如果现在一个人说："所发生的事情毕竟是：他如此这般

地**做出反应**、**做出行动**"——那么这里就又是一种严重的误解。因为,如果某个人陈述说"我在某种意义上**算出了**这个乘法运算,但并不写下它,等等。"——那么他是不是在**胡说**,或是报告了某种错误的东西呢? 这是一种不同的语言使用,与对一种行为的描述的使用不同。但人们确然可以提问说:这种新的语言使用的重要性何在呢? 例如,对意图的表露的重要性何在呢?

653. "例如,如果一个人拥有关于后像的强度、清晰性的想象图像,那又会如何呢;它们会是心象或幻觉吗,——即使他自己完全清楚所看到的东西的非真实性?"首先:我如何知道他看到了带有这种清晰性的图像呢? 或许是他自己这样说的。一个区别之处在于,他的图像是"不依赖于"他的。这意味着什么呢? ——他不能通过思考来驱散它们。例如,如果我想象自己一个朋友的死,那么人们可以对我说"不要想这个了,想想其它事情吧";但例如,如果我在电影中看到这种事情,人们就不会这么跟我说话。而我则会对那个在上述假定的情形中告诉我不要去想那件事的人回答说:"无论我想还是不想这个,——我都**看到**了它。"

654. 请考虑英语中的"this"、"that"、"these"、"those"、"will"、"shall"的用法:人们很难给出这些语词用法的规则。但**理解**这样的用法则是可能的,而且这样一来你就会倾向于说:"人们一旦拥有了对这些语词之意思的正确**感受**,也就能使用它们了。"因此人们也能够把一种英语中特有的意义归属给这些语词。可以说,它们的用法会被感受成①一种貌相。//可以说,我们在这个词的

---

① 异文:"看成"。

用法中看到了一种貌相。//

655. 根据命令**进行头脑中的计算**。不要让这些熟悉的语词的这种组合妨碍你从根基上研究语言游戏。

请考虑如下事情:人们通过命令一个人进行**计算**来教授给他头脑中的计算!但这是必须的吗?难道不能是这样么:为了让他进行头脑中的计算,我不说"请计算!",而是说:"请做别的事情,但要达到这种结果。"或者:"你闭上嘴和眼睛而且不要动,然后你就会学会这种回答。"

我的确想说,人们并不是必须要从计算的视角来察看头脑中的计算,尽管它**在本质上**与计算有关联。

甚至不要在"做"的视角下来察看它。因为做是某种人们**示范**给一个人的东西。

656. 我想说:把那些与我们的反应不同的、可能由此而适合于不同概念结构的反应,解释为在本质上与我们不同的(内部)过程的结果或表露,这是不必要的。

如下说法是不必要的:这里涉及一种不同的内部过程。

657. 一方面,我们拥有的是,他在没有可感知的计算的情况下来报告计算的阶段的才能——另一方面,我们拥有的是,他倾向于做出的表露;比如**这种**:"我已经在自己的内部进行了计算。"第一种现象**可能**带给我们一种形象的描述"似乎是他以某种方式、在某个地方进行计算,并且向我们报告计算的阶段"。我们可以把他倾向于说的话当作我们语言中的表达方式,也可以不这样做。例如,我们可以对他说:"你其实并没有'在你的内部'进行计算!你在**不**

真实地进行计算。"而他在未来会**这样**说。

658. "但我**的确**知道,我**真的**在进行计算——即使这对另一个人来说不是可感知的!"人们可以把这理解为某个有精神障碍的人的典型的表露。

659. 但如果我们这样排除了内部过程,——那么剩下是否仅仅是外部的过程?剩下的不只是对外部过程进行描述的语言游戏,还有以这种表露为起点的语言游戏。无论我们的表达方式是怎样的;例如,无论它是如何同"外部的"计算相联系的。

660. 如果一段主旋律、一种措辞突然告诉你些什么,那么你并不需要能够对自己做出解释。**这个**手势对你来说也突然是可理解的了。

661. 消化、呼吸等等的身体的过程和状态,[①]同思考、感受、意愿等等的精神的过程和状态之间的比较。我想强调的正是这种不可比较性。更确切地讲,我想说,可比较的身体状态是:呼吸的**速率**、心跳的**不规则性**、消化的**健全**等等。而且人们当然可以说,所有这些都刻画了身体行为的特征。

662. 请你设想这样一个部落的人,他们不说"他具有疼痛"、"我们具有疼痛"、"同样的事情发生在他和我们之内"、"这些人拥有同样的心灵的体验"等等;相反,他们虽然谈论一种心灵和心灵中的诸多过程,但他们绝对不知道如下事情:**我们**说具有疼痛的那两个人实际上是否具有同样的疼痛,或者具有完全不同的疼痛;因

---

① 打字稿中为"状态中的身体的过程",依祖尔卡姆普版改之。

此人们会说,那些人具有某种未知的东西,而且从他们的表达方式中可以得出这样一种规定,该规定等价于我们的表达式"他们具有疼痛"。此时这些人也不会说:"如果我相信某个人具有疼痛,那么我就相信在他之内有某种特定的事情发生",以及类似的东西。

但一般而言,人们是不是必定会这样来看待问题呢:疼痛的标志和对疼痛行为的描述形成①一种概念的统一体?

我想问:"那种概念性的东西和那种现象性的东西都位于何处呢?"语言必定会包含一种关于疼痛的表露吗?让我们设想那些使用一种手语的人,或者那些只书写而不说话的人,他们必定具有"疼痛"这个概念吗?

663. 但是,想象人们并不具有我们的疼痛的概念,是不是比想象他们并不具有物理上的身体概念更加容易呢?

664. 如下事情是一种重要的事实:我们假定,总是可能把我们的语言教授给那些拥有一种与我们不同语言的人们。由此我们说,他们的概念与我们的概念是相同的。

665. "你开始说一个在其中动词位于最末尾的命题;你肯定不会告诉我,在你开始说出这个命题的时候,你并没有关于那个动词会是什么的预感!"——而且这种预感在于什么呢?现在如果一个人实际上并没有对于这一点的预感,而且又的确在流利地说着德语!人们如何会得知他是否拥有这种预感呢?

666. 我们在何种范围内研究语词的用法?——我们没有对它

---

① 异文:"给出"。

做出判断吗？我们难道不说，这种特征是本质性的，那种则不是本质性的？

667.人们可以描述用米尺进行的那种测量；人们如何可能为它奠定基础呢？

"疼痛"这个概念是不是一种人类制造的工具；而它被用于什么呢？

668.是啊——人们如何能够命令一个人**这样**去意指这个或那个语词呢？除非人们命令他这样去使用它。

669.请设想，你必须做出一种决定，而且更确切地说，你通过按一定数量按钮中的一个来做出决定。你这样做出的那个决定，通过一个位于按钮上的语词而被标记出来。你在瞥见这个语词时体验到什么，这自然是完全无关紧要的。例如，如果这个词是"weiche"，那么你可以把它意指为形容词、名词或动词，且不会因此改变那个决定。如果你说出这个词以作为一种决定，那么情况也是如此。无论如何，它都会把同样的事情报告给另外一个等待那种决定的人。

670.但如果这种决定可以有两种释义，而且那个听到该决定的人给予它其中一种释义，那么情况又会如何呢？他可以通过自己的行为来这样做，或者可以说在思想中这样做。但如果这个决定并不是立即要付诸实施，那么他可以听到它而暂时**不进行任何释义**。但另一方面，他可能用一种释义来回答一个**问题**。这会是一种暂时的反应。

671.如下事情恰恰是可能的:依据一种特定的环境并因此在这种或那种意义上说出这些词,而与此同时也**思考**另一种意义。所以这些词对我而言具有一种独特的意义,而其他人并不知道这一点。

672.如果被提问,那么我或许会解释这种意义,而此前我从未想到这种解释。因此,在我说出那个有双重意义的语词时,我的精神状态与用来进行解释的那些语词之间有什么关系?在何种程度上这些语词能够与我的精神状态相对应呢?这里显然不存在一种解释与现象之间的契合。

673.人们也可以在说出一个表达式时以一种方式意指它,而此后立即又回溯式地以另一种方式意指它。

674.对我们而言,不同的图示似乎在这个词的两种意义中隶属于这个词;人们现在可以把两种混合图示中的一种给予这个词,但二者中的任何一个都可能不契合于或适应于这个语词。

这当然并不意味着,如果人们使用这个语词,那么这两种图示中的一种总是必定会出现;这仅仅意味着,**如果**我们阐释这个语词,那么这两幅图像中的一幅而不是两幅是属于它的。

675."如果你问我,那么**这**就是我会给你的回答。"这指示一种状态;而并不指示一种我的语词的"伴随物"。

676.请你设想,人们有这样一种习惯,即在说话的时候信手涂鸦;为什么他们在讲话时以这种方式制造出的东西,应当不如他们精神中相伴随的过程那么令人感兴趣;为什么对**这些过程**的兴趣应当是另一种东西?

这是为什么呢:这样一种过程**似乎**给予这些语词了它们独特的**生命力**?

677.由于他**这样**或**那样**来意指这个词,他便已经说出了一种或另一种意图。已经拥有一种或另一种意图。关于这种意指的重要性,人们的确不能说的更多了。

在这里,在说出一个单独的语词(例如"Bank")时发生的事情,其重要性似乎不如在说出整个句子之时和之前发生的事情。仿佛情绪阐明的是整个命题,而不必然是阐明那个单个的语词。而且我们必须立即承认,这种图示也并不必定是重要的。为什么应当如此多地依赖它呢?

如果语言并没有把一种**特定的**生命力给予那个命题,那么它如何能够做到这一点呢?它如何应当比那种文字语言更加确凿呢?

678.现在最关键的事情是:我们不仅能够依据语境来判断意义,而且人们可以对意义进行提问,而进行回答的人并不从语境中推断出①意义。

679.如下事情究竟是不是不言自明的:某个能够使用这种语言的人,能够**解释**他理解的那些语词、他理解其使用的那些语词?如果某个人理解"Bank"这个词,但不能回答我们关于"什么是一个 Bank"的提问,那么我们自然会感到非常惊讶。

---

① 异文:"依据语境来确定"。

难道情况不是这样的吗：理解"让我们在阳光下漫步一会儿"这个命题是一回事——能够解释"阳光"这个词又是另一回事？——但那个理解这个命题的人难道必须知道阳光看上去是什么样子的吗？这就像是，例如，一个理解"我不具有疼痛"这个命题的人必定知道人们如何能够使自己具有疼痛，以及一个具有疼痛的人会做出怎样的举止，等等。

680. 此外：如果这是可能的，即人们可以通过频繁的重复来取得那个有歧义语词的**每一种**"意义"，那么一些脱离语境而说出它的人，在这样做时为什么通常应当没有关于意义的感受？或者，他们为什么不应当在没有语境来固定意义的情况下带着一种摇摆不定的意义来说出这样一个语词？

681. "但如果你要遵守'说……并用它意指……'这个命令，那么你会做什么呢？"——你并不是去做某种不同的事情。但也不是：做某种特殊的事情。

682. 无论如何，这并不是人们之前学习的那种语言游戏：在这种或那种意义上孤立地说出一个语词。我们这样说的根据显然是：一个人说，他能够说出……这个词，与此同时意指它的一种或另一种意义。如果这个词有两种意义，那么这是很容易的；但你能不能在说出"苹果"这个词的时候也用它意指桌子呢？——我的确可以使用这样一种密语，在其中，"苹果"一词具有那种意义。

683. "请给他这条命令并用它来意指……！""告诉他这个并用它来意指……！"这会是一种奇怪的命令，人们通常不会给出这样的命令。或者我对一个人说"请传达这条重要的信息"——而我随后问他"你也曾经如此这般地来意指它吗?"

684. 但这个问题的过去时是有道理的吗？是的；因为我把看法的改变和不变相对比。其实，我不仅仅想知道他现在在意指什么，而且还想知道他曾经意指了什么。——人们可能会问"你现在意指什么？你已经改变自己的看法了吗？"如果针对这个问题的回答是"不"，那么这种解释现在所陈述的东西便是他之前所意指的东西。

我想说：关于过去所看到的东西的标准，在这里不同于关于一幅图像的突然浮现的标准。

685. 因此我应当如何来描述这种心理现象呢？应当是这样吗：人们能根据命令如此这般地意指一个语词？或者：人们幻想自己如此这般地意指它？我是不是应当说："意指"这个词在这里是在一种不同的意义上被使用的；或者：人们实际上应当使用一个不同的语词？我是否应当提出这样一个词？——或者这恰恰是这种现象，即我们在这里使用的"意指"这个词，是我们为了另一种目的而学会的。

686. 这是一种非常原初的语言游戏吗，在其中，人们说："在听到这个词时我突然想到……"？（PU II 303）

687. 人们也可以用"这个语词代表……"来代替"我曾经用这个语词意指**这个**"。而在我说出这个词时，它如何能够代表这个而不是代表那个呢？它恰恰具有**这种**外表。

因此这就像是一种视错觉吗？（就像是这个词**映照**出被那种解释分配给自己的那个对象。）如果这是一种视错觉，那么那些不了解这种错觉的人失去了什么呢？他们应当只失去了很少的东西。

688.对意义的特殊体验的特征，是通过我们用一种解释、用过去时做出反应而得以刻画的：这正如我们为了实际的目的而解释一个词的意义一样。

689.意图或许会改变，而且一种体验内容也同样改变，但意图并不是体验。

690.观察的原则之一必定是：我不通过自己的观察来影响我所观察的那种现象。换言之，我的观察一定可以被用于或应用于这些情形，在其中没有什么东西被观察。

691.因此，难道没有任何特殊的体验对应于"现在我知道了！"这种灵光一闪？没有。——请你设想这样一个人，在他什么都不明白的时候总是会突然惊呼"现在我明白了！"；——我们应该怎样谈论他呢？他拥有何种体验？在灵光一闪时的那种独特的"体验内容"并没有给予他独特的令人感兴趣的地方，而且，如果一个人说他在这一瞬间理解了所有事情，那么这也并不是对一种体验内容的描述。——但为什么不是这样的呢？——我想区分如下二者：一个像"我在这一瞬间看到那个公式浮现在我眼前"这样的陈述，以及一个像"我在这一瞬间领会了这种方法"这样的陈述。但似乎我并不是想说——"因为人们不能在一瞬间领会一种方法"。人们可以做到这一点，这是经常发生的。——我想说的是："'现在我理解它了'是一种**信号**，而不是一种描述。"而我这样说这一点可以用来做**什么**呢？嗯，它使得注意力指向这样一种信号的起源；现在走到前台的①是如下问题:"一个人如何学会'现在我理解它了'这个句子,而且比如如何学会对于一种心象的描述?"因为"信号"这个词指向一种过程,该过程被做上了信号标记。(PU II 307)

692. 对如下这种图像的偏爱自然是毋庸置疑的:在这里有某种东西被描述了,这种东西只有我们看到了而其他人无法看到,因此它距离我们很近而且总是可获得的,但对别人而言则是隐藏着的,因此它位于我们自身**之内**,而且我们通过看向我们之内而觉察到它。而且心理学现在便是关于这种内部之物的学说。

693. 因此,如果我想说,我们的"表露"——这些表露是心理学所要处理的——绝对不是关于体验内容的全部描述,那么我就必定会说,人们称之为关于体验内容的描述的东西,仅仅是那些"毋庸置疑的"表露中的很小的一部分。但人们通过哪些语法上的特性来刻画这个部分的特征呢?

694. 一种体验内容是可以由一幅图像来再现的东西;如果一幅图像声称说:"我看到**这个**,——无论那个制造出这种印象的对象可能是什么",那么它是在其主观意义上的。因为这种体验内容是私人性的**对象**。——但疼痛如何能够形成这样一种内容呢?——还不如说是对温度的感觉更为准确。而听觉与视觉更类似;——但也是非常不同的。

695. 对我们而言,疼痛似乎确实具有一个形体,是一种事物,是一个具有形状和颜色的形体。为什么呢?它是不是具有身体上

---

① 异文:"凸现出来的"。

那个疼痛的部分的形状?例如,人们可能会想说:"只要我具有相关的必要语词和基础概念,我就能**描述**这种疼痛。"人们感到:所缺少的仅仅是一种必要的命名法。(詹姆斯)就好像人们甚至能够描画这种感觉,只要其他人理解这种语言①。——而实际上,人们确实可以在空间和时间上描述疼痛。

696.如果疼痛的表露仅仅是一种喊叫,而且其强度依赖于存储的呼吸而非创伤,——那么我们会不会倾向于把疼痛理解为某种被观察到的东西?

697.你为什么认为,**另一个人**的疼痛类似于他的视觉感觉?——或者说:我们为什么把视觉感觉、听觉感觉和触觉感觉分组在一起呢?因为我们通过它们去"学习认识外部世界"吗?疼痛的确可以被理解为一种触觉感觉。

698.但我的如下想法又如何呢:我们实际上并不是依据我们四肢的运动给予我们的那些感受来判断四肢的位置和运动的?如果人们不能这样来谈论我们的运动的话,那么我们为何应当这样来判断身体的表面特性呢?——究竟什么是关于如下事情的标准:我们的**感受**教给我们这一点?

699.人们如何判断(例如)疲劳感是不是一种没有明确定位的身体感受?

700.人们可能会想说,"我相信……"**其实**不可能是"我曾经相信"的现在时。或者:人们一定能够这样来使用一个动词,即它的

---

① 异文:"表达方式"。

过去时具有"我曾经相信"这种意思,但其现在时则具有另一种意思,与我们的"我相信"不同。亦或者:一定有这样一个动词存在,它的第三人称现在时具有"他相信"这种意思,但其第一人称的意思则与"我相信"不同。

但那样的话,是不是应当存在这样一个动词,它的第一人称说"我相信",但其第三人称则并不说我们用"他相信"所意指的东西?因此这种第三人称也必定是毋庸置疑的?

701. 如果一个人说:"我**知道**天不会下雨,但我**相信**天会下雨",那么这又如何呢?

702. 感官体验的共同之处是什么呢?——它们教我们认识外部世界,这种回答亦对亦错。它是正确的,只要它应当指向一种**逻辑**标准的话。

703. "我刚才在撒谎"——我是从对自己行为的观察中推断出这一点的——是可设想的吗?只有在如下情况下这才是可设想的:其他人不可能给出"我刚才在撒谎"这种**供词**。

"我刚才没有撒谎"或者"我刚才真挚地给出了这个陈述"描述了一种体验吗?——你必须考虑如下事情:我不仅仅从如此这般的行为中推断出他的真挚,而且我还假定了他对此所说的话,这些话**并不**建基于自我观察。

704. 这是怎么一回事呢:我不能从自己的陈述"要下雨了"中推断出我相信这一点?我难道不能从自己已经这样说中得出任何令人感兴趣的结论吗?如果另一个人这样说,那么我或许会得出结论说,他会带上一把雨伞。为什么在关于我自己的情形下就不是如此呢?

在此自然有如下这样说的诱惑:在关于自己的情形下,我不**需要**从自己的话中得出这种结论,因为我能够从自己的心灵状态、从我的信念自身得出它。

705. 我为什么从来不从自己的话中推论出我很可能做出的行为呢?这与如下事情的理由是相同的:我也不从自己的面部表情来推论出我很可能做出的行为。——因为,令人感兴趣之处并不在于,我不从自己关于情绪的表达中推论出自己的情绪,而是在于,我也不从那种表达中推论出自己随后的举止,就像其他人在观察我时所做的那样。

706. 某个做哲学的人常常对一种语词表达式做出那种错误的、不合适的手势。

707. 如果一个人在大街上遇到我并问我说"你去哪儿?",而我回答道"我不知道",那么他会假定我没有任何特定的**意图**;而不会假定:我不知道自己是否能够完成自己的意图。(黑贝尔。)①

708. 我的超我能够对我的自我②说:"正在下雨,且我相信这一点",而且还能继续说:"因此我很可能会带上一把雨伞。"这种游戏现在怎样继续下去呢?

709. 也请考虑一下这个陈述:"我很可能会……"——在这里,

---

① 黑贝尔(Johann Peter Hebel),《莱茵家庭之友的小宝盒》(*Schatzkastlein*)之《故事两则》(Zwei Erzählungen)。——原编者注

② "超我"(Über-Ich)和"自我"(Ich)是维氏从弗洛伊德那里借用的术语。

接下来出现的是一种自主的行为,而不是一种非自主的行为。

710. 人们或许会说:"人们**感到**这种深信,而并非从自己的话或者其语调中推断出它。"

但人们**感到**这种深信意味着什么呢?**真正的情况**是:人们并不是从自己的话中推断出自己的深信;或者从其中推断出相应于这种深信的行动。(PU II 106)

711. 关于"我为什么并不从自己的言谈中推论出自己很可能做出的行为"这个问题,人们可以说,在这里情况类似于如下事情:作为某政府部门的一名官员,我并不从官方的**表露**中推论出其很可能做出的决定,因为我熟知这些表露和决定的由来和起源。——这种情形可以与如下事情相比较:我自言自语,甚至以书写的方式进行,这种自言自语使得我在与其他人的交谈中发出大声的表露;而且我现在说:我肯定不会从这些表露中推论出自己随后的举止,而是从关于自己内心生活的可靠得多的材料中推论出这些。

712. 我的确知道,如果我感到愤怒,那么我肯定不需要从自己的行为中学会这一点。——但我是不是从自己的愤怒中推论出一种很可能会做出的行为呢?我相信,人们也可以这样说:我与自己的**行为**之间的关系并不是观察式的。

713. 如果我对一个人说"我知道你会做出这样的行为",那么使得这个预言成真的最佳手段,就是**说服**这个人去做出这样的行为。

714. 如果我对一个人说"我知道你现在会举起自己的手",那么这个预言足以成为它自己没有完成的理由;除非它是一个命令并且其他人尊重它。

715. "正在下雨并且我相信正在下雨。"——在转向关于天气的话题时,我说正在下雨;然后,在转向关于我自己的话题时,我说我相信这一点。——但在我转向关于自己的话题时,我做了什么、观察了什么?请你设想,我说"正在下雨并且我相信雨很快会停"——在这个陈述的第二个部分,我是不是转向了关于我自己的话题呢?——是的,如果我想弄清楚**他**是否相信这一点,那么我必须转向关于他的话题,必须观察他。而且如果我想通过观察来获悉自己所相信的东西,那么我必须观察自己的**行为**,完全就像在其它情形下观察他的行为一样。

现在我为什么不观察它们呢?我对它们没有什么兴趣吗?显然**并非**如此。我几乎从不问另一个观察过我的人,他是否具有我相信如此这般的东西的印象:这是为了能够以这种方式推论出我在未来的行为。如下事情是为什么呢:一位非常出色的观察者从我的言谈和行为中对我自己的举止的预言,也不应当能够比我可能做的更加正确?但或许只有在他没有对我做出关于这一点的预言时,我才可能会像他所预见的那样去行动。

716. 如果我说"我想起自己相信……",那么请你不要问"他想起了哪些事实、哪种过程?"(这已经得到了确定)——而是要问:"这种言谈的目的是什么,它是怎样被使用的?"

717. 视觉感觉、听觉感觉、触觉感觉可能会失效,以至于我瞎了、聋了等等;但在意图的范围内,什么与此相对应呢?

一个没有想象力的人会做出怎样的行为呢?或者,一个无法感到悲伤和快乐的人又如何呢?

718."希望是指向未来的"——但有这样一种感受存在吗,它等同于希望,但指向当下或过去?在某种程度上是不是可以说,这是相同的心灵活动,但与不同的对象相关?问问你自己:在这里什么会被视为是心灵活动的同一性的标准?这与如下问题相关:"'现在我能这样做了'这样一种惊呼,是一种独特的、特殊的惊呼吗?"

719.即使我承认,相比于别人的信念而言,我对自己的信念知道的更多,我还是不得不说:我能够知道的关于自己的**那个东西**,**恰恰**就是我能够知道的关于别人的东西,尽管前者比后者多很多。——因此,即使这会是多余的,我还是必定能够把一个动词使用在我自己身上,就像我能够把动词"相信"使用在别人身上一样。是什么在这一点上阻止我呢?

720.意识的世界这个概念。我们用印象把空间填满。

721."理想化的钟表总是指向'现在'这个时间。"这还与那种仅仅描述我自己在当下这个瞬间的印象的语言相关。这与一种原始陈述具有亲缘关系,这种陈述仅仅是一种发音不清的声响。(杜里舒。)①理想化的名称就是"这个"这个词。

---

① 汉斯·杜里舒(Hans Driesch),德国生物学家和哲学家,因其在胚胎学和新生机主义哲学上的贡献而著名。

722.我想谈论一种心理学概念的谱系。(在这里,是不是有一种与各种数字概念谱系之间的相似性?)

723.放弃任何理论的困难之处在于:人们必须把如此这般的、看上去显然不完整的东西理解为某种完整的东西。

724.恐惧借用了害怕的图像。"I have the feeling of impending doom."①

725.但这种内容——恐惧的意识内容——是什么呢?这个问题被错误地提出了。

726."一种渴望的图像(想象图像、记忆图像)。"人们认为,自己通过谈论一种"图像"便已经做了所有的事情;因为这种渴望恰恰就是一种意识内容,而它的图像就是某种与该内容(十分)相似的东西,尽管这种图像并不像其原型那样清楚。

而且人们的确可以这样来说一个在剧场表演那种渴望的人,即他体验到或具有一副渴望的图像:不是作为对他行为的**解释**,而是作为对他行为的描述。

727.但我难道真的不会这样说吗:这名演员体验到某种类似真实的渴望的东西?这难道不是詹姆斯如下说法中的某种东西吗:情绪由身体的诸种感受组成,因此人们至少可以通过自主的活动部分地再现它?

728.事情是这样的吗:这样的不快、这样的悲伤要下拉嘴角,

---

① 原文为英文,意为"我有即将到来的厄运的感觉"。

这样的愉悦则要上扬嘴角？那种关于害怕的如此可怕的东西是什么呢？是颤栗、急促的呼吸、面部肌肉中的感受吗？——如果你说："这种害怕、这种不确信性是可怕的"——那么你能不能继续说："只要这种感受不会在胃里就行了！"？

729．"这种恐惧是可怕的！"这个表达式类似于一声呻吟、一声呼喊。如果被问到"你为什么呼喊？"——我们不会指向胃部、胸部等等，这与疼痛的情形不同；更准确地说，我们可能会指向那种给我们制造恐惧的东西①。

730．如果恐惧是可怕的，而且如果我在恐惧中意识到自己的呼吸和我面部肌肉中的一种张力，——那么这是不是说，对我而言**这些感受**是可怕的？它们难道甚至不能意谓一种缓和的意思吗？

731．请比较害怕、恐惧与忧虑。

732．而这是怎样一种描述呢："永远的黑暗降临……"？②
人们可以这样来描述一种疼痛；甚至描画它。

733．"内容"难道不是人们用来填满印象空间的东西吗？它在空间和时间中变化着、发生着。如果人们自言自语，那么它会是那些想象出来的声响（而且或许是喉咙中的感受或类似的东西）。

734．说谎是一种特定的体验吗？好吧，我能不能对某个人说"我现在要对你撒谎了"而且随后便这样做呢？

---

① 异文："唤起恐惧的东西"。
② 参阅第377节的注释。

735. 在我撒谎的时候,我在何种范围内意识到这种谎言呢?仅仅是在如下范围内:我并不是后来才意识到它,而的确是后来才知道自己刚才撒了谎。这种自己-意识-到-那种-谎言是一种**能力**。这与如下事情并不矛盾:有一些关于说谎的独有的感受。

736. "知道"在被表露时并没有被**翻译**成语词。语词并不是对在它们之前的另一种东西的翻译。

737. 有人会说"我在他的语调中注意到他并不相信自己所说的话",或者我假定如此,因为他通常被证明是不可信赖的。我如何能够把这用在**我自己**身上呢?例如,我能不能从自己的语调中推论出,我很可能不会遵照自己的话语来行动?(而其他人确实可以这样做。)或者我能不能从自己早先的不可信赖之处推论出这一点?后者的确更靠谱。但我绝不会像判断其他人的语调那样判断我自己嗓音的语调。是的,如果我随后能够在一部有声电影中看到自己,那么我或许会说"我并不完全相信自己"。

738. 但首先:我看上去似乎的确拥有一种代替所有那些推测的替代物,它比它们更为确信。我的确**知道**我并不相信自己所说的话,而且这一点的确给予我——我想说——如下这种假定的最好的理由:我不会遵照自己的话语来行动。是的;我恰恰拥有一种关于自己行为的**意图**。

739. "我的确知道自己在说谎!我需要什么来从自己的语调等东西中得出结论呢?"——但情况并非如此。因为问题在于:我能不能从这种"知道"中得出关于比如未来的同样的结论呢,我能不能对它进行同样的**使用**,就像使用那种被观察到的迹象一样?

740. 那么，这种意图一直是**完全**清楚的吗？例如，我之所以说"它会变得很好"——这**部分**是因为我相信这一点，**部分**是因为我想安慰别人。

741. 内心的想法。"我了解我的想法，**猜测**他的想法。"但他内心的想法对我而言有哪些**令人感兴趣之处**呢？有何种重要之处呢？（现在请你考虑这一点。）关于我的内心的想法的"知道"对我而言所起到的作用，实际上与那种关于他的内心的想法的猜测对他而言所起到的作用是一样的。

742. "根据自身来判断。"这自然是存在的。而且我有时也得出结论说，另一个人具有疼痛，因为他的举止像是我具有疼痛时的举止。

743. 人们可能会说：如果我告诉你我的内心的想法，那么我报告给你的恰恰就是你在猜测这些背后的想法时所猜测的东西。换言之：在某种程度上说，如果你把这些内心的想法推测为一种主动原则，而我表露出它们，那么你就可以把我的表露直接用于对那个施事者的描述。我的表露恰恰解释了你想解释的东西。

744. "如果我总归知道自己相信什么，那么我究竟为何应当从自己的话语中推论出自己的行为呢？"而且如下事情是如何得以表露的呢：我知道自己相信什么？难道不是这样得以表露的吗：我恰恰并不从自己的话语中推论出自己的行为？事实就是如此。

745. 为什么我并不从自己的语调中推论出如下事情呢：我实际上并不深信自己所说的话？或者推论出人们从我所说的话中推

论出的所有东西？——如果人们回答说"因为我了解自己**深信的东西**"——那么问题就是"这是如何显示出来的？"现在我是不是应当说："显示在我**并不**怀疑它是什么"？

746. 对于韵律的**了解**。如果某个人**了解**韵律，那么他就能以不同的方式听它。

747. 存在一种满是忧虑的想法，但不存在一种满是牙疼的想法。

748. 我现在吹奏一段音调，但也在吹奏一段旋律。

749. 我们并不说："我看上去在发怒；我只是希望自己不会做出任何暴行。"但问题并不是："这是如何发生的？"

750. 关于判断的心理学。因为判断也有自己的心理学。

如下事情是很重要的：人们能够设想，每一个判断都以"我"这个词作为开始。"我判断……"

那么因此，是不是每一个判断都是关于那个做出判断的人的判断？在如下范围内并非如此：我并不希望那些得出的主要结论会是关于**我**的，而是希望是关于那个判断的对象的。如果我说"正在下雨"，那么我通常并不希望人们回答说："因此它在**你**看来是**这样的**。""我们在谈论天气"，我可能会说，"并不是在谈论我"。

751. "但为什么'相信'这个动词的使用与它的语法是以如此奇怪的方式放置①在一起的呢？"

---

① 异文："拼接"。

好吧,这种使用并不是同语法**奇怪地**放置在一起的。只有在人们把它与"吃"这个词的使用相比较时,这才是奇怪的。

752. 在我看着他的时候,我说"他现在可能会做什么呢"。我是不是也看着①自己并说道"我现在可能会做什么呢"?

753. 请设想,我在一个房间里活动,而且在我眼前有一块遮光板,我在其上看到我自己,就像一个观察者会看到我一样。当我在房间里活动时,我始终凝视着这块板子并且在上面观察到自己的所作所为。——那么如下两种情形之间的区别何在呢:(a)我会被自己在这块遮光板上看到的东西引导,就像被对自己环境的通常的看所引导那样——(b)我**不由自主地**活动着并且像一个陌生人那样观察自己。

但我难道没有感到自己的活动吗?——可对我而言,这种感受难道不是像其它感觉印象那样**发生**吗?

754. 很好:这种运动感受是**另一种**感受,一种独特的感受。——但嗅觉、听觉等也是如此。——为什么这会产生那种区别呢?

"对于神经支配的感受"——这表达了人们想说的如下事情:它像是一种脉冲。但一种感受像是一种脉冲吗?一种脉冲究竟是什么呢?一幅物理的图像。一次碰撞的图像。

755. 如下二者间的区别何在:不由自主地跟随着一条线——刻意地跟随着一条线。

---

① 异文:"观察"。

如下二者间的区别何在：带着谨慎并聚精会神地来追踪一条线——专心地观察我的手如何跟随一条线。

756. 某些区别是很容易被阐明的。其中一种区别在于对手将要做什么的预见。

757. "我尽自己最大的可能去做"是关于体验的表露吗？——**一种**区别之处是：有人说"尽你最大的可能去做！"

758. 人们会不会说："给你自己这种肌肉感受！"？为什么不呢？——"这种"？——哪种？——但在我运动自己手臂的时候，我难道不能给予自己一种特定的肌肉感受吗？——试试吧！运动你的手臂，——并问问你自己，你为自己唤起的是何种感受？

如果一个人对我说"弯曲你的胳膊并唤起这种独特的感受"，而我弯曲自己的手臂，那么我现在一定会问他："你意指的是哪种感受？一种二头肌中轻微的张力，还是肘关节内侧皮肤上的感受？"是的，如果一个人命令我做一种运动，那么我能够这样做，并且能够随后描述这种运动所唤起的感受以及该感受的特定位置（这种位置绝不会是在关节中）。而且我常常也必定会说，我**没有**感到**任何**东西。只是人们一定不要把这与如下陈述混为一谈：情况似乎是，我的手臂是**没有任何感受的**。

759. 你在自主地阅读这一页吗？在这里，这种**行动**在于什么呢？——一个人能够根据命令来进行阅读和停止阅读。也可以根据命令来想象某事。例如，在想象中自己朗诵一首诗歌、进行一种计算。你**感到**如下事情了吗：在想象时，你是否自主地或不自主地想象什么？

人们可以根据命令而唤起一些想法、唤起一些心象，——但也可以根据命令来思考和想象，而这却是另一回事了。

760. 人们可以说，心象是自主的，后像则是非自主的。

761. **例如**，那种不自主的活动是人们不能阻止的活动；或者是人们不知道的活动；或者是在如下时候发生的一种活动：人们故意让自己的肌肉松弛以不影响这种活动。

762. 例如，如果我看到另一个人在吃东西，那么我会不会问自己，他是自主地还是不自主地这样做？人们可能会说，我恰恰假定它是自主地发生的。我假定了什么呢；假定了他感到它吗？并且假定他以某种特定的方式感到它吗？

763. 我如何知道那个孩子是自主地或不是自主地吃东西、喝东西、行走等等呢？我是否会问他自己感到了什么？并非如此，正如任何人吃东西一样，吃就**是**自主的。

764. 如果一个人告诉我们说，**他**非自主地吃东西，——那么何种证据会使得我相信这一点呢？

765. 如果我突然举起手以保护自己的眼睛，——那么这是一种自主的活动吗？——而我是不是**感到**它与一种自主的活动有所不同？

766. "努力"这个概念。你感到这种努力了吗？你当然感到它了。可难道你不也在**进行**努力吗？——什么是一种努力的标志呢？我费了很大力气举起一块很重的砝码。我的肌肉是紧张的，我的面孔收缩在一起，我屏住了呼吸——但我做了这些吗；这难道仅仅发生在我身上吗？如果它仅仅发生在我身上，那么情况又如何呢？如何区分这种情形与意欲的情形呢？我能够以不同的方式进行谈论吗？我会不会说："我不知道在自己身上发生了什么：我的肌肉是紧张的，我的面孔……等等"？而且，如果我说："好吧，那么请放松你的肌肉"，那么他会回答说"我不能"。

但如果一个人对我说："我感到，我**必须**做自己**总是**做的**事情**"，与此同时他的举止就像其他任何人一样，那么情况又如何呢？

767. 说运动感受向我表明刚才所进行的活动，这难道不类似于如下看法吗：疼痛的特征标记向我指明了它的位置？

768. 如果一个人想通过一幅有色彩的图像来描绘疼痛，——那么他会不会把一个元音符号①纳入这幅图像中？为什么不能呢？

769. 感觉难道不是努力的尺度吗？换言之：如果我说"我现在拉得更紧"，那么我是不是在感觉的等级中注意到这一点？而对此可以说些什么呢？人们会对一个人说"请你自己更努力一点！"——这并不是为了让他更多地去感觉，而是更多地去执行。

770. 人们为什么感到自己能够描述、描绘一种触觉感觉（它的内容），而不能描述、描绘一种运动感觉或位置感觉？

771. 例如，你能不能说，自己的位置感觉是弱的还是强的？

在你移动肢体时，你的感受可能是更强或更弱的（甚或缺失），但这并不是关于运动的感知。

---

① 异文："标记"。

772. 例如,运动感觉——这是会通过运动唤起的感觉——可能是一些疼痛。

人们如何知道如下事情呢:这不是那些告诉我们自己在做什么运动的感觉?什么会是关于它是**这样的**感觉的迹象?

773. 如下事情难道不是一种重要的事实吗:剧场呈现了诸种颜色和声音,但并没有呈现触觉感觉?人们能够想象对各种气味和温度的感觉的使用,但不能想象对触觉感觉的使用。

774. 有这样一个人,他显而易见在小心谨慎①地穿一根针,然而他对我们说,他在**不由自主地**做这件事。他如何可能辩护这个陈述呢?

775. 人们可以对人们知道的东西感到深信,——也可以对之进行猜测。(语法评论。)

776. 那些带有其意图、学习、尝试、行动的通常环境的活动,是自主的。说这些活动有时会是自主的、有时会是不自主的,是一种特殊环境中的活动,这是有意义的。

777. "**胚芽**"是心理现象(事实)的一个范畴。但这个词也可能同样容易成为一种误导人的表达式,就像"倾向的体验"(詹姆斯)这个短语一样。同样,"下棋时的一步"这个短语也不刻画**一种活动**的特征。

778. 从一种语言翻译成另一种语言是一种数学任务,而且,例

---

① 异文:"聚精会神"。

如,把一首抒情诗翻译成一种外语,这完全类似于一个数学问题。因为人们肯定能够提出如下问题:"(例如)如何通过另一种语言中的一则笑话来翻译这则笑话",换言之,人们肯定能够进行替换;而且这个问题肯定能够得到解答;但并不存在解答它的一种方法、一种系统。

779. 你知道自己在说谎;如果你说谎的话,那么你会知道这一点。——一种内部的声音、感受告诉我这一点吗?这种感受难道不能欺骗①我吗?

一种声音总是告诉我这一点吗?而它在什么时候开口说话呢?在整段时间中吗?——我如何知道自己可以信任它?

780. 一个谎言有一种特定的环境。首先有一种动机。一种起因。

781. 谎言的意识属于意图的意识的范畴。

782. 不要忘了:视觉、听觉、嗅觉、味觉等等是感觉,只是因为这些概念具有**某种**共同的**东西**——这就像如下事情一样:人们之所以能够把钻头、凿子、斧子、氢氧吹管归类在一起,是因为它们有**某些**共同的功能。

783. "疼痛、声音、味道、气味,有一种特定的颜色。"这意味着什么?(性质。形容词。)

一种颜色可能是**带有**绿色或**带有**蓝色的——存在着各种颜色的混合物;同样也存在着气味、声响、味道的混合物;性质的中间阶

---

① 异文:"误导"。

段。人们如何把质的和量的中间阶段——我意指的是"强度"的阶段——区分开呢?

例如,还能忍受得住——不能再忍受了,这是强度的等级。请设想,某个人提问说:"我如何知道,例如,被我感觉为响度的不同级别的东西,不会被另一个人感觉为可以与不同颜色相比较的各种性质呢?"——请比较对于一种强度的改变的反应,以及对于一种性质的改变的反应。

784.我感到了自己的手臂,而且奇怪的是,我现在想说:我感到它处在空间中一个特定的位置上;也就是说,好像是我的身体感受以手臂的形式分布在一部分空间当中,以至于我为了表现这一点,必须用比如石膏来表现这只手臂位于其正确的位置上。

785.请你设想,一支铅笔的笔尖在某个位置上与我的皮肤相接触,我因此能够说,我感到笔尖在哪里。但我是不是感到我**在哪里**感到它呢?"你如何知道,笔尖现在正在接触你的大腿?"——"我感到这一点"。由于我感到这种接触,所以我知道它的位置;但对此我是不是应当谈论一种位置感受呢?而如果不存在任何位置感受,那么为什么必定①存在一种地点的感受呢?

786.是啊,这是很奇怪的。我的前臂现在水平放置着,而且我想说我感到这一点;但情况似乎并不是,我拥有一种总是与这种位置相配的感受(就像人们感到缺血或充血)——而似乎是,对于手臂的"身体感受"水平排列或分布着,就像一团雾气或微尘在空间

---

① 异文:"应当"。

中分布在我手臂的表面上那样。因此，实际上，情况并不像是我感到自己手臂的位置，而像是我感到自己的**手臂**并且这种感受具有这种或那种**位置**。换言之，这不过是说：我仅仅**知道**它是怎样放置着的——而且并不是**因为**……而知道这一点。这就像是我也知道自己在那里感到疼痛——但并不是**因为**……而知道这一点。

787. 请考虑：——"如下事情并不是真的：我总是相信假的东西。例如，现在正在下雨，而且我相信这一点。"

人们可能会这样谈论这样的人：他像**两个人**那样在说话。

788. 我为什么怀疑他的意图，却并不怀疑我的意图？在何种程度上我确定无疑地了解自己的意图？因此，我**知道**自己的意图这一点有什么用途？也就是说，对意图的表露有什么用途、什么功能？也即在什么时候它是一种对意图的表露呢？的确，在事实随之而来的时候，在它是一种预言的时候。我在不进行观察的情况下所做的这种预言，与别人依据对我行为的观察所做的预言是相同的。

789. 如果谈及"对不真实性的感受"，那么我们会倾向于说："我所知道的所有事情是，人类时常在某些环境中说，他们感到自己周围的一切都是'不真实的'。我们当然也知道，人们已经学会了这个词的哪些用法①，还知道关于他们的其它方面表露的事情。我们不知道其它东西了。"——如果谈及的是对乐趣、深信的表露，是关于运动的真实性和不真实性，那么我们为什么不也这样说呢？

---

① 异文："这个词的用法在其它时候会受到怎样的限制"。

790. 如果某个人对我说①,他感到自己四肢的位置和活动,一种**感受**告诉**他**四肢的姿势和活动,那么我应当如何回答他呢?我是不是应当说,他在说谎,或者他弄错了,或者我是不是应当相信他?我想问他,例如,一种感受是**如何**教给他这种位置的。或者更恰当的说法是:他如何**知道**,他的**感受**教给他这一点。

791.(人们说**日常**的东西,——用错误的手势。)

792. 在这里,请你再次回忆这样一种缺少辩护并且看上去没有根据的感受,即一定有某个村镇位于**这个**方向。如果在大多数情况下这种感受都不会欺骗我们,那么人们在这里谈论的就会是一种依据感受的**知道**。人们只能**猜测**这种感受的来源,或依据经验来断定它。

793. 在这里最重要的事情是这个:存在一种区别;人们注意到这种区别,"这是一种范畴上的区别"——无法说出它在于何处。//在这里最最重要的事情是,人们自己可以意识到一种范畴上的区别,却无法说出它在于何处。//这种情形是这样的:在其中,人们通常会说,自己恰恰是通过内省而认出这种区别的。

794. 如果我想说:"请你检查一下——实际上你是否依据四肢中的感受来确定自己四肢的位置!"那么,这听上去非常像是诉诸于内省。——而且这甚至是错误的,因为问题恰恰是:如果一个人这样做,那么这会是如何显示出来的?因为,如果他依据一种自我检查而向我保证说,情况是这样的或情况不是这样的,——那么我

---

① 异文:"向我保证"。

如何知道自己是否要相信他呢；我意指的是，他是否正确地理解了我。或者说：我如何检查自己是否理解他？

795.一个人对我说："我不知道我如何活动自己的手指，但如果我叉开它们的话，我会通过自己蹼膜中的感受而知道这一点。"在这里人们一定会问：因此，你难道不能在闭着眼睛时立即执行"叉开你的手指"这个命令吗？

796.我们感到自己的活动。是啊，我们真的**感到**它们；这种感觉不同于味觉感觉或对炎热的感觉，而是类似于触觉感觉：这种感觉是在皮肤和肌肉被挤压、拉伸和移动时的感觉。

797.我在自己的运动中如何能够使用运动感受的引导？在这种活动开始之前，我究竟如何能够从所有肌肉中挑选出那些会给予我正确的运动感受的肌肉？——如果有这样一个问题："如果我没有看到那种活动，那么我如何知道它已经发生了、在何种范围内发生了？"——那么为什么没有这样一个问题呢："我究竟如何知道怎样着手去做这个被命令的活动？"（罗素对此曾做出了一条错误的评论。）

798.例如，我可以说，我现在知道自己的手指是弯曲的，但我在手指上丝毫没有任何感受；可无论如何，我没有特意把任何东西与这种姿势结合在一起。因此，如果有人问我："你察觉到任何这样的东西了吗：关于这种东西你想说，在伸展开的位置上你不会感到它？或者你是否缺少一种在其它位置上会有的感受？"——那么我一定会回答说不。

799. "欢愉是一种感觉吗?"(I. A. 理查兹)①。这大致意味着:欢愉是某种像声音或气味一样的东西吗?——但声音是像气味一样的东西吗?在何种程度上是呢?

800. 如果某个人问道欢愉是不是一种感觉,那么他大概就没有区分开理由和原因,因为否则的话他就会想到,人们**对某物**感到欢愉,并不意味着这个东西在我们之中造成一种感觉。

801. 但无论如何,欢愉的确与一种面部表情相配,而且虽然我们并没有在自己身上看到它,但我们的确察觉到它。

请尝试带着那种容光焕发的欢乐表情去思索某件十分悲伤的事情!

802. 如下事情的确是可能的:悲伤的人分泌的腺不同于高兴的人分泌的腺;而且这种分泌是悲伤的原因或诸多原因中的一个。但这是否意味着,悲伤是一种由这种分泌的腺所唤起的**感觉**?

803. 但这里的想法是:"你的确感到悲伤——因此你一定**在某个地方**感到它;否则它就会是一种妄想。"可如果你想这样来看待这一点,那么就请在记忆中回想一下看和疼痛的差异。我在手上感到疼痛——而且在眼睛中感到颜色吗?这就像是,我们在这里想使用一种图案而非单纯地记录下实际上的共同之处,我们制作了一幅我们的概念世界的错误的简化图像②。这就好像我们会说,花园里所有的植物都开花,都有花瓣-果实-胚芽。

---

① I. A. 理查兹(Ivor Armstrong Richards),英国著名文学批评家和修辞学家。
② 异文:"我们错误地把所有东西看简单了。"

804.一种气味可以是非常令人愉悦的。其中令人愉悦的东西仅仅是一种感觉吗?此时这种令人愉悦的感觉与这种气味相伴随。可它如何会**与这种气味相联系呢**?当然,依据它的**种类**来说令人愉悦的表情类似于一种感觉的表情,特别是疼痛的表情。但快乐没有任何位置;存在快乐的想法,但不存在牙痛的想法。

但是——人们或许会想说——快乐是不是一种感觉,或者它是**什么**,这是人们在拥有它时必定会注意到的事情!——(为什么特别是当人们**拥有**它而不是人们**不拥有**它的时候?)如果你在吃一个苹果,那么你也会注意到这个"一"的**本质**吗,如果你没有在吃苹果,那么你也会注意到这个"零"的**本质**吗?

805.自主性与意图性相联系。而由此也与决定相联系。人们并不是对一种心绞痛做出决定然后才有它。

806.人们引起一个喷嚏或一声咳嗽,但并不引起一种自主的活动。意志并不引起喷嚏或行走。

807.感觉是那种被人们认为是直接给予的、具体的东西,是人们为了认出它而只需察看一下的东西;是实际上在那里的那种东西。(是事物而非它们的使者。)

808."我知道自己的谈话是符合还是违背自己深信的东西。"所以深信是很重要的东西。在我的表露①的背景之中。何其**强烈**的图像啊。人们能够描绘深信和言谈("从内心最深处")。然而这幅图像展示的东西又是多么少啊!

---

① 异文:"言谈"。

809. "这种气味是美妙的!"对于这是一种美妙的气味这一点,能有任何疑问吗?

那么它是一种气味的性质吗?——为什么不是呢? 10 能被 2 整除,而且 10 是我手指的数目,这都是 10 的一种性质。

但可能存在这样一种语言,在其中,人们仅仅闭着眼睛说"噢,这种气味!",而且不存在任何等价于那声惊呼的主谓命题。这恰恰是一种"特殊的"反应。

810. 有这样一种东西吗?他说他拥有它我说我拥有它,而我们并不是从任何观察中推论出它的。——它与如下东西相同吗:我从对别人行为的观察中和从他对信念的**表露**中推断出的东西?

811. 人们能不能说:我**得出结论说**,他会像他所**意图**行动的那样去行动?

812. 我从他信念的表达中推论出他信念的后果;但并不是从这种表达中推论出我信念的后果。

813. 请你设想这样一个观察者,他仿佛机械式地说出自己的观察。是的,他听到自己的话语,但可以说对此并不注意。他看到敌人逼近了并且报告这件事、描述这件事,但像是一台机器。这会如何呢?好吧,他并非遵照自己的观察来行动。人们可以这样谈论他:他说出自己所看到的东西,但他并不**相信**它。可以说,这并未进入他心中。

814. 我为什么并不从自己的话语中推论出这样一种状态,而这些语词和行动发源于这种状态?首先,我并不从自己的话语中推论出自己很可能会做出的行动。

815. 如果被问到"你会这样行动吗?"——那么我会考虑**支持的理由和反对的理由**。

816. 但请考虑:"我有时的确会采用别人的话,——所以至少我必定有时也不得不采用自己如下的话:我有如此这般的信念。但如果我似乎机械式地报告自己的观察,那么这种报告与我的信念毫无关系。但是,我可以同样信任我自己或进行观察的那个自我,就像其他人所做的那样。"或者:"那个在我之内的观察者说'正在下雨',而我倾向于相信他。"——这难道不是——或类似于——如下情况吗:一个人说,上帝曾经同他说话或通过他的嘴来说话?

817. **重要的洞见是**,存在这样一种语言游戏,在其中,我**机械地**制造一条信息,这条信息完全可以像一条非机械的信息那样被处理——只要在这里谈论的不是一个"谎言"的话——而且这样一条信息可以被我自己像一条第三人称信息那样接受下来。人们也可以把这种"机械的"陈述、报告等等称为一种"神谕"。——但这自然意味着,"我相信……"这种语词不会有助于这种神谕。

818. 如下事情位于逻辑中的什么地方呢:不要在恍惚之中做出一个断言?!

819. "如果我向外看,那么我看到正在下雨;如果我向自己之内看,那么我看到自己相信①这一点。"现在人们应当用这条信息着手做些什么呢?

---

① 异文:"不相信"。

820. "假设,正在下雨并且我并不相信这一点"——如果我断言这个假定所假定的事情,——那么可以说,我的人格分裂了。

"那么我的人格分裂了"意味着:那么我不再玩通常的语言游戏,而是玩另一种语言游戏。

821. "'正在下雨'这些语词被写在他的心灵之中"——这应当像是意味着(换言之,可以被替换为)"他相信正在下雨"。"'正在下雨'这些语词被写在我的心灵之中"——大致像是意味着:"我不能摆脱如下信念,即……","如下这种想法已经抓住我了,即……"

请考虑如下事情,即"我相信正在下雨"和"也许正在下雨"这些语词可能会说**同样的事情**,也就是说,**就这一点而言**,在某些语境中使用这两个命题中的哪一个是没有什么区别的。(请你摆脱这种想法,即与其中一个命题相伴随的精神过程不同于与另一个命题相伴随的精神过程!)这两个命题可能说的是相同的事情,尽管第一个命题对应于"我相信……"和"他相信……"等等,而第二个命题则不然。第一个命题恰恰是用另一个**概念**构造的。换言之:为了说或许正在下雨,我们不需要"相信"这个概念,虽然我们能够为此而使用它。一个命题是"写在心灵之中的",这现在则是第三个概念,它在使用中部分地与其它一些概念相一致,又部分地不一致。

我想说,人们为了构造"也许……"这个陈述,并不需要"相信"这个"奇怪的"概念,尽管人们**可以**为此来使用它。

822. 还请考虑:"也许正在下雨并且正在下雨"并不意味任何事情,而且"也许正在下雨并且并非正在下雨"也是一样。与此相反，人们可以说"看上去正在下雨并且正在下雨"以及"看上去……并且并非正在下雨"。而"看上去正在下雨"可以与"也许正在下雨"具有相同的意思。

823. 我如何知道我处于相信之中：……？我看向自己之内吗？是啊，如果我观察自己，那么这对我有什么用途吗？好吧，我可以问自己："在此情形下我会赌多少呢？"

824. 模仿，佯装疼痛。这并不仅仅在于人们在不具有疼痛时给出疼痛的表露。在此还必须有佯装的动机，且因此还有一种不能只是简单地被描述的情况。让自己装作生病和虚弱的样子，是为了突然袭击那个提供帮助的人。——"但这里肯定有一种**内部的区别**！"当然了；不过在这里"内部的"是一种危险的隐喻。——可是存在一种内部区别的"证明"恰恰是：我可以**承认**自己刚才在佯装。我承认了一种意图。是不是由此可以"**得出**"，这种意图是某种内部的东西？

825. "实无穷"是一个"单纯的语词"。如下说法可能会更好：这条表达式暂时只产生出一幅图像，——该图像仍然悬浮在空气中；你还欠我们对它的使用。

826. 一串无限长的小球，一根无限长的棍子。请你设想，对于这一点的谈论是一种童话。人们可以对这种概念做出哪些使用，即便只是虚构的使用？现在的问题并不是：存在这样一种东西吗？而是：我们在想象什么？因此，真的请解除对你想象的羁绊吧！现在你能够按照自己的意愿来拥有想拥有的东西。你只需要**说**你的意愿是怎样的。因此，只需制造一幅语词图像；像你所意愿的那样去阐释它——通过素描、比较等等！因此,你似乎能够制作一张施工图。而现在问题仍然是,工作如何能够依据它而得以进行。

827."但人类的灵魂①如何能够飞到实在性之前,并且**思考**不可证实的东西呢?"——为什么我们不应当**谈论**不可证实的东西呢?是我们自己使得它不可证实的。

这会制造一种错误的**表面现象**吗?而它如何可能仅仅**看上去**是这样的?你难道不想说这个也并不是**那样**一种描述吗?好吧,因此它并不是一种**错误**的表面现象,更确切地说它是一种让我们迷失了方位的东西。所以我们才问:它是如何可能的?

828.这个词一被说出来我就希望自己并没有这样说。——我的愿望如何与这个被说出的语词相关联呢?

我一说出这个词就感到它并不合适。但我回想起的这些**符号**仅仅像是一些微小的暗示。是这样一些琐碎之物:我可以从中**猜测出**那种意图、愿望等等。

存在着一些羞愧的诱因——一些情况——和羞愧的行为。同样存在着一些期望的诱因和期望的行为。

829.如果一只猫潜伏在一个老鼠洞前——那么我是不是会假定,它在对这只老鼠进行思考?

如果一个强盗在等待他的受害者,——那么他对那个人进行思考这一点是不是属于上述这件事?与此同时他**一定**在考虑这个或那个吗?请比较如下两个人:第一次做这种事的人,以及无数次

---

① 异文:"理解力"。

做过这种事的人。(阅读。)

830.可能存在意谓如下事情的动词:通过语词或其它符号大声地或在思想中说出意图。这个动词不会与我们的"企图"意义相同。

可能存在意谓如下事情的动词:遵照一种意图去行动;而且这也不会与"企图"意义相同。

而另一个动词则可能意谓:对一种意图进行沉思;或者在头脑中反复思考它。

831.如果我在准备自己的咖啡,那么我会企图喝掉它。如果我在准备它时并不带有这种意图——那么这种行为在那时一定**缺少**一种伴随物吗?在正常的做法中有什么事情发生吗,它刻画了带着这种意图去做事的特征?可如果有人问我我是否企图喝掉它,而我回答说"当然是了!"——那么我会说出某些关于我当下状态的东西吗?

在这种情形下我**这样**来做出反应;而**这**可以从我的反应中推断出来。

832.一个信念,一种愿望,一种恐惧,一份希望,一则爱好,都可以被称为人类的一种状态;我们可以依赖自己在面对一个人时的举止中的状态,可以从他的状态中推论出他的反应。

如果一个人说"我在所有时间内都相信……","我一生都怀有这种愿望……",等等,那么他对一种状态、一种态度做出了报告。——可如果他说"我相信他来了"(或干脆说"他来了")或"我但愿他会来"(或干脆说"请过来!"),那么他是遵照那种状态来行动、来说话,而不是报告说他处于这种状态中。

如果这会是正确的,那么就应当存在那种报告的现在时形式,因此,例如,一方面是"我相信……"这种**表露**,另一方面是"我处于对……的相信中"这种**报告**。而且对如下事项而言也类似:愿望、意图、恐惧等等。

833. 某个人可能叙述说:"我很精确地回想起自己在那些年的状态;只要有人问我……,我就会回答说……;这曾经是我的态度。"

834. 在我和别人那里,有厌恶的**反应**,也有**厌恶的感受**。而且在这个问题上,厌恶、恐惧、爱好等是相似的;但希望、相信等则不然。

835. **悲伤**不断地再现那些悲哀的想法。一种想法可以是悲哀的、令人厌恶的、令人欣喜的等等;但这种表达如何显示出如下事情呢:它就是我们这样对之做出反应的那个想法?人们如何拒绝一种想法?

836. 我可以把整个心理学领域称作是"**体验的**"吗?这样的话,所有与心理学有关的动词都是"体验词汇"(体验概念)。它们的特征是,其第三人称表达式可以在观察的基础上被说出,而第一人称则不能。那种观察是对行为的观察。体验概念的一个子类是"经验概念"。"经验"有持续性,有一个过程;它可以是恒定地或不恒定地进行着。它有强度。它不是思维的特征。想象是经验。经验的一个子类是"印象"。诸印象彼此间有着空间和时间上的关系。有混合印象存在。例如,气味、颜色和声音的混合。"情绪"属于"体验",但并不是"经验"。(例如:悲痛、高兴、悲伤、喜悦。)人们可以辨别"指向性的情绪"和"非指向性的情绪"。情绪有持续性;但没有地点;它有独有的经验和思想;它有一种独有的**戏剧性的**表达。思维是特定环境中的说话,以及其它那些与之相符合的东西。情绪给思维上色。"体验"的另一个子类是各种形式的"信念"。(相信、确信性、怀疑等。)对它们的表达是对思维的表达。它们并不是思维的"颜色"。人们可以把指向性的情绪称作"态度"。吃惊和恐惧是态度,赞美和享受也是。

837. 但**记忆**和**注意**属于哪里呢?人们可以在**一瞬间**回想起一种情况或事件。因此,在这个范围内而言,记忆这个概念类似于瞬间的理解和做出决定的概念。

838. 我的行为有的时候恰恰是我的观察的对象,但这的确很**罕见**。这与如下事情相关联:我企图做出自己的行为。即使一名演员在镜子里观察自己的脸色,或者一位音乐家认真地听倾听演奏的每个音并对之做出判断,这些事情的发生也是为了据此来调整①自己的行动。

839. 例如,这意味着什么呢:自我观察使得我的行动、活动变得不确信了?

我不能未经观察地观察我自己。而且我观察自己的目的与观察别人的目的并不相同。

840. 如果一个孩子在愤怒中跺脚并嚎叫,——那么谁会说他

---

① 异文:"驾驭"。

不由自主地这样做？为什么呢？人们为什么假定，他不是不由自主地这样做的？什么是自主的行为的**标志**？存在这样的标志吗？——什么是不由自主的行为的标志？它并不遵从命令，与自主的行为不同。存在"请过来！"、"请到那里去！"、"请做这种手臂动作！"；但并不存在"让你的心脏快速地跳动！"

841. 存在活动、语词、脸色等等的特定的协调作用，就像存在不满或情愿的表露的协调作用那样，这些表露刻画了正常人的自主活动的特征。如果有人呼唤那个孩子，那么他不会自动走过来：这里有，例如，"我不愿意！"的手势。或者还有如下这些东西：愉快地过来，决定过来，带着害怕的迹象的跑开，劝说的影响，游戏的所有反应，考虑以及考虑的效果的信号。

842. 一段旋律穿过我的头脑。这是自主的还是非自主的？一种回答可能会是：我也能够使这段旋律不在内部唱响。而我如何知道这一点呢？好吧，因为如果我愿意的话，我自己通常可以中断它。

843. 我如何可能向自己证明，我可以自主地活动自己的手臂？或许是通过这样的方式吗：我对自己说"我现在要活动它了"并且它现在发生了活动？或者我是否应当说"不过就是简单地通过如下事情：我使它活动"？但我如何知道，我已经这样做了而且它并不是由于偶然事件而活动的？我最终是否感到这一点？如果我关于之前的感受的记忆欺骗了我，并且因此它们根本不是正确的决定性的感受，那么情况又如何呢？（哪些才是正确的感受呢？）而别人又如何知道**我**是否自主地让手臂活动呢？我或许会对他说"为了说服你,请命令我去做那种你所意愿的活动,我会做这种活动"。——而你在自己的手臂中又感到什么呢?"好吧,感到那些平常的东西。"例如,在这些感受中并没有什么不平常的东西,手臂并不是没有感受的(就像它"睡着了")。

844. 人们会把如下的东西称作是不自主的:我身体的一种活动,但我并不知道它正在发生或已经发生了。——如果我仅仅试图举起一个重物而因此一种运动并没有发生,那么这种情况又如何呢?如果一个人不由自主地努力举起一个重物,那么又会如何呢?在哪些环境中人们会把**这种**举止称作是"不自主的"?

845. 静止难道不能同运动一样是自主的吗?运动的停止难道不能是自主的吗?针对一种神经分布的感受,有哪种更好的论证呢?

846. "这一瞥不是故意的"有时意味着:"我并不知道我刚才在这样瞧",或者"我不想用它说任何事情"。

847. 如下事情对我们而言并不是那么不言而喻的:记忆力以同样的方式向我们展示过去的内部过程和外部过程。

848. 想象是自主的,记忆是不自主的,但在记忆中唤起某事则是自主的。

849. "试图"、"力求"是多么奇特的概念啊;人们可以"力求去做"多少事情啊!(回想、举起一个重物、注意、什么也不想。)但人们也可以说:"做"是一个多么奇特的概念啊!"谈论"、"思维"和"谈论"、"自言自语"之间的亲缘关系是什么。(请比较不同种类的数字之间的亲缘关系。)

850. 人们从不自主的活动和自主的活动中得出的结论是完全不同的:这**刻画**了自主活动的**特征**。

851. 但我们如何知道这种活动是自主的呢?——我并不知道它,而是表露它。

852. "我尽自己所能地在拉。"我如何知道这一点?我的肌肉感受告诉我这一点吗?这句话是一种信号;而且它拥有一种**功能**。

但我是不是没有**体验**到任何东西?我难道没有体验到什么吗?某种特殊的东西?一种关于如下事项的特殊的感受:努力、不-能-更进一步、达到极限?当然了,这些表达式不过就像是在说"我尽自己所能地在拉"。

853. 可如下事情的确是很重要的:所有这些改写都存在!人们可以用"永远的黑暗降临"①这样的语词来描述惶恐。我或许并没有充分强调这种改写的重要性。

人们通过一张沐浴着光线的面孔、通过从这张面孔中散发出来的容光来表现快乐。这当然并不意味着快乐与光线是彼此**相似**的;但我把快乐和光线结合在一起——而这样做的原因是**无关紧要**的。情况**可能**是:在孩子学习说话的时候,这种结合被传授给那个孩子;这种结合并不比这些语词自身的声音更加自然——它存在,这就足够了。("贝多芬"和贝多芬的作品。)

854. 悲伤类似于铅灰色的天空吗?!而且人们如何可能发现

---

① 参阅第 377 节的注释。

这一点呢？通过观察悲伤的人和天空吗？或者那个悲伤的人告诉人们这一点？而且这仅仅对**他的**悲伤而言才是真的，还是对任何一个人的悲伤而言都是真的？

855. 如果现在一个人说，**他的**悲伤类似于灰色的云，——那么我是否应当相信这一点？——有人可能会问他，这二者**在某些事情上**、在一个特定的方面是否相似。（例如，就像两张面孔；或者就像一种突然的剧痛和一团火焰。）人们可以阐明所说的各种印象的"强度"之间的关系——内在关系和**关联**。

856. "a 在 b 和 c 之间，并且距离 b 比距离 c 更近"，这是同样类型的诸种感觉之间特有的一种关系。换言之，例如，存在一种用如下命令进行的语言游戏："请制造一种位于**这个**和**那个**之间的感觉，并且它距离前者比距离后者更近！"以及："请命名两种感觉，使得**这个**位于它们之间。"

857. 而且如下事情在这里是很重要的：例如，关于**灰色**，有人会得到这样的答案，即"黑色和白色"；而关于**紫色**则是"蓝色和红色"，关于**粉色**则是"红色和白色"，等等；但关于**橄榄绿色**则**并不是**"红色和绿色"。

858. 人们怎么了解到，对快乐的表达并不是对身体疼痛的表达？（一个**重要的**问题。）

859. 人们从哪儿知道，对享受的表达并不是对感觉的表达？

860. 把一个图形说成是这个或那个。在你看到它的时间中，你总是把这个图形说成是这个或那个吗？当然：如果被问到这幅图形呈现了什么,我总是会回答:"一只兔子";①但我并非持续地意识到这一点,就像我并非持续地意识到这里真的有一张桌子。因为如果我总是把一幅图像说成是**这个**对象的图像,那么我就把任何一个对象都说成是有这种特定用法的事物,等等。

861. 如果一个人第一次注意到这幅图像是双义的,那么他可以用这种惊呼做出反应:"噢,一只兔子!"等等;但如果他现在持续地看到一个面相,他不会想去不断地说"噢,一只……!"。

862. 我想说,自然的、原初的对于面相体验的表达应该是一声惊呼,也可能是眼睛的一眨。(我想到了什么!)

863. 如果我说,我看到这个图形一直是红色的,那么这意味着,它是红色的这种描述——通过语词或图像进行的描述——也一直是正确的,没有改变;因此,**那种**图形改变了的情况是与此相对的。——这里的诱惑在于,用"我这样看它"这些语词来描述一个面相,而**不**指向任何东西。如果有人把一张面孔及其目光的朝向描述为一个箭头,那么他会说:"我看到这个:→,而非这个:←。"

864. 与持续地看作→相对应的是如下事情:这种没有任何变化的描述是正确的,而**这**仅仅意味着面相没有发生转换。

865. Talk of hallucination!② ——还有什么比如下事情更古怪呢:在我们看来,这个点、这只眼睛朝向某个方向!

866. 如果我考虑这个图形的面部表情——那么我的何种做法

---

① 参阅兔鸭头,《哲学研究》,第二部分。——原编者注
② 这里原文使用的是英文,意为"关于幻觉的谈论"。

会使自己认为这种表情是→而非←？

867. 当我考虑、观察这个图形的面部表情时——我的何种做法会使自己把这种表情视作→而非←？

我相信，这个符号系统已经包含了所有这些。

868. 这好像人们在看一幅图像：一次与**一**组图像结合在一起，另一次与**另一**组结合在一起。如下说法在这里意味着什么呢："好像人们在看"？这意味着类似如下这样的事情：**这个**过程可能代表了那种实际的过程，它或许拥有十足的"多样性"。

869. 与科勒相反——这恰恰是我所看到的**意义**①。

870. 人们可以说，自己体验到对于一组特定思想的**准备**。（它们的**胚芽**。）

871. 就像是这幅图像在一个位置上（或在另一个位置上）**达到静止**。就像是它实际上在波动，而以一个**特定**的重音达到了静止。

人们说："我现在（或常常）把它看作**这个**。"对我们来说这实际上就像是这些线条现在汇合成**这种**而非另一种形式。或者就像它们被放置在**这种**而非那种模腔中。

我们关心的只能是**如下事情**：描述我们体验的真实表达，描述我用所有这些图像所要阐释的东西；以及说出对这些表达来说是**本质性**的东西。

872. 如果一个人不能从图形前进到对它的解释等等，那么他

---

① 异文："这种**意义**恰恰就是我所看到的东西"。

能够**这样**或**那样**地来看这个图形吗？如果一个人不知道一个动物的头看上去是怎么样的、什么是眼睛等等，他还能**这样**或**那样**地来看那个东西吗？当然，我不是想以此意指："如果一个人能够这样做，那么他会成功吗？"而是意指："为了做到这一点难道不需要**这些概念**吗？"

873. 我看到了一匹马的图像：我不仅知道它是一匹马，而且也知道它在奔跑。因此我可以不仅**从空间上理解**这幅图像，而且我也**知道**这匹马究竟将要做什么。请你设想，一个人看到了一幅骑兵冲锋的图像，但却不知道这些马并没有停留在它们各自的位置上！

但在这里我并不关心如下事情：通过断言那个做出观察的人做出了细小的奔跑活动或感到奔跑的神经分布，以达到对这种理解的**解释**。除了**这一点**——它"**一定**"是这样的——之外，人们还拥有哪些关于这种假定的根据呢？

874. 但如果人们这么说，那又怎样呢："一个人**看到**这匹被画出的马在奔跑！"——我用这句话不仅是想说"我知道这表现了一匹奔跑的马"。人们想用它说**其它**的事情。请设想，某人用一种手部的运动和一声惊呼"哇噢！"来对这一幅图像做出反应。这难道不是大致相当于如下说法吗：他**看到**这匹马在奔跑？他也可能惊呼"它在奔跑！"，而且这并不是确证它在奔跑或**看上去**在奔跑。这就像是人们在说："看啊，它在怎样奔跑！"——不是为了向另一个人做出报告；而是一种人们在其中**发现**自身的反应。①

---

① 异文："而是一种我和别人在其中相互发现的反应"。

875. 理解类似于知道如何继续下去,因此也类似于一种能力;但"我知道"是一种**表露**、一种**信号**,就像"我知道如何继续下去"一样。

876. 我可以像体验形容词或名词那样去体验一个语词。我知道如下事情吗:我与之交谈的每一个或大多数人都有这种体验?为了知道他们意指的是什么,这会是很重要的吗?

877. 我没有想到同一个轮廓出现在两幅图像之中,因为在一幅图像中我把它理解为**这样→**,而在另一幅图像中是**这样←**。只是在一种深思熟虑的过程中我才认识到这是同一个轮廓。——这是否是这样一种证明:我每次看到**不同的东西**?——重要的是这两种面相彼此**不相容**。

878. 面部表情是某种视觉上的东西吗?我可以想象一幅在**表情**上是双义的图像。而且因此在另一种环境中我没有①认出它。然后我或许会说:"是啊,这些是相同的线条:可是它们在这里看起来完全不同。"

而且我的确**看**到了图像→和图像←是相同的。可以说,我不能只通过测量来认出这点!

879. 你说,我看到两个不同的视觉对象,它们仅仅有某些地方彼此相同。你只不过是以某些相似之处为代价来强调另一些相似之处。但这种强调现在必须也得到语法上的辩护。

880. 这只眼睛、这个小**点**、望着一个**方向**,这是如何可能

---

① 异文:"不会"。

的?——"瞧,它在这样望着!"(而与此同时人们自己"望着"。)但是,人们并非在察看这幅图像的整个时间内都一直在说和做这种事情。那么,这种"请看它是如何望着的!"是怎么一回事儿?——它是一种感觉的表达吗?(PU II 209)

881.我从未想到,**像这样**把这两幅图像叠加在一起,以**用这种方式**来比较它们。它们提出了一种不同的比较方式。

人们可能会说,←这幅图像与→这幅图像毫无相似之处——尽管它们是全等的。

882."现在我知道如何继续下去了"——我看出**这**是额头而**这**是喙。这条线像额头,这个点像喙。但这种**视觉印象**怎么可能是一条像额头的线呢?是什么使得我们可以说,它就是有这种特征的视觉印象?——是如下事情:没有一种思想、释义能像视觉印象那样具有持续性。①

883.让我们来试图描述如下事项:人们拥有诸种意图!这样一种描述看上去会是怎样的呢?**对谁而言**它会是一种描述呢?请你问问自己:它应当服务于何种目的?

884.如果人们通过(紧闭着嘴唇)发出嗡嗡声的方式来再现言谈的信息,那么人们便能够非常"清楚地"在想象中说话。喉部运动也是有帮助的。但是,令人惊奇之处的确恰恰在于:人们这时在想象中**听到了**说话,而并非仅仅可以说**感到了**其在喉部中的骨架。(PU II 326)

---

① 异文:"是如下事情:它不是一种**释义**;它并不像视觉印象那样具有持续性。"

885.如下事情对于"想象"而言是**本质上的**：在对它的表露中使用感觉感知这个概念。（"我听到并且我没有听到……"这个命题可以作为对听觉想象的表达来使用。）一种将想象、感觉印象和幻觉区分开来的主要特征是：进行想象的人与想象的关系并不是观察式的，因此想象是自主的。

886.请你想象这样一种交谈，其中一方是你自己；更确切地说，你在想象中自言自语。你大概会在自己的身体中（喉头、胸部）觉察到自己所说的话。但这仅仅描述而没有定义想象中的交谈活动。

887.令人毛骨悚然的感受。它如何显示出来呢？这样一种"**感受**"的**持续性**。例如，这种感受的中断看上去是怎样的呢？例如，这是可能的吗：在这一秒钟拥有它，而在下一秒钟又不拥有它，这两者交替地发生？例如，在其标记中难道没有这样一种独特的过程（开始和结束）吗；它使得这种感受与一种感觉感知区别开来？

888.音乐的言说。不要忘了，即使一首诗是用报告的语言写就的，它也不会在关于报告的语言游戏中被使用。

人们难道不能设想如下事情吗：一个人对音乐一无所知，他来到我们这里，并且听到某人演奏肖邦的一首沉思曲；他深信如下事情：这是一种语言，而且人们想对他保守其意思的秘密。

在这种文字语言中有一种强大的音乐要素。（一声叹息、疑问的腔调、宣告的腔调、渴望的腔调、腔调的各种数不清的**手势**。）

889."不要去寻找现象背后的任何东西；现象自身就是理论。"（歌德）

890. 我仔细观察他的面孔。为什么？它教给我什么呢？例如，他是悲伤的还是高兴的。但这为何使我感兴趣呢？嗯，如果我学会了解他的情绪，就像如果我学会了解身体的状态（例如他的体温）；那么我就能够由此得出各种各样的结论。而且我在同样的情形中并不观察我自己的面孔。如果我观察自己，那么我的面孔就不再是一种可靠的索引；即使它对另一个人来说是一种可靠的索引，我也不能由它得出任何结论。

891. 对一种想法感到羞愧。人们会对如下事情感到羞愧吗：人们在想象中对自己说出这个或那个命题？

语言恰恰拥有一种多股的根茎；它拥有诸多根茎，而不是**一条**根茎。

892. "这种想法在那一瞬间位于我的心灵之前。"——而这是怎样的呢？——"我拥有这幅图像。"——那么这幅图像是那种想法吗？并非如此；因为，如果我仅仅把这幅图像报告给一个人，那么他还是不会得到那种想法。

893. 这幅图像是钥匙。或者它的确**看起来**像是钥匙。

894. 视觉印象如何与听觉印象区别开来？——我是不是应当回答说："这没法说；但如果有谁看到或听到了，那么他就知道它们是**完全**不同的"？人们能不能设想，在一个人那里，**一种**特定的视觉印象会与**一种**特定的听觉印象相同？而且这样一来，他能够通过眼睛和通过耳朵来获得这样一种印象？会不会有人指着一幅图像并在钢琴上弹奏一个音，并且告诉我们**这**二者是同一的？我们会在这一点上相信他吗？为什么不呢？我们会在如下事情上相信他吗:"心灵的情感"在这两种情形下是相同的？如果我们相信他,那么我们如何可能使用这种事实？

895.心理现象的谱系:我致力于的**并不是精确性**,而是综览性。

896.使得一簇"感觉印象"紧束在一起的是它们相互之间的关系。那种是"红色"的东西,同时也是"甜的"、"硬的"、"冷的"和被敲击时会"发出声响"的东西。在用这些语词进行的语言游戏中,人们最初并不是说"这个**看上去**是红色的",而是"这个是红色的"(硬的,等等)。我们的一致对于这种语言游戏来说是本质上的。但对于"愉悦的"、"不愉悦的"、"美丽的"、"丑陋的"则并非如此。

疼痛在某些方面类似于其余那些感觉印象,在某些方面又区别于它们。有如下东西存在:疼痛的(就像关于快乐的那些东西一样)面部表情、呼喊、表情、**拒绝**的迹象和对于疼痛而言是独特的接受,但不存在对于红色的感觉而言①是独特的接受。苦的味道在这一点上近似于疼痛。

人们可以设想没有感官情况下的一种压力。一个人能够听到并能够相当好地学习所有用关于听觉印象的语词来进行的语言游戏,而无需拥有耳朵,也无需知道自己"**用什么**"来听东西。人们用耳朵来听东西,这一点相对而言是极少显示出来的。情况的确可能是:一个人像我们所有人那样去听,而人们随后才发现他的**耳朵**是聋的。

---

① 异文:"对于红颜色而言"。

体验的**内容**。人们或许想说"**这样**我看到了红色","**这样**我听到了你敲击出的声响","**这样**我感到愉快","**这样**我感到悲伤",甚或"如果人们悲伤的话就会感觉到**这个**;如果快乐的话就会感觉到**这个**",等等。人们或许想用这些**这样**和**这个**充满一个类似于物理世界的世界。但这仅仅在如下地方才有意义:存在一幅**被体验到的东西**的图像,而且人们在进行这些陈述时能够指向该图像。

897. 如果只有**一个人有一次**曾经做了一种身体活动,——那么问题能不能是:这种活动是自主的还是不自主的?

898. "如果我在用力,那么我肯定**做了**什么事情,而不是仅仅具有一种感觉。"的确如此;因为人们会命令一个人说:"请你用力!",而且他可以表露这种意图:"我现在会用力"。如果他说"我不能再用力了!"——那么这并不意味着"我不能继续忍受自己肢体上的这种感受——例如疼痛——了"。——但另一方面,人们在用力中像在疼痛中那样**受苦**。"我完全筋疲力尽了"——如果有人这样说,但却像任何时候一样轻巧地活动,那么人们不会理解他。

899. 面相是服从于意志的。如果某个东西在我看来是蓝色的,那么我不能把它看成是红色的,而且说"把它看成红色"是没有意义的,但说"把它看作……"却有意义。而面相是自主的(至少在一定的程度上),这一点看上去对它是本质的,就像想象是自主的这一点对于想象是本质的一样。我意指的是:自主性在我看来(但是为什么?)并非仅仅是一种附加物;就像人们说"依据经验,这种运动也可以**这样**被唤起"。换言之:人们可以说"现在**这样**来瞧它!"和"请你想象……!",这一点是本质上的。因为这与如下事情相关联:面相没有"教给"我们任何关于"外部世界"的东西。人们可以通过说"这是红色而不是蓝色"来教授"红色"和"蓝色"这样的语词;但人们不能通过指向一个双义的图形来教给一个人"图形"和"底色"的意义。(PU II 268)

900.我们并不是首先学着了解心象,然后才学着用我们的意志来指导它们。总的来说,认为我们通过意志来指导它们,这当然是几乎完全错误的。仿佛意志控制着它们,就像命令可以控制人们。仿佛意志是一种影响、一种力量,或者是:一种原初的**行为**,而这种行为是那些可感知的外部行为的原因。

901.这样的说法是否正确:使一种行为成为自主行为的东西,是它被嵌入其中的那些心理现象?(那种心理环境。)

例如,我的正常的行走行为在一种**非潜在**的意义上是"自主的"吗?

902.一个孩子在愤怒中跺着自己的脚:这难道不是自主的吗?如果他这样做的话,那么我是不是知道关于他的运动感觉的某些东西?**愤怒中的跺脚是自主的**。如果有人在日常的环境中在被呼唤时走过来,那么这是自主的。非自主的行走、散步、吃、说话、歌唱,会是(一种)在非正常环境中的行走、吃、说话等等。例如,**无意识的**:如果有人在其余状态下像在昏迷状态下那样行动;或者如果一种活动在进行,然而人们一闭上眼睛就不知道它了;或者如果人们无论怎样努力都不能调整这种活动;等等。

903.在我看来,没有什么假定比如下假定更加自然了:在大脑中没有任何过程被分配给联想或思维;因而如下事情是不可能的:

从大脑过程中读出思维过程。我意指的是：如果我讲话或书写，那么我假定，一种被分配给我所说或所写的想法的脉冲系统发源于我的大脑。但这个**系统**为什么应当继续朝着中心的方向前进呢？可以说，这种顺序为什么不应产生自杂乱无章呢？这种情形类似于如下情形——某些植物种类通过胚芽来繁殖，所以一颗胚芽总是产生出它所产生自的那同一种植物——但在这颗胚芽里没有任何东西对应于从它而来的那株植物；因而如下事情是不可能的：从这颗胚芽的性质或结构中推论出从它而来的那株植物的性质和结构，——人们只能从胚芽的**历史**中推论出这些。因此一个有机体可能来自某种完全无定形的东西，可以说它是没有原因的；而如下事情是没有根据的：这一点为什么不应当真的适用于我们的思想，且因此适用于我们的言说、书写等等。

904. 因此如下的事情是非常可能的：**不能**从生理学上去研究某些心理现象，因为生理学的东西并不对应于它们。

905. 我在多年前见过这个人；现在我再次见到他，认出了他，回忆起了他的名字。然而为什么在我的神经系统中一定存在这种回忆的原因呢？为什么一定有某种东西——无论是什么——**以某种形式**被存储在那里呢？为什么它一定留下一处痕迹呢？为什么不应存在一种**不**对应于**任何**生理学规律性的心理学规律性呢？如果这会推翻我们的因果性观念，那么现在就是推翻它的时候了。

906. 这种对于心理-生理学平行关系的成见，也是对语法的原初理解的一种结果。因为，如果人们承认心理学诸现象之间存在因果性，这种因果性无需生理学的中介，那么人们与此同时就承认身体**之外**存在着心灵，承认存在着幽灵般的心灵本质。//那么人们就想以此来制造对一种朦胧不清的心灵本质的承认。//那么人们就以此意指了对一个身体**之外**的心灵存在的承认。//

907. "我相信"这个动词一定具有过去时吗？好吧，如果我们并不说"我相信他会来"，而总是说"他可能会来"（或类似的说法），而且也说"我曾经相信……"——那么"相信"这个动词就没有**现在时**。我们所习惯于观察语言的那种方式和方法的特征在于，我们相信最终一定存在齐一性、对称性；我们并不持相反的看法，即认为它们**可能**并不存在。

908. 请你设想如下这种现象：如果我想让某个人记住一段我向他说的文字，以使他随后能向我再现这段文字，那么我必须给予他一张纸和一支铅笔；而在我说话的时候，他在纸上写下一些线条和符号；如果他应当在随后再现这段文字，那么他就会用眼睛追踪它们并念出这段文字。但我假定，他的记录并不是任何**文字**，这种记录并没有通过诸种规则而与该段文字中的语词关联在一起；而且他的确不能在没有这种记录的情况下再现那段文字；而且如果其中的什么东西发生了改变，如果它部分地损毁了，那么他在进行"阅读"的时候就会卡住，或者不确定地、不可靠地念出这段文字，或者根本无法找到那些语词。——这肯定是可以设想的！——我们所说的"记录"不会是这段文字的**复制品**，也不是一种把它译为另一种符号系统的翻译。这段文字不会被**写录**在这个记录中。那么，为什么它应当被写录在我们的神经系统中呢？

909. 一个系统的开始和最终状态为什么不应当被这样一种自

然律连结在一起呢:它忽视了二者之间的状态?(只要人们不要想到作用!)

910.人们所说的概念中的改变,自然不仅仅是言谈中的改变,也是做法中的改变。

911.人们看到了这个术语,而并没有看到它的使用的技巧。

912.人们会说"他看上去感到可怕的疼痛",即使人们丝毫不怀疑这种表面现象是在骗人。人们为什么不说"我看上去感到可怕的疼痛",毕竟这肯定至少有**意义**?在一场排练中我可以这样说;而且也可以说"我看上去有这种意图……",等等。每个人都会说:"我当然不这样说;因为我**知道**自己是否具有疼痛。"如下事情通常不会令我**感兴趣**:我看上去是否具有疼痛;因为我不会为自己得出那种结论,该结论是我在别人那里由印象中得出的。我并不说:"我可怕地呻吟着,我必须去看大夫";但很可能会说"他在可怕地呻吟着,他必须……"。

913.如果如下说法没有任何意义:"我知道自己具有疼痛"——如果如下这种说法也没有任何意义:"我感到自己的疼痛",——那么如下两种说法就也没有任何意义:"我并不关心自己的呻吟,因为**我知道**自己具有疼痛"——或者"因为我**感到**自己的疼痛"。

但这却是真的:"我并不关心我的呻吟。"

914.我从对他行为的观察中得出,他必须去看大夫;但我并不从对我行为的观察中为自己得出这种结论。或者更确切地说:我有时也这样做,但**并不是**在类似的情形下。

915. 在这里,如果人们思考一下如下事情,那么会是有帮助的:看护、治疗别人的——而不仅仅是自己的——疼痛的部位是一种原初的反应①——因此关注别人的疼痛行为也是一种原初的反应,就像**不去**关注自己的疼痛行为一样。

916. 但在这里,"原初的"这个词想要说些什么呢?或许是,这种行为方式是**前语言**的:一种语言游戏**以它为基础**,它是一种思维方式的原型而非思维的成果。

917. 人们可以把如下这样的一种解释说成是"错误的本末倒置":我们看护别人,是因为我们依据同自己所处情形的类比而相信他也有一种疼痛体验。——我们不说:我从我们举止的这个特定的部分——从这个语言游戏中——学会了"类比"和"相信"在其中具有何种功能。

918. "这是如何发生的呢:即使我把自己的头向一侧倾斜,且因此视网膜图像是一棵斜立着的树木的图像,我也看到这棵树是直立的?"这是如何发生的呢:在这些环境中我仍然说这棵树是直立的?——"嗯,我意识到自己头部的倾斜,并因此对自己视觉印象的理解做出了必要的修正。"——但这难道不是意味着,把原初的和派生的东西混淆了吗?请你设想,我们**完全不**知晓眼睛的内部构造,——这个问题究竟还会不会浮现出来呢?在这里,我们实际上并没有做出任何修正,这仅仅是一种解释。

---

① 异文:"举止"。

或许吧——但现在我们了解了眼睛的结构,——**如下事情又是如何发生的呢**:我们这样来行动和做出反应?但这里一定有一种生理学的解释存在吗?如果我们不理会它,那会怎样?——如果你检查一台机器的行为的话,你肯定不会这样说!——好吧,有谁会这样说呢:在此意义上,动物的躯体和生物是一台机器?——

919. 人们可能会觉察到一张面孔的改变,并用如下语词来描述这一点:这张面孔摆出了一副更严厉的表情,——而且的确不能用一些空间上的概念来描述这种改变。这是极其重要的。——现在某人或许会说:如果有人这样做,那么他就恰恰不是在描述那张面孔的改变,而仅仅是在描述自己受到的影响;但这样的话,一种通过形状和颜色概念所进行的描述为什么不应当也是如此呢?

920. 人们也可以说"他摆出**这副**面孔",或者"他的面孔发生了**这样**的改变",并对之进行模仿,——而且他们还是不能以其它方式来描述这种改变。((恰恰存在着比卡尔纳普和其他人所梦想的更多的语言游戏。))

921. 这种……的意识,可能在工作中干扰我;知道却不会这样。

922. 我如何知道,一条狗持续地听到些什么,持续地接受到一种视觉印象,感觉到快乐、恐惧、疼痛?

对于一条狗的"体验内容",我知道些什么?

923. **诸种颜色**真的是兄弟姐妹吗?情况是这样的吗:它们仅仅依据颜色来说是有区别的,而依据种类来说是没有区别的?视觉、听觉、味觉真的是兄弟姐妹吗？

为了辩护一个概念，不要仅仅寻找相似之处，也要寻找关联。父亲把他的名字传递给儿子，尽管儿子与他完全不同。

924. 请比较一种可怕的惊恐和一种突然的剧烈疼痛。这种疼痛的感觉是可怕的东西，——但它是惊恐的感觉吗？如果某个人在我面前倒栽葱式地倒下，——这是否仅仅是我之内一种极其令人难受和转瞬即逝的感觉的原因呢？应当如何回答这个问题？那个报告这个恐怖事故的人，是不是会对这些感觉、这种呼吸的停顿等发出悲叹？如果人们想帮助一个人克服这种惊恐，——那么他们是不是会治疗其身体？人们难道不是宁愿在事故和起因方面去安抚那个受到惊吓的人吗？

925. 如果某个人在书房里示范悲伤，那么他当然会很容易意识到自己面部的张力。但如果真的感到悲伤，或者将自己代入电影中一段悲伤的情节，那么请问问你自己，是否会意识到自己的面孔。

926. 诸种情绪和感觉印象之间的一种关联在于，我们将情绪概念运用于对感觉印象和心象的描述。我们说一段旋律、一处风景是悲伤的、喜悦的，等等。但如下事情自然重要得多：我们通过各种情绪概念来描述人类的面孔、行为、举止。

927. 他人面孔中的意识。瞧着别人的面孔，并看着其中的意识和一种特定的意识的**色调**。你在它之上、之中看到快乐、冷漠、兴趣、感动、迟钝，等等。他人面孔中的那种光亮。

为了认出**他**面孔中的那种愤怒，你会瞧着**你自己**吗？它在那里也像在你自己胸中一样清楚。

（现在人们想说些什么呢？是如下的东西吗：别人的面孔促使我去模仿，因此我在自己的面孔上感觉到微小的活动和肌肉的张力，并**意指**所有这些的总和？胡说。胡说，——因为你做出了假定，而不是仅仅在进行描述。在这里，如果那些解释在头脑中作祟，那么他就会忽视如下事情，即回想起那些最重要的事实。）

928. 知道、意见①并没有任何面部表情。尽管存在一种深信的声调、手势，但只有当有什么东西在这种声调中、伴随着这种手势被说出时，情况才是如此。

929. "意识在他的面孔和行为中就像在我自己这里一样清楚。"

930. 如下的事情意味着什么呢：我在这件事上弄错了，即他具有心灵、意识？而这又意味着什么呢：我弄错了，而且我自己什么都没有？说"我失去了意识"又意味着什么呢。——我难道不知道如下的事情吗：意识在我之内？——那么我是不是因此知道这一点，而且"它是这样的"这个陈述没有任何目的？

而且这是多么奇特啊：人们能够学会在这种事情上与其他人互相理解。

931. 一个人可以假装自己是失去意识的；但也可以假装自己是**有意识的**吗？

932. 如果某个人完全认真地说，他真的不知道自己是在做梦

---

① 异文："相信"。

还是醒着,那么这会是怎样的呢?

可能存在这样一种情况吗:一个人说"我相信自己现在正在做梦";他真的在此后不久醒过来了,回忆起梦中的每一个表露并说道"所以我真的是正确的!"——这段故事可能仅仅意味着:一个人曾经梦到自己曾经说自己在做梦。

请设想,一个失去意识的人(比如在昏迷状态下)说"我是有意识的"——我们会说"他一定知道这一点"吗?

如果一个人在睡梦中说"我在睡觉",——那么我们会说"他是完全正确的"吗?

如果一个人对我说:"我失去了意识",那么他所说的是谬误吗?(如果他在失去意识的时候这样说,这是谬误吗?如果一只鹦鹉说"我不理解任何语词",或者一部留声机说"我仅仅是一台机器",那情况又如何呢?)

933. 请设想,在一场白日梦中我让自己说道"我仅仅在幻想",那么这会是**真的**吗?请设想,我写下这样一种幻想或一段故事、一场幻想出来的对话,在其中我说"我正在幻想"——但在我写下它的时候,——如下事情是如何体现出来的呢:这些语词是幻想的语词,而且我还没有从这种幻想中走出来?

这真的是不可能的吗:那个可以说是从梦境中走出来的做梦的人,在睡梦中说道"我正在做梦"?有这样一种语言游戏存在,这的确是可设想的。

这与"意指"的问题有关。因为我可以在对话中写下"我是健康的"而并不**意指**它,尽管它是真的。这些语词属于这种而非那种语言游戏。

934. 梦中的"真"和"假"。我梦到正在下雨并且我说"正在下雨"——另一方面：我梦到我说"我正在做梦"。

935. "做梦"这个动词有一种现在时吗？人们如何学会使用这种时态？

936. 一种语言游戏与另一种的片段类似。一种空间投射到另一种空间的受到限制的部分中。

937. 假定，我有一种经验，它类似于：醒来然后发现自己处于完全不同的环境中，其中有一些人，他们向我保证我已经睡着了。请进一步假定，我此时坚持认为自己并没有在做梦，而是以某种方式生存于我熟睡的身体之外。这种断言有何种功能呢？

938. "'我有意识'，这是一个人们不可能对之有任何怀疑的陈述。"这为什么不应当与如下的说法相同呢："'我有意识'并不是命题"？

人们也可以这样说：一个人说"我有意识"是一个不容许任何怀疑的陈述，这损害了什么呢？我如何会与他处于矛盾之中呢？假定某个人对我这样说，——我为什么不应当习惯于如下做法呢：不去回答他，而是开始一种争论？我为什么不应当像对待他的口哨或哼唱那样来对待他的话呢？

939. "没有什么东西像如下事情那样确定：意识是我所独具的。"我为什么不应当以此为依据呢？这种确信性像是一种巨大的力，其作用点没有移动，没有做任何功。

940.一个人在掷骰子游戏中投出了5,然后是4,而且他说"如果我只是投出了4而非5,那么我就会赢了"!这种制约条件不是物理上的,而仅仅是数学上的,因为人们可以回答说:"如果你首先投出了4,——那么谁知道你接下来会投出什么!"

941.如果你现在说"虚拟式的使用依赖对一种自然规律的信念"——那么人们可以针锋相对地说:"这种使用并不**依赖**那种信念;它与那种信念处于同一层次上。"

942.命运与自然规律相对立。人们想探究和使用自然规律,但对命运来说则不然。

943."碎片"的概念。**即使只是大致地**描述这个词的使用,也是很不容易的。

944.在我们想描述一个词的用法的时候,这难道不类似于当人们想为一张面孔画像的时候吗?我清楚地看到它;这些部分的表情对我而言是**很熟悉的**;然而如果我应当画出它,我会不知道从哪里着手。如果我真的画出一幅图像,那么它会是完全不到位的①。——如果我面前有一种描述,那么我会认出它;或许也会注意到其中的错误。但是,我能做这些并不意味着我自己能够给出这种描述。

945.两个对象"合成一体"。人们教一个孩子"排列"事物,人们在进行这种活动的时候会使用"这些东西合成一体"这些语词。这个孩子也学会了这种表达式。他也能够**借助于**这些语词和某些

---

① 异文:"不恰当的"。

手势来排列事物。但这些语词可能仅仅是这种做法的伴随物。一种语言游戏。

请你设想这样一种语言游戏,它没有语词,但用适合这些行为的音乐的伴奏来进行①。

946."请把它放在**这里**。"——与此同时我用手指指明那个地方——这是一个**绝对**的位置陈述。如果某个人说空间是绝对的,那么他或许会为此提出这样的论证:"肯定存在这样一个**位置**:**这里**。"

947."对相似性的体验"。请思考这样一个语言游戏:"认出相似性",或者"指明相似性",或者"依据其相似性排列事物"。在此,独特的体验在哪里呢?人们所追寻的独特的体验内容在哪里呢?

948.感觉的持续。请比较一种听觉感觉的持续和这样一种触觉感觉的持续:这种感觉告诉你你的手里有一个球体;还请与这样一种"感受"相比较:它告诉你你的膝盖是弯曲的。而在这里,我们又有一种关于如下事情的理由:我们为什么想说这种关于姿势的感觉是没有内容的。

949.哲学研究:概念的研究。形而上学的本质性的东西:对它而言,事实的和概念的研究之间的区分是不清楚的。形而上学问题依据外表来看总是关于事实的问题,虽然该问题其实是概念的问题。

950.但概念研究做些什么呢?它是关于人类概念的自然史的

---

① 异文:"用一种阐明这些行为的音乐来进行"。

研究吗？——好吧，我们说，自然史描述植物和动物。但难道不可能是这样吗：诸种植物会被详尽细致地加以描述，而且现在某个人才看到它们结构中的那些人们此前并未看到的相似之处？因此他在这些描述中建立了一种新的顺序。例如，他说："不要把这个部分与那个部分相比较；而要与另一个部分相比较！"（歌德就想做这样的事情）与此同时他并不一定会谈论**起源**；尽管如此，这种新的排列还是**可能**为科学研究提供一种新的方向。他说"请**这样**来瞧着它！"——而这可能有各种各样的优点和后果。

951.我们为什么数数？它已经被证明为是有用的了吗？我们之所以有自己的概念——例如心理学概念——是因为它们已经被证明是有益的了吗？①——我们的确恰恰是因此而有**某些**概念，因此而引入它们。

952.人们不应当相信如下事情是一种简化：把看与一只而非两只眼睛放在一起加以考量；也就是说，如果人们对如下事情是很清楚的话：人们并不是在眼睛中觉察到看。视觉对象的观念对于双目的看而言更难以贯彻。究竟什么是双目的"视觉图像"呢？

"人们真实的**看到**的东西的肖像"，"视觉印象本身的肖像"。

953.一个人想到：如果我仅仅有正确的颜色和物体来加以支配，那么我可以**准确地**描绘我看到的东西。在一定范围内而言确实如此。那种关于我面前有什么的报告和关于我看到了什么的描述，有着相同的形式。——但它们完全忽略了比如目光的游移。

---

① 异文："是因为它们是有益的吗？"

此外,比如视野里对一个文字的阅读以及所看到的东西的所有面相也都被忽略了。

954. 如果现在你所瞧见的东西是一大块牌子或画着一个图形的平整的墙壁,那么你就能够把这个图形的一幅图像视为一种精确的描绘。例如,如果这个图形是 F,那么除了准确地临摹它之外,人们还能想要些什么呢;然而确实还存在另一种完全不同的描述,它并不处于这种临摹之中。如果这副图形是一张面孔的话,那么情况也会是如此。

955. 在**一种**意义上描述的一种轻微的不准确性,在另一种意义上则是很严重的。

956. 主动和被动。人们能否命令它?这看上去或许是一种牵强的区别,但其实不然。它类似于如下说法:"人们能不能(一种**逻辑上的**可能性)对此做出决定?"——而这意味着:它如何被想法、感受等环绕?

957. 一个完全由聋子组成的社会看上去会是怎样的?一个完全由"弱智"组成的社会呢?**一个重要的问题**!那么一个从未玩过我们日常语言游戏的社会又将是怎样的呢?

958. 意识到一幅图像中诸种颜色的相同之处,或者:意识到**这种**颜色比那种颜色更暗一些。

我在听这个片段的整段时间中都意识到它是……的吗?
人们在何时**意识到**一个事实?

959. 爱并不是感受。爱要得到考验,疼痛则不然。

960. 我看到某物**处于不同的关联中**。

（这与想象的亲缘关系难道不是比与看的亲缘关系更加密切吗？）

961. 好像人们已经把一个概念带给所看到的东西，人们把这个概念同所看到的东西放在一起看。尽管概念自身几乎是不可见的，但它在诸多对象上铺上一层井然有序的面纱。

962. "你看到了什么？"（语言游戏。）——"你**实际上**看到了什么？"

963. 让我们把看想象成是神秘的！其中没有任何生理学的解释。——

964. 对于"你看到什么？"这个问题，可以用各种描述来回答。——如果现在一个人说："我像看到形状和颜色那样看到面相和组织"——那么这意味着什么？意味着人们把这一切都算作"看"吗？还是这里存在着极大的相似性？——关于这点我可以说些什么？我可以指出相似性和差异性。

965. 如果一个人把一幅素描认作 NN 的肖像并呼喊道"这是 NN 先生！"，那么人们难道不能认为这是精神错乱吗？——"他一定是疯了"，人们会这样谈论他，"他看到一张纸上面有一些黑色的线条并把这认作一个人！"

966. "把这个图形看作……"包含着一些玄妙的、不可捉摸的东西。人们或许想说："有些东西改变了而它本身却没改变。"——但不要试着去解释这点！最好是把其余的看也视作是玄妙的。

967. 那种经验的表达始终是:"我把它看作山峰","我把它看作楔子","我把它看作这里是底边这里是顶点,但它颠倒了",等等。"山峰"、"楔子"、"底边"、"顶点"这些词不过是——**有一种用法的**——线条和声响罢了。

968. 请设想一种同时从正面和侧面对一副面孔进行的描绘,就像在一些现代画中那样。这样一种描绘把目光的运动、改变和漫游都包含在其中。这样一幅图像难道**实际上并没有**表现出人们所看到的东西吗?

969. "我宽恕你。"人们能不能说"我正专注于宽恕你"? 不能。但这并不意味着不存在一种人们也可以称为"宽恕"的过程——然而人们并不这样做——我意指的是,那种内部争吵的解决,它可能导致宽恕。

970. 我想说:存在着主要由思维和联想决定的面相,也存在另一种"纯粹视觉上的"面相,它们自动地产生和改变,差不多像后像那样。

971.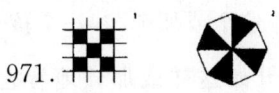

科勒①没有处理的是这样的事实,即人们可以这样或那样地来**察看**图形 2,而这种面相至少在某种程度内是服从于意志的。

972. 我可以关注自己疼痛的经过;但不能同样关注自己的相

---

① 《格式塔心理学》,纽约,1929,第 198 页。——原编者注

信或知道的经过。

973.这种关于持续性的观察可能是不间断的或间断的。

你如何观察自己的知道、自己的意见呢？另一方面，如何观察一种后像、一种疼痛呢？是不是存在一种对于我如下能力的不间断的观察：执行……这种乘法运算？

974.((关于971节))人们**可以**这样来解释这一点：这种面相与眼睛的运动相关联着。

975.与一个函数的"值"和"极限"间的对比相类比。((很重要))

976.面相服从于意志这一点，并非是没有触及到其自身本质的一个事实。因为，如果我们可以任意地把事物看作是红色的或绿色的，那么情况会怎样呢？人们将如何学会使用"红色"和"绿色"这些词？首先，那样的话就没有"红色的对象"存在，至多有一种人们更容易将其看作红色而非绿色的对象存在。

977.科勒说的难道大概不是这样吗："如果人们不能把某物**看**作这个或那个，那么就不能将某物**认**作这个或那个"？一个孩子在学会把某物认作这个或那个之前，就开始这样或那样地看它吗？他是不是首先学着回答"你如何看这个？"然后才是"这**是**什么？"

978.人们是不是可以说，为了能够把一把椅子认作是一个事物，必须首先在视觉上把它把握成一个整体①？——我是不是在

---

① 异文："事物"。

视觉上把那把椅子把握成一个事物,而我的哪些反应显示了这一点呢?人的哪些反应显示了他把某物认作一个事物,哪些反应又显示了他把它**看作**一个像一个物体那样的整体?

979.人们可以把事情想象成这样:在人们没有教给一个孩子任何种类的临摹而且这个孩子从未见过立体对象的情况下,人们检验他以何种方式临摹诸种平面图形。

980.我学着描述我所看到的东西;我在这里学习**所有可能的语言游戏**。——

981.问题并不是"我如何描述我所看到的东西?"——而是:"人们把什么**称作**'对所看到的东西的描述'?"

对**这个**问题的回答是:"各种非常不同的东西。"

982.科勒①说,只有很少的人可以自己看出这幅素描中的数字4,这肯定是真的。如果一个人在对一些平面图形的描述中或在复制它们时在如下问题上彻底偏离了规范,即在复制和描述中使用不同的"**单位**",那么他如何同常人区别开来?换言之,这个人如何也在其它事务上与正常人相区别?

983.一个人可能拥有极高的绘画天赋,我意指的是这种天赋,即十分精确地临摹对象——例如一个房间——的天赋,与此同时他可能一再地犯一些与**感官**相抵触的小错误;以至于人们可以说

---

① 《格式塔心理学》,纽约,1929年,第200页。在科勒那里的图形与这里看上去略有不同。——原编者注

"他并没有把一个对象理解为对象"。例如,他绝不会犯像画家克莱克塞尔①那样的错误,即把两只眼睛画在一侧。他的**知识**绝不会诱导他。

984. "**完整地**描述人们所看到的东西"是有诱惑力的概念。

985. 你总是通过假定一个私人对象的不断的变化来消除它;但你没有注意到这一点,因为你的记忆不断地误导你。(PU II 222)

986. "如果一个人看到什么东西,那么他就看到某些特定的东西"——但这恰恰等于什么都没说。

这就像人们想说:即使没有任何描绘与视觉印象相似,视觉印象也与它自身相似。

987. 情况可能是这样的:当一个人被问到"你在这里看到了什么?"时,他正确地摹写了这个图形,但在被问到"你是否看到了4"的时候却给出否定的回答,尽管在摹写时他已经画出了它。

988. 如果我向一个人报告说,我现在把这个装饰图案看成是**这样的**,那么我向他报告了什么呢?(奇怪的问题。)——这可是意

---

① 《画家克莱克塞尔》(Maler Klecksel)系德国画家威廉·布施(Wilhelm Busch)出版于1884年的诗画集,其主角为库诺·克莱克塞尔(Kuno Klecksel)。这里指的应当是该作品第二章中的如下插图:

味着:"这个命题在哪种语言游戏中得到了使用?"——"我们用这个命题着手做些什么?"

989.假定我们可以用眼睛的移动来解释某些面相:那么人们或许会想说,它们具有纯粹的视觉本性;因此必然存在着关于这些面相的、不必用来自其它领域的类比的描述。这时人们一定能够用"让你的目光如此这般地游移"或一个类似的命令,来取代"把这个看作……!"这个命令。

990.如下事情恰恰不是真的:一种与眼睛的活动关联在一起的、经得起检验的经验,是由这种活动产生的,因此它可以通过一系列的视觉图像来加以描述。

(这正如人们在想象一种音调时,是在想象一系列的空气的碰撞一样。)

991.请将一张脸的图画颠倒过来拿着,这时你便不能认出这张脸的表情了。或许你能够看到它在微笑,但不能精确地看出它**如何**在笑。你不能模仿这种微笑或者更为精确地描述其特征。

但是这幅颠倒的图像却可以高度精确地表现一个对象。(PU II 157)

992.人们必须考虑到,这个**这样**-看可以有与所看到的东西的改变相同的效应,例如,通过画出括号、下划线或各种联结等等,也必须考虑到这个**这样**-看以某种方式与想象有相似之处。

没人会否认,下划线、画出括号可以有益于对相似性的认出。

993.**显然**,只有那些把这幅有歧义的图像看作兔子的人才能模仿兔子的面部表情。如果他以**这种**方式看这幅图像，那么这一点将使他能够判断一种特定的相似性。

994. 只有当一个人以**这种**方式看这幅图像的时候，他才能正确地估量某个维度。

995. 请考虑一下，人们可以说："你必须**这样**听这段音乐，然后也相应地**演奏**它。"

996. 难道不存在这种人吗：他不能在脑子里进行计算，也不能学会默读，但是除此之外他是有理智的人，并且在任何一种意义上都不是"低能的"？

997. 毫无疑问，人们经常通过一种眼睛的活动、一种目光的活动来唤起一个面相。

998. 但是多么奇怪啊！人们或许想说——如果人们可以发现一种组合，——那么他如何可能也**看到**它？——如何可能一下子就知道人们想说的是什么？这难道不是同样奇特的吗？

999. 是因为面相的外表比我对一个我有着他的记忆图像的、特定的真实的人的记忆更加奇特吗？是啊，这二者间甚至有一种相似性。因为人们在此也会问自己：我有一幅关于**他**的想象图像，并且就它是**他**的图像这一点而言不存在任何疑问，这是如何可能的？

1000. 哲学常常仅仅通过如下说法来解答一个问题：困难**在这里**就像**在那里**一样少。

也就是说仅仅通过如下方法：在之前没有问题的地方召唤出

一个问题。

它说:"如下事情难道不是同样奇特的吗:……",那就这样好了。

1001. 人们如何遵守"请你想象 N 先生!"这个命令?人们如何知道这个命令被遵守了?一个人如何知道他已经遵守了这个命令?想象的**状态**在此有怎样的用处?——我想说,这与对面相的看是相似的。

1002. 我现在这样看它(象棋棋盘)。仿佛你已经提供给我这幅图示性的素描。例如:

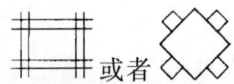或者

而我把另外那幅素描**看作**什么图形,这一点并未被清楚明白地确定下来。

1003. 设想一个三角形 在电影中被表现为绕着这个点摆动,然后停了下来。现在似乎这种临时的环境还在这幅变得静止的三角形的图像中产生影响。

我想说"是悬挂着的"。但没有任何东西与这一点相对应吗?一定有!可是这仅仅意味着,我没有说谎,而且这个面相的表达有一种用途。你一定总是问自己"**哪种用途?!**"

1004. 人们可以把这幅棋盘-图像视作一张施工图,人们可以根据它制造出那些组成棋盘的小方块。现在人们能够以不同的方式使用这幅图像;而且人们可以用与这些使用相对应的不同的方

式来**看**它。

1005. 请设想，人们这样来解释这一点：这个面相通过各种附加在那个视觉图像上的诸多心象和记忆而产生出来。这种解释自然不是作为解释而令我感兴趣，而是作为逻辑上的、因此也是概念上的（数学上的）可能性而令我感兴趣。

1006. "我在那里看到的那种绿色是**像树叶一样的**。那里的那些事物则是**像眼睛一样的**。"（是哪些事物呢？）

1007. 不可能作为看的对象的东西在这里似乎成了看的对象。就像一个人说他看到了声音。（但人们确实说，自己看到了一个黄色或棕色的元音。）

1008. 联想究竟怎么可能是一种持续的状态呢？我究竟怎么可能把一种对象和这些线条联想在一起达五分钟之久？

1009. 是什么使我深信另一个人立体地看一幅普通的图像？——是他这样说吗？胡说——我怎么知道他用这种保证意指什么？

这就是他在这个问题上所熟知的东西；他用在这幅图像上的表达也就是他用在空间上的表达；他在一幅风景画前的举止也就像他在一处风景前的举止，等等。

1010. 我绝不会知道他是否真的在看。嗯，我自然也不会知道我自己是否在看。因为我如何知道我现在所言说的东西和我先前所言说的东西是同样的呢，而且我如何知道我把同样的东西称作是"同样的"呢？

1011. 所有这些在第三人称的情况下看上去是怎样的呢？适用于第三人称的东西也同样适用于第一人称,无论这看上去多么奇怪。

1012. 请你设想,对于我把**一个**事物(A)看作**另一个**事物(B)的变体这一点,有一种生理学的解释。它可能是这样的:在我把 A 看作 B 时,在我的视网膜上发生了某些过程,这些过程通常在我真实地看到 B 的时候会出现。现在这也许可以用来解释我的不少行为。例如,人们可以说,这就是如下事情的原因:我在瞥见 A 时的行为就像看到 B 时的行为一样,而当我没有把 A 看作 B 时我通常并不这么做。但对我行为的这种解释对我们而言是多余的。我容忍这种行为,恰恰就像我容忍一种在我视网膜上或大脑中的过程一样。

我想说:这种生理学的解释在一开始似乎有帮助,但随后就显出它纯粹只是思想的催化剂。我引入它只是为了立即再摆脱它。

1013. 不要以为你事先知道在这种情况下"看的状态"①是什么意思！让用法**教给**你意义。

1014. 我可以向自己解释如下这样一种想象的现象吗,即我被告知说:一个人在睁着眼睛时看到了没有在他面前的东西,同时他又看到了在他面前的东西,而且这两种视觉对象并不互相干扰?！

1015. 现在如下说法自然是完全错误的:"这种奇怪的事情可还是发生了"或者"这种令人难以置信的事情可还是发生了"。更

---

① 异文:"意识状态"。

确切地说,发生的事情**并不**奇怪,它仅仅被看作是奇怪的。

1016.直观在数学中的角色的旧看法。直观是否仅仅是在不同面相中的对于复合物的看?

1017.人们难道不是必须把纯粹视觉上的面相和其它面相区别开来吗?

它们彼此非常不同,这是显而易见的:例如,深度有时出现在对它们的描述之中,有时则不出现;有时面相是一种特定的"分组",但如果人们把线条看作面孔,那么就不仅仅是在视觉上把它们作为一组东西归总在一起;人们可以把一幅立方体的图示性的素描看作一个打开的箱子,或是一个倒下或站立着的固体;这个图形不是仅仅能用两种,而是可以用很多种不同的方式被看到。

1018.有人挂起一幅风景、内饰或是人物的图画或照片,而且不把它们看作施工图。他喜欢注视它们,就像喜欢注视那些对象自身一样;他对那幅照片微笑,就像对着它所显示的那个人微笑一样。我们并不像学着理解一张蓝图那样去理解一张照片。——如下事情当然是很可能的:为了随后能把它用作一幅自然的图像,我们首先必须费力地学着理解临摹的方法。随后这种费力的学习就仅仅成为了**历史**,而我们就可以像我们现在观察照片那样来观察这幅图像。

1019.可能有这样一些人,他们不能像我们那样来理解和看这些照片;虽然他们理解人可以用这种方式被表现,能够依据照片大致判断出人的形状,但仍然不把这幅图像**看作**一幅图像。这**如何**表露出来呢?我们会把什么视为是这一点的表露呢??这或许很难说。

他们也许不能像我们那样从照片中得到快乐。他们不会说"看,他在笑!"或类似的话;他们常常不能立即根据图像认出一个人;他们必须**学习阅读**并**阅读**照片;他们在如下事情上会遇到困难:把一张面孔的两张很好的快照认作略有不同的姿势的图像。

1020. 如果一个人对我说,他在半小时的时间里不间断地把这个图形①看作一个颠倒的 F,那么我一定会假定,他持续地**思考**这种解释、**专注于**这种解释。

1021. 仿佛面相是某种仅仅突然闪现而非持续存在的东西;而且这是一条**概念**评论,而非心理学评论。

1022. 在面相突然改变时,人们以强烈的方式体验到后一个阶段(相应于一声尖叫"噢,它是一个……!"),而且人们在这里当然**专注于**这种面相。在长久的意义上,这仅仅是一种我一再处理这个图形的方式和方法。

1023. "物体"和"背景"都是视觉概念,就像红色和圆形一样——科勒想这样说。对于所看到的东西的描述包含了对于什么是物体什么是背景的陈述,就像包含了对于颜色和形状的陈述一样。如果这种描述没有谈及什么是物体什么是背景,那么它就是不完整的,就像如果没有阐明什么是颜色什么是形状,它就是不完

---

① 指手稿中的这个图形"**F**"。

整的一样。我直接看到一个东西，就像直接看到另一个东西一样——人们想说。对此可以有怎样的反驳？首先：这点是如何被认识到的，——是否必须通过内省，或是所有人必须对此达成一致。因为这显然牵涉到对于**主观地看到的东西**的描述。但人们如何学会用语词来再现这种主观之物呢？这些语词对我们来说可能意谓什么？

请设想，这里牵涉到的不是语词，而是绘画式的再现；而且在这种再现中与"像一个物体那样的"这个词和其它类似的词相对应的东西，是我们作画所依据的序列或顺序。（假定我们可以极其迅速地作画。）如果现在有人说："这种序列属于对所看到的东西的描绘，正如颜色和形状那样。"——那么这意味着什么呢？

人们很可能说：有理由把画出的图像和作画时所做的改写都算作对于所看到的东西的绘画式的描述。进行描述的那个人的反应以某种方式组合在一起。在某些方面它们组合在一起，在另一些方面则不然。

1024. 如果思考视网膜上的一种流动（或类似的东西），那么人们或许会想说："因此面相与形状和颜色一样是很清楚地'被看到'的。"但这样一个假设如何能对我们的深信有所帮助？嗯，随之而来的是如下的倾向：在这里说我们**看到**两个不同构造。但如果这种倾向有它自己的根据，那么这个根据必定在于其它地方。

1025. 对于面相的表达就是对于一种理解的表达（因此也是对于一种处理方式和一种技巧的表达）；但却被用作对于一种状态的描述。

1026.如果事情看起来是这样的:在其它形式之间没有一种形式①的位置,那么你就必须在另一个维度上去寻找它。如果在此没有它的位置,那么这个位置恰恰就处在另一个维度之上。(PU II 172)

1027.在这种意义上,在实数线上也没有虚数的位置。而且这可是意味着:一个虚数概念的使用**在根本上**不同于基数概念的使用;这比数学运算自身所显示的要更加不同。人们必须走下来,来到应用那里,这时虚数便找到了一个可以说人们此前**未曾想到过**的不同的位置。(PU II 172)

1028.如果这个星座在我看来始终持续地是一张面孔,那么我并没有命名一个面相。因为**这**意味着,我总是把它作为一张面孔来**对待**;而面相的独特之处在于,我把某种东西看进一幅图像中。以至于人们想说:我看到某种不存在的东西,某种不在那个图形中的东西,以至于我对如下事情感到惊奇:我可以看到它(至少在我事后对之进行反思的时候)。

1029.如果对于一个面相的看对应于一种思想,那么它仅仅在思想的**世界**②中才是一个面相。

1030.如果我在描述一个面相,那么这种描述预设了那些不属于对这个图形描述自身的概念。

1031.如下事情难道不是奇特的吗:人们在对一种视觉印象进

---

① 异文:"一种逻辑形式"。
② 异文:"王国"。

行描述时,极少将目光的游移包含到这种描述中?! 如果这个对象很小,例如是一张面孔,那么它就几乎从不被包含进来;尽管在这里目光也在持续的运动中。

1032.面相可能突然改变,而且随着这种改变而来的是一种新的察看。例如,人们意识到一种面部表情,**察看**它。

1033.例如,我能注视一张照片并专注于这张面孔的表情,可以说是全神贯注,与此同时并不对我自己或他人说什么。

我让照片中的眼睛对我讲话。我或许头一次把这幅图像看作真实的面孔。"进入这种表情之中。"不要问"与此同时发生了什么?",而是要问"人们用这种表露做些什么?"

1034.我们只有在变化中才意识到面相。就像一个人只意识到音调的变化而没有绝对听觉一样。

1035.如果一个人没有从有不同色彩的地图中认出地中海,那么**这**并不表明这里**真**的存在另一个视觉对象。(科勒的例子。)[①] 这可能最多为一种特定的**表达方式**提供了一个讲得通的[②]理由。这并不等同于说"这表明,这里真的有两种不同的看"——或是"在这些环境中最好是谈论说'两个不同的视觉对象'"。

1036.人们可以通过思想来唤起一个面相,这一点非常重要,即使它并不能解决主要问题。

是的,面相似乎是思想的一种不清晰的回响。

---

① 科勒,《格式塔心理学》,第 195 页。——原编者注
② 异文:"很好的"。

1037.我听到两个人在说话,但并不理解他们在说什么,只是听到了"Bank"这个词。我以为他们在谈论钱。(这可能被证明为是正确的或错误的。)我是不是在**这种**意义上**听到**"Bank"这个词呢?

另一方面:一个人在一种语言游戏中、在脱离任何语境的情况下说出一个有歧义的语词;我听到"Bank"并在那种意义上听到它。后一个过程似乎是前一个过程的毫无价值的残留物。

1038.为什么如下这种压倒性的倾向不应当存在呢:在我们的表露中使用某个语词? 如果我们考虑自己的体验,那么为什么这个词不应当是误导人的呢?

我意指的是:尽管这种与看的比较在一些方面是不恰当的,但我们为什么不应当想说"看"呢。我们为什么不应当对一种类比感到印象深刻,以至于有损所有的差异之处呢。但由此,人们也不能诉诸那个表露的语词。

生理学的考察在这里只会使人困惑。因为它偏离了逻辑的、概念的问题。

1039.心理学中的混乱不能用它是一门"年轻的科学"来解释。它的处境完全不能同比如物理学起步阶段的处境相比。把它同数学中的某些分支(集合论)的处境相比更好一些。在心理学中,一方面存在着一种实验方法,另一方面存在着概念混淆,就像在数学的一些部分中存在着概念混淆和证明方法一样。但是,在数学中人们可以十分确信一种证明的重要性,即使它还未被正确地理解①,在心理学中人们则完全不确信实验的成果。更准确地说,心

---

① 异文:"释义"。

理学中存在着问题，以及被人们视为解决这些问题的方法的实验，即使这些实验完全错过了那些令我们不安的东西。(PU II 241)

1040. 人们可能被诱导着去相信，有一种特定的读出年份的方式方法、一种特定的声调或类似的东西。因为，例如 1854 这样一个门牌号对我来说可能有某种类似年份一样的东西在其中。人们可能会相信，我们的体验是对于一种特定的心灵态度的体验，这种态度使得心灵为一项特定的活动做好准备；因此这类似于跳跃前身体的姿势。这是一种十分具有诱惑力的错误。下面这一点是一个经验事实：**这种**姿势是为了**这种**活动的经常的或合适的准备。但我们没有学过如下事情：这种感受、这种经验，是对某个图形或数字等做这种或那种使用的有效准备。"未来的使用好像已经在这种体验中颤抖着"、"我们好像已经为这个特定的活动调动了肌肉"等等这些表达，都仅仅是体验的得到改写的**表露**。（就像人们说"我对……的爱在心中燃烧着。"）——在这里我们获得了神经感觉之起源的暗示，而且这种神经感觉应当构成了对于意志行为的意识。

1041. 我在认出一个人的时候说："现在我看到了——他的特征还是一样，只是……"——随后就是对实际上发生的变化的描述。——请你设想，我说"这张面孔比以前更圆了"——那我是否应当说，这是它向我显示出的视觉图像或视觉印象的特性？人们当然会说："不；在这里视觉图像是同记忆一起出现的。"但它们是如何一起出现的？是啊——**就像**是把两幅图像做比较。但并不存在两幅图像间的比较；如果是这样的话，那么人们一定会总是把其中一幅图像识别为早先的面孔的图像。

1042. 我的确可以说：我看到这个图形包含在那个图形之中，但不能在其中看到它。尽管这个描述适合于这个图形，但我还是不能按照这个描述来**看到**这个图形。

"看"在这里并不意味着"一下子认出"。因为某人可能没有第一眼就看到一个图形被包含于另一个图形之中，但他却可以在自己逐步地认出这种包含**之后**做到这点。

1043. 我用这两幅图像告诉他一个图形包含在另一个之中，或者我认出这点却没有告诉他我看到一个图形包含在另一个之中。这两种报告有怎样的不同？（它们的语词表达不必不同。）

1044. 我不能把这个图形 看作 和 的结合，它们被放在一起，各自有一半重叠起来，因而黑色的区域似乎成了双重的。如果现在有人说他可以这样看这个图形，那么我难道不能理解这一点吗？我能相信这一点吗？我是不是应当说，这是可能的——尽管我从未遇到过这样的情况？我是否必须说"你用'这样-看'所意指的东西恰恰与我不同"？——如果我接受这一点，那么，我知道了什么？我能以此着手做些什么？（一种生理学上的使用当然是可以想象的。）

1045. 如下问题属于这种情况吗："如果一个人说他能够把一个正五十边形**看作**那样，那么他告诉了我什么呢"？人们如何检验他的陈述？什么可以被视为这种检验？

在我看来，人们可能**没有**将**任何东西**作为对这个陈述的确证而接受下来。

1046."在我看来它现在是**这种**装饰图案。""这种"必须通过暗指**一类**饰品来得到解释。人们或许可以说"它是某种黑色东西之上的一些白色带子"。是的——没有其它的解释了。虽然人们或许会想说:"对于我所看到的东西,一定还存在更简单的表达!"而且或许存在这样的表达。因为首先人们可以运用"凸起"这个表达式。人们可以说"这些部分凸起了"。而且现在人们可以设想一个人的一种原初的反应,这个人并不通过语词来进行表达,而是用手指和一种特定的手势指向那些"凸起"的部分。但这种原初的表达并不由此而**等价于**"白色的带子装饰图案"这个语词表达。

1047.**这**也或许是可能的:对某个人而言,非常多的表达式和概念在此情形下可能是完全同义的。在**这种**情形下人们是不是应当说,被描述的那个面相是纯然视觉上的?

1048.可问题在于:为什么应当把这种原初的、用手指指向某物的反应称作是对这样-看的表达呢。人们不能直接就这样来称呼它。只有当它与别的表达结合在一起时人们才能这样做。

1049.请设想,一个人总是通过一种记忆来表达这样-看!例如,他说,这个图形让他时而回想起这个、时而回想起那个他曾经看到过的东西。我们可以用**这种**报告来着手做些什么呢?

有什么东西能使我长达半个小时之久地回想起那个对象吗?如果我没有专注于这种记忆的话。

1050.如果现在情况是这样的,即虽然存在着对意义的体验,但这种体验是某种微不足道的东西，——那么它怎么会显得是非常重要的呢？这是否源自如下事情呢：这种现象能迎合我们语法（语言逻辑）的一种特定的原初的释义？就像人们经常设想对一个事件的记忆一定是一幅内部图像，而且那样一幅图像有时确实存在着。

1051. 无论我的视觉图像会是多么模糊，它都一定具有**一种特定的**模糊性，一定是一种特定的视觉图像。这大概意味着，一定能有一个准确地与之符合的描述，就这一点而言，这种描述一定具有与被描述的东西同样的不清晰性。——但现在请瞧一眼这幅图像并在此意义上给出一种与之符合的描述！这种描述其实应当是一幅**图像**、一幅素描。但这里所涉及的事情恰恰不是一幅模糊图像的模糊的复制品。我们所看到的东西在另一种完全不同的意义上是不清楚的。我相信，如果人们更为经常地思考这幅视觉图像，那么对人们来说，那种谈论一个私人性视觉对象的兴趣就可能会消失。

这种临摹方式在其它情况下是可能的，在这里则恰恰是不可能的。

1052. 如果我说"我刚才在公园里坐在长凳上"，与此同时去思考、想象一座银行，这当然是很困难的；但这并不证明人们会在其它情形下想象另一个 Bank。[①]

例如，在谈话时画出相应于我们的谈话的特定的图像对我们

---

① 参阅第 92 节。

而言可能是很容易的；而画出与这种谈话的意图或语境相违背的图像则很困难。但这并不证明我们在交谈时总是在作画。

1053. 如果我现在在考虑这个问题时单独地说出"你必须把钱存入那家银行"这个命题，并且如此这般地意指它，——那么这是不是意味着：在说出该命题时出现在我心中的东西，与我在一个真实场景中在此意义上对某人说出该命题时出现在我心中的东西是相同的？什么可以辩护这样一个假设呢？？最多就是：我随后说"我刚才在……这种意义上意指……这个词"。而且这里涉及的事情肯定是一种视错觉！因为，在实际使用中辩护该论断的东西，肯定不是那种与该言说相伴随的过程。即便可能有一些指明了那种意义的过程与该言说相伴随。（例如目光的朝向。）

1054. 困难之处在于不要迷失在这些"心理现象"的概念之中。要在它们之间游移而避免总是碰到障碍物。

也就是说，人们必须**掌控住**概念间的亲缘关系和差异。就像一个人掌控住从这个调门到那个调门的过渡，从这一个变调到那一个变调的过渡。

1055. "现在我在……的意义上说出……这个词"——你如何知道自己做了这些？如果你出错了，那会怎样呢？你是如何学会在这种意义上说出它的？

一个人说"我现在**在这种意义上孤立地**说出这个词"，另一个人告诉我说，他在那个报告或命令中用这个词意指**这个**，他们俩玩的是完全不同的语言游戏。

因此在第一种情形下，他也使用"意指"这个词，这可以是本质上的或不是本质上的。如果它是本质上的,那么第一种语言游戏可以说就是第二种语言游戏的镜像。

就像舞台上的棋局可以被称作是实际的棋局的镜像。

1056.在想象中与另一个人下象棋:对弈双方都在想象中下棋,并且就**这个人**获胜、**那个人**失败的问题达成一致。他们两个人都可以相一致地从记忆中再现这盘棋,写下或讲述它。——请设想这样来打网球。这是可能的。当然,只是不会有任何肌肉的动作。(尽管这一点也是可以想象的。)重要之处在于,甚至在"想象的网球"中,人们也可以说"**我成功地……了这个球**"。

1057.我肯定可以梦见一盘棋,但这场梦境或许仅仅向我展示了这盘棋的一步。尽管如此,我还是梦见:我已经下了一盘棋。此时人们会说"你没有真正地下棋,你是梦到了下棋"。为什么人们不应当也说"你不是真正地这样意指这个词,你只是梦到了这个词"?

1058.比如,在法庭上可能会讨论这样的问题:**一个人**是如何意指一个词的?而且也可能从某些事实中推论出他已经**这样**意指了它这一点。它是一个有关**意图**的问题。但另外那种被梦到的**意指**也能够具有这种重要性吗?(PU II 276)

1059.但这会如何呢:当我带有感觉地阅读一首诗、一个故事时,特别是如果我大声地朗读它们的时候,在我之内确实发生着某种这样的东西,它在我只是为了获得信息而飞快地掠过诸行文字时没有发生。例如,我肯定可以更加恳切或不那么恳切地朗读一个句子。我努力地使语调准确契合。此时我常常在自己眼前看到一幅图像,仿佛是一幅图示。我也能给予一个**词**这样一个语调,它将这个词的意义与其它的意义显著地区别开来,仿佛这个词就是一幅图像。人们可以设想这样一种书写方式,在其中,某些语词被替代为图像式的符号并因此而被凸显出来。在我们把一个语词加上下划线或把它正式刻在基座上的一句话里时,这有时的确会发生。((" …… 长眠于此 …… "))①(PU II 278)

1060. 如果我在进行富于表现力的朗读时说出这个语词,那么可以说它被自己的意义充满了。而且现在人们可能问道:"这如何**可能**?"(PU II 279)

1061. "如果意义是你所相信的东西,那么这是如何可能的呢?"一个语词的用法可能并不与它相伴随或充斥在它之中。而且现在我可能回答说:我的表达式是被图像式地加以使用的。——**但这幅图像是强加给我的**。**我想说**:这个语词被其意义充满了。我是如何想要这样说的,这一点或许可以得到解释。

但是,这样我为什么不也应当"**想说**":我在**这种**意义上(孤立地)说出这个语词? (PU II 279)

1062. 这是为什么呢:"意义"、"意指"这些语词的一种特定的使用技巧和其它东西,不会引导我去在一种可以说是图像式的、非真实的意义上使用这些语词? (就像我说声音 e 是灰色的。)但我意指的并不是:这是**一种错误**——我并没有**实际上**在此意义上说出这个词,而仅仅是想象自己这样做。情况并不是这样的。我并

---

① 原文中这句话是用英文写的。

非仅仅想象《智者纳旦》①中下的一盘棋。

1063. 按照生理过程的概念进行的思考,对于澄清心理学的概念问题是极其危险的。按照生理学的假设进行的思考,有时向我们呈现虚妄的困难,有时呈现虚妄的答案。对此最好的疗法是如下这种想法,即我们根本不知道我所认识的一个人是否真的有一套神经系统。

1064. "被体验到的意义"的情形,同把一个图形看作这个或那个东西的情形**具有亲缘关系**。我们必须描述这些概念间的亲缘关系;但我们并不是说,同样的东西真的存在于这二者之中。

1065. 如果你把 F 写成"$\mathcal{F}$",那么你用它意指一个"歪的"F,还是一个镜像 - F?——你**意愿**它朝向右边还是左边呢?——第二个问题**显然**同伴随着书写的过程无关。人们却**可以**在第一个问题中想到那样一个过程。

1066. "我看到,那个孩子想抚摸那条狗,但他不敢。"我如何可能看到这一点?——对这种所看到的东西的描述与对于移动着的形状和颜色的描述位于同一层次上吗?存在着一种释义吗?好吧,请考虑如下事情:你的确也能够**模仿**这样一个人,他想摸某物而又不敢!而且你所模仿的东西肯定是一种行为。但你或许只在一种更广阔的语境中才能**独特地**效仿这种行为。

1067. 人们也可能会说:这种描述所说的东西,会以某种方式

---

① 莱辛:《智者纳旦》(*Nathan der Weise*)。——原编者注

在这个孩子的活动和其它行为中得以表达，但也在那种时空环境中得到表达。

1068. 但现在我是不是应当说，我真实地"看到"这种行为中的那种胆怯——或那种面部**表情**？为什么不呢？但被感知到的东西的两种概念之间的区分并不由此而被否认。一张面孔的图像可以十分精确地再现该面孔的特征，却没有正确地再现那种表情；然而，它也可能正确地再现表情却没有很好地切中那些特征。"相似的表情"与"相似的解剖结构"对面孔的概括是完全不同的。

1069. 这个问题当然不是在问："说'我**看到**他的眼睛机智地一眨'是正确的吗？"除了关于德语的用法之外，在这一点上什么地方应当是正确或是错误的呢？我们也不会说："如果一个幼稚的人说自己**看到**这种面部表情，那么他是完全正当的"！

1070. 但另一方面，人们想说：我们不能在与"看到"动作、形状和颜色**相同的**意义上"看到"表情、举止的羞怯等等。这在于什么呢？（这个问题自然不是要求一种生理学上的回答。）嗯，人们确实说自己看到了狗的动作，也看到了它的欢乐。如果人们闭上眼睛，那么就不能看到两者中的任何一个了。但对一个能够在图像中以某种方式精确地再现狗的动作的人而言，如果人们说他看到了所有要去**看到**的东西，那么**他**并不一定能够认出那只狗的欢乐。因此，如果对于所看到的东西的理想的表达就是在图像中以照片的方式（依据公制）精确地复制，那么人们就可能会想说："我看到了这个动作，而且以某种方式**觉察到**了这种欢乐。"

但是请考虑一下，我们是在何种意义上学会使用"看"这个词的。我们的确说，我们在自己的视觉对象——颜色和形状——持续地并最大限度地改变着的时候，看到人和花朵。嗯，我们正是这样使用"看"这个词的。（不要相信你可以为它找到一种更好的用法，——一种现象学的用法！）

1071. 我是不是以跟"圆的"或"红的"完全一样的方式学会"悲伤"这个词——当运用于面孔时——的意义的？不，不完全是这样，但肯定是类似的。（我对面孔的悲伤和面孔的红色的反应也是不同的。）

1072. 请瞧着一张照片；问问你自己，你看到的仅仅是或明或暗的斑点的分布，还是也看到了面部表情！问问你自己你看到的是什么：怎样表达它们会更容易：通过对斑点分布的描述还是通过对一个人的头部的描述；如果你说这张面孔是在微笑，——那么描述面孔某部分相应的位置和形状更容易，还是自己微笑一下更容易？

1073. "我所**看到**的东西，不可能是一种表情，因为对表情的认识依赖于我的知识和对人们行为的一般性的认知。"但这难道不仅仅是一种历史性的论断吗？

1074. 在这里，我似乎感知到一种"第四维度"？好吧，既是又不是。但这其实并不奇怪。你应当从中学到如下事情：对一个人而言在哲学中显得奇怪的事情，其实并不奇怪。我们假定：……这个词实际上必须**这样**被使用（我们想到**这种**用法是一种范例），然后我们发现那种正常的用法是极为奇怪的。

1075. "我所真正**看到**的东西当然**必定**是在我之内经由这个对象的作用而得到实现的东西。"——于是，在我之内得到实现的东西是一类映象，某种人们自己又能够进行**察看**的东西，能够面对着的东西；几乎是某种像一种**物化**之类的东西。

而且这种物化是某种立体的东西，必定可以完全用空间概念来加以描述。尽管它能够微笑，但是友好概念不属于它的表现，相反，对于这种表现来说，它是**陌生的**（即使它能够服务于它）。（PU II 165）

1076. 例如，一个人可以精确地复制这幅肖像，——我难道不应当说，他看到了所有我看到的东西吗？而且他完全不必把这个头部说成是头部或某种立体的东西；即使他这样做，这种表达也不必对他说什么。如果这种表达对我说了什么，——那么我是不是应当说自己比别人看到了更多东西？

我**可能会**这样说。

1077. 一位画家肯定可以画出一只凝视着的眼睛；因此它的凝视一定可以通过平面上颜色的分布来描述。可是那个画出它的人一定无法描述这种分布。

1078. 理解一首音乐作品——理解一个命题。

人们说，如果我了解一种言说方式的意思，却不知道哪个阶层的人会使用它，那么我就不能像当地人那样去理解它。在这样一种情形下，人们说我不能准确地了解其意义的细微差别。但如果人们认为，当他们了解了这种差别时自己在说出这个词的时候感觉到了某些不同的东西，那么这就又错了。但例如，我可以做出无数别人不能做出的转变。

1079.人们的确想说:"人类的精神生活完全不能被描述;它异乎寻常的复杂并充满着令人难以捉摸的体验。它的大部分像是一团多彩的迷雾,其中的每一种形式都只是通向另一种形式的通路,只是通向另一种通路的通路。——是啊,就比如视觉体验吧!你的目光几乎是在不停地移动;你如何能描述它?"——可我确实描述它了!——"但这仅仅是一种非常粗略的描述,它实际上仅在极其粗糙的程度上描述了你的体验。"——但这难道不正是我**称之为**对我的体验的描述的东西吗?我怎么可能达到一种我不可能给出的描述概念呢?

1080.设想你望着流动的水。表面的图像在不断变化着。明亮和黑暗到处在浮现和消失。我将把什么称作是对这种视觉图像的"精确的描述"呢?我不会这样称呼任何东西。如果一个人说它不能被描述,那么人们可以回答他说:你不知道什么被称作是描述。因为,例如,你不会承认一张精确的照片是对你体验的**精确的**表达。这种语言游戏中是不存在精确性的。(就像在跳棋中没有马一样。)

1081.对体验的描述不能描述一个对象。尽管这种描述可能有益于对一个对象的描述。这种对象有时是人们瞧着的东西,有时则不是(照片)。

印象——我想说——并不是对象。

1082.我们学习描述对象,并由此在另一种意义上学习描述我们的感觉。

1083. 我看向一台仪器的目镜，并画出或绘制出一幅我所看到的东西的图像。那个观察到这一点的人可能会说："因此它看上去是**这样的**"——但也可能会说"因此它在你看来是**这样的**"。

我可以把这幅图像称作对于被瞧着的东西的描述，但也可以称作对于我视觉印象的描述。

1084. "这个印象是模糊的"——"因此这个对象在我的意识中是模糊的"。

1085. 人们不能察看印象，因此印象不是对象。（在语法上。）因为人们不会为了改变对象而去察看对象。（这正是人们用下面的话所要意指的：对象的存在"独立于我们"。）

1086. "无论我是否在观察它，这把椅子都保持不变"——这不**一定**是真的。当别人瞧看自己时，人们常常会感到窘迫。"无论我是否在瞧着它，这把椅子都继续存在。"这可以是一个经验命题，也可以从语法的角度来理解。但是，人们这时可能仅仅想到感觉印象和对象之间在概念上的差异。

1087. 德语的名词在某些现代诗歌中是小写字体。一个小写的德语名词看上去让人感到异样，为了认出它，人们必须专心阅读它。对我们而言它应当像是**新的**，仿佛我们现在第一次看到它。——在这一点上什么使我感兴趣呢？使我感兴趣的是：首先，这种印象获得的描述，不能比通过像"奇怪"、"不习惯"这样的词而获得的描述更为精确。可以说，随后而来的才是对于这种印象的分析。（面对书写奇怪的语词的惊恐反应。）

1088.我们这样来教给一个人"可怕的"这个词的意义:把它同某种情况中的某种行为关联在一起(但不是:这样来称呼这种行为)。现在他在那种情形下说,这对他来说是可怕的;甚至"鬼魂"这个词也有一些可怕之处。——在怎样的范围内"可怕的"这个词开始成为一种感受的标志?如果一个人在走进一间黑暗的房间时畏畏缩缩,那么我为何应当把这以及与之类似的东西称作是一种感受的表露呢?因为"感受"让我们想到感觉和感觉印象,而这些是直接在我们心灵之前的对象。((我在这里想迈出逻辑上的一步,而这一步是我很难想到的。))

1089."对于别人的感受我知道些什么,对于自己的感受我又**知道**些什么?"这意味着,被理解为**对象**的经验溜到了观察之外。

1090.因为,还有什么能够比如下的事情更奇特呢:句子的**节奏**对于准确地理解该句子而言应当是很重要的!

1091.这就像是,那个把命题作为报告说出的人向我们报告了某些东西,但那个仅仅把该命题当作**例子**说出的人也做了同样的事情。

1092.**显然**,对印象①的描述具有对"**外部**"对象的描述的形式——带有某些偏离。(例如一种特定的模糊性。)

或者:对印象的描述看上去类似于对一个对象的描述,就这一点而言,它是对一个感知对象的描述。(因此,对于双目的看的这种考虑,应当会使那些谈论视觉对象的人感到些许不安。)

---

① 异文:"感觉"。

1093. "思维是一种捉摸不定的过程,我们距离对它的充分理解还差得很远。"而且现在人们开始着手于一些实验。显然,他们并未意识到,思维对于我们来说的不可捉摸之处究竟**何在**。

这种实验的方法做了**某些事情**:它没有解答那个问题,而且人们将此归咎于它仍然处于自己的起步阶段。这就像是人们想通过化学实验来确定什么是物质而什么是精神。

1094. 描述视觉印象的人并不描述视野的边缘。这是我们描述的一种不完备性吗?

如果我闭上左眼然后尽可能地把眼睛转向右边,那么我会仍然"从眼角"看到一个对象在发亮。是啊,我能够给出对于这种印象的粗略描述。我也能够制作一幅它的素描,而且这幅素描或许会显示出黑暗之处以及一条黑暗的、锯齿状的边缘:但只有**那个**知道在何种情况下使用该图像的人才能正确地理解它、使用它。换言之:他现在也能够闭上一只眼睛,尽可能地向右侧望去,并且说他也拥有这种印象,或者:他的印象以这种或那种方式而与我的图像有所不同。①

1095. 我们用某些而不用另一些概念来**计算**,这一点仅仅表明,诸种概念工具在种类上有多么大的差别(我们在这里有何其少的根据去假定齐一性)。

1096. 图灵"机器"。这种机器的确是这样一个**人**,他进行计算。而且人们可以用**游戏**的形式来表达他所说的话。在这种令

---

① 异文:"并且说他也以这种方式看到它,或者以这种或那种方式有所偏离。"

人感兴趣的游戏中,人们或许会依据某些规则而得到一些荒唐的指令。我想到类似于"竞速游戏"的游戏。人们接收到比如"以同样的方式继续下去"这样的命令,而此时这却讲不通,因为人们陷于一个圆圈内;而那个命令只有在某些地点才有意义。(华生。)①

1097.康托尔对角线法的一种变体:

假定 N = F(k,n) 是关于小数展开规则的形式。N 是第 k 次展开的第 n 个小数位。那么对角线规则就是:N = F(n,n) = Def. F'(n)。

对此的证明是:F'(n) 不可能是 F(k,n) 这样的规则中的一种。假定,它是第 100 个小数位。那么:

   关于 F'(1) 的构造规则便是 F(1,1)

   关于 F'(2) 的构造规则便是 F(2,2) 等等

但关于 F'(n) 的第 100 个小数位的构造规则会是 F(100,100);换言之,它仅仅告诉我们,第 100 个小数位应当与其自身相等,因此对于 n = 100 而言这**并不是**一条规则。

这一游戏的规则是"请做与……相同的事情!"——而在特定的情形下它则会是"请做与你所做的事情相同的事情!"

1098.例如,有理数的"排列"的概念与"不可能性"——不可能如此地排列无理数——的概念。请把这一点与人们称之为数字的"排列"的东西相比较。同样来比较如下二者间的区别:把一个数

---

① 指美国行为主义心理学家约翰·华生(John B. Watson)。

字(或者坚果)"归入"另一个之中,以及把所有整数"归入"偶数之中;等等。概念的位移无处不在。

1099. 对主观的所看到的东西的描述与对一个对象的描述有着或近或远的亲缘关系,但与对一个对象的描述所起的作用不同。人们如何比较诸种视觉感觉呢?我如何比较自己的和别人的视觉感觉呢?

1100. 我们并不把人类的眼睛看作接收器;它似乎并不让什么东西进入进来,而是发射什么东西出去。耳朵在接收;眼睛则在望着。(它投射出目光,它闪耀着、闪烁着、闪亮着。)人们能够用眼睛来使人感到惊恐,而不能用耳朵或鼻子这样做。如果你看到了眼睛,那么你会看到有什么东西从中发出。你看到眼睛的目光。

1101. "只要你离开了自己的**生理学成见**,你就不会在如下事情上发现任何东西:眼睛的目光也可以被看到。"我的确也会说,我看到你投向别人的那种目光。如果人们想纠正我并主张说我实际上并没有**看到**它,那么我会认为这是一种蠢话。

另一方面,我未曾用自己的谈话方式去**承认**任何事情,而且我会反驳这样一个人,他对我说,我看到那种目光"正如"看到眼睛的形状和颜色一样。

因为那种"素朴的说法"——即我们素朴的、正常的表达方式——的确并不包含任何关于看的理论——它并不向你展示任何**理论**,而是仅仅展示一种看的**概念**。

1102. 如果一个人说"我实际上没有看到目光,而仅仅看到形状和颜色",——那么他在反驳朴素的表达方式吗?他是不是说如下这样一个人是错误的：他说他曾经可能看到我的目光，看到一个人的眼睛凝视着，望着虚空，等等？当然不是。那么这个纯粹主义者想做什么呢？

他是不是想说，用其它的词代替"看"是更加正确的？我相信，他只是想引起对概念间区分的注意。"看"这个词是如何与感知联系在一起的呢？我意指的是：这个词可以把它们作为感知**同眼睛**联系在一起；因为我们没有**在眼睛中**觉察到看。但一个坚持我们日常表达式的**正确性**的人实际上似乎是要说：视觉**印象**中包含了所有东西；**主观的眼睛**既包含形状、颜色，也包含动作、表情和（朝向外面的）目光。可以说，人们没有**在别的任何地方**觉察到目光。但这并不意味着："在眼睛之外的任何地方"，而是：在视觉图像之外的任何地方。但是，如果情况不是这样的话，那又会怎样呢？情况或许会是，我说："我在眼睛中看到这种或那种形状、颜色、动作，——这意味着它现在的目光是友好的"，好像我由此得出一个结论。——因此人们可以说：**被感知到**的目光的位置在**主观的**眼睛那里，即眼睛的视觉图像自身那里。

1103.首先，我可以很好地设想这样一个人，尽管他极其准确地看到一张面孔，例如可以准确地画出它的画像，但并不把它微笑的表情看作是一种微笑。我认为，说他的看是有缺陷的，这是荒谬的。而且如下的说法也同样荒谬：他主观的视觉对象恰恰并没有在微笑，尽管它具有我具有的所有颜色和形状。

1104.换言之：我们在这里划定了一条概念上的界线（它与生理学上的看法无关）。

1105.光泽或者反射:如果一个孩子在画画,那么他绝不会画下这些东西。这是几乎是令人惊讶的:它们可以通过通常的油彩或水彩被描绘。

1106.如果一个人看到某人伸出手去触摸某物但又对之有所顾虑,那么他所看到的东西在某种意义上与如下情况相同:一个人可以在所有细节方面模仿手的动作或通过素描来描绘它,但却不能以这种方式释义它。

1107.如果某人说:形状、颜色、组织和表情(对于任何一个没有偏见的人来说)都显然是主观地被看到的东西的属性或特性,是直接的视觉对象的属性或特性,——那么这里"**显然**"这个词就出卖了他。这之所以是"显然"的,是因为任何一个人都承认这一点;而且只通过语言的使用来承认这一点。因此,人们在这里通过一幅**图像**来为一个命题提供根据。

//如果一个人说:形状、颜色、组织和表情都**显然**是直接被看到的东西的(**我的**视觉对象的)属性——那么他的看法就依赖于一幅**图像**。——因为,如果一个人"承认"所有这些都是他的直接的视觉对象的一种属性,——那么他告诉我们什么呢?例如,如果他对另一个人说"对我来说也是这样",那么我能由此推断出什么?(如果完全的一致建基于一种误解,又会怎样?)//

1108.那幅图像的确仅仅是对于我们语言方法论的一种**图示**。如果我们真的都倾向于发现这幅图像是恰当的,那么这一点或许具有某些心理学上的令人感兴趣之处,但并不会取代一种概念上的研究。

1109.人们可以把两种东西称为"方法论":一种是对于(例如)人们所说的"测量"活动的描述,是人类自然史的一个分支,它使测量、精确性等概念在其各种变体中对我们而言是可理解的;另一种是应用物理学的一个分支,是关于如下事项的一种理论:人们在这种或那种环境中如何最好地(最精确、最方便地)测量这个或那个东西。(PU II 359)

1110.我对他说"请这样来改变你的态度:……"——他这样做了;而且现在他之内的**某种东西**改变了。"某种东西"?他的态度改变了;而且人们现在能够描述这种改变。把态度称为"他之内的某种东西",这是误导人的。这就像是我们现在能够隐约看到或感到某种东西,它发生了改变并被称为"态度"。但所有东西都在光天化日之下,——而"一种新的态度"这些语词恰恰并没有标示出一种感觉。

1111.对一种"态度"的描述看上去会如何呢?

例如,人们会说:"不要去看这些斑点而且不要去看这些小的不规则的东西,而且把它视作一个……的图像!"

"请你放弃这种想法!如果没有这个……的话,你会感到不快吗?"人们的确会说,我改变了自己的视觉图像——比如通过眨眼或移开一处细节。这种"不考虑……"的确起到了一种与一幅新图像的制作完全类似的作用。

1112.好吧,——这是如下说法的很好的理由:我们通过自己的态度去改变自己的视觉印象。换言之,这是如下事情的(那种)很好的理由:这样来界定"视觉印象"这个概念。

1113. "组织"这个词与"同属性"①这个概念相处的非常好。在这里似乎存在视觉印象的一系列简单的变体,它们其实都是"视觉上的"。但除了把部分拆分开和合并在一起或者压制和突出之外,人们还可以在各种面相中做完全不同的事情。

1114. 我的确可以把某种特定的东西——复制一幅画的过程中的特定的特性——**称为**"归总在一起"。然后我可以说一个人在绘画式的再现中——或者在描述时——把这个图形**像这样**归总在一起,像这样组织它。(当然,在很多情形下在这一点上是会有困难的;例如在兔鸭头的情形中。)

1115. 现在人们说:我可以在复制品中把这些线条合并在一起,但也可以仅仅通过**集中注意力**来这样做。这类似于:我能够在头脑中计算,就像能够在纸上计算那样。

1116. 格式塔心理学能否对那些被引入的未经组织的视觉图像中不同的组织进行分类呢;它能否一劳永逸地规定可以唤起我们神经系统可塑性的所有可能的变体**种类**?如果我们把一个点看作一只朝向**这个**方向看的眼睛,——那么这个面相在哪个变体的系统中是适合的?(形状和颜色的系统。)

1117. 比如,我相信,如果科勒用下述方法描述这个图形的自发的面相,那么将会是误导人的:那些在一种面相中属于同一条臂的线条,现在属于不同的臂。这听上去好像又涉及

---

① 原文为"Zusammengehörigkeit",大意是"共同属于同一个东西"。

把这些半径组合在一起。以前聚集在一起的半径,现在还是聚集在一起;只是它们一会儿划定一条"臂",一会儿划定一片空隙。

1118. 是的,你可以说:在对你所看到的东西的、你的视觉印象的描述中,不仅有这个复制品所显示的东西,还有这样一些命令:例如,你把这个看成是"实心的",把那个看"作空隙"。这恰恰取决于当我们问一个人他看到什么时,**我们想知道什么**。

1119. "但我显然可以在看中把一些元素(比如一些线条)**组合起来**!"但为什么人们要把这称之为"组合起来"呢?为什么人们在这里使用一个——**本质上**——已经有另一种意义的词呢?(这自然与在"头脑中的计算"这个短语的情形一样。)

1120. 如果我对某个人说:"请把这些(或另一些)线条组合起来!"那么他会做什么呢?好吧,会依据情况做各种不同的事情。或许他应当一对一对地来数它们,或者把它们放在一个抽屉里,或者盯着它们,等等。

1121. 你看到的那幅素描自身是经过组织的吗?如果你看到它是这样或那样地经过"组织"的,那么你看到的是否比现存的东西要多?

1122. "组织这些物体!"——这意味着什么?可能是:"把它们排序"。也可能意味着:把顺序引入它们之中,——还可能是:你学着熟识它们,学着描述它们;学着通过一个系统、一条规则来描述它们。

1123. 问题也就是:我通过"我现在用这种目光把这些线条这

样组织起来"这句话想告诉一个人什么事情？人们也可以这样来问上述问题：我对一个人说"用这种目光把这些线条**这样**组织起来！"的目的是什么——这又与如下这样一种要求相类似："请你想象**这个**！"

1124. 思想之起源的蛋壳黏着在每个思想之上。它们让人们知道，自己在成长过程中与什么进行斗争。哪些观点证明了你的观点；哪些观点是你必须要摆脱的。

1125. 这幅图像 不能在我们的目光下把自身组织起来。

1126. 考虑如下情况或许是很重要的，即我今天可以这样看或理解一个图形，明天又那样地看或理解它，而且这里不必有任何"突然改变"发生。例如，我今天能够**这样**来理解和使用一本书中的一个图示，明天则在后面的某一页中又遇到了同一个图示，但以不同的方式理解它，且没有觉察到这是同一个图形。

1127. 一个人能不能用如下说法来阐述自己的可靠性："它是真的；你看，我相信它！"

1128. 人们能不能说：一种理解、一种技术反映在体验之中？而这仅仅意味着：我们把那种曾经为了一种技术而学会的表达式用于对体验的表达（而**不是**：作为一种体验的**名称**）。

1129. 那么，一种说话方式为什么不应当对一种体验负责呢？

1130. 如下事情有意义吗：问一位作曲家人们是否应当**这样**或

那样地去听一个图形,如果这并不意味着人们是否应当以这种或那种方式**演奏**该图形的话?

1131.记忆:"我仍然看到我们坐在那张桌子旁边。"——但我实际上是不是具有那幅同样的视觉图像呢——或者是我那时具有的视觉图像中的一幅呢?我是不是当然也从那时的视角看那张桌子和我的朋友,因此没有看到我自己?我的记忆图像并不是关于那种过往情况的证据;就像是这样一张照片那样:它是那时拍摄的,现在则向我证明那时的情况是如此这般的。记忆图像和记忆语词处于**同一个**层面上。

1132.为什么人们不应当排除自相矛盾的命题呢:不是因为它们是自相矛盾的,而是因为它们是无用的?

或者这样:因为它们是自相矛盾的,所以人们不需要顾忌它们,就像对待某些污秽之物那样;人们排除它们,是因为它们不被用于任何东西。

1133.你必须严肃地做出这样的想象:在一种语言中实际上可能有这样一个语词,它标示疼痛的行为,而**不是**疼痛。

1134.他问道"你用这个语词意指什么?"——我回答这个问题并补充说:"如果你更早一点问我,那么我会做出同样的回答;我的回答并不是一种我现在才想到的**释义**。"那么我是否在更早一点的时候就已经想到它了呢?不是的。——而且,我如何能够说:"如果你更早一点问我,那么我会……"?我从哪里推论出它呢?不从任何地方。如果我说出这个条件句,那么我告诉他什么呢?某种在有些时候可能是很重要的东西。

1135.例如,他知道现在我丝毫没有改变主意。而且如下二者之间也是有区别的:我是否回答说我"仅仅是这样自言自语"而并不用这些语词意指任何东西;或者,我用它们意指这个和那个。很多事情都取决于这一点。

如下二者之间同样是有区别的:某个人对我说"我喜欢她",这是不是因为一首诗歌中的语词在他脑海中踱来踱去;或者他这样说是不是要向我表白他的喜爱之意。

1136.但如下事情难道不是很奇怪吗:有这样一种反应存在,有这样一种对意图的表白存在?它难道不是一种十分令人惊奇的语言工具吗?在此真正令人惊奇的是什么呢?好吧,——很难想象这个人是如何学会语词的这种用法的。这种用法如此的微妙。

1137.例如,它是不是比"我刚刚想到了他"这些语词的用法更微妙呢?是啊,每一个这样的语言使用都是令人惊奇的、奇特的,如果人们仅仅打算考察那些关于物理对象的描述的话。

第二部分

1."惊讶"和急速喘气的**感觉**。

2."我坚定地希望……"与"我希望你会来!"相对。它的意思与"你的确会来!"大致相同。

3.人们通常肯定不在自我观察的基础上说"我意愿……"——因为这样说只是意愿的表露——但如下事情的确会发生:人们通过对自己反应的观察来认出或发现一种意愿。如果你问道"你在这样一种情形下所认出的东西,是不是与你在另一种情形下通过**表露**所表达的东西**相同**",——那么在该问题中就有一种错误。(仿佛人们问道:我能看到的和我能坐在上面的这两把椅子是相同的吗?)

4.我说"我希望你会来",而不说"我相信:我希望你会来";但可能会说:"我相信,我仍然希望他会来。"

5."人们难道没**体验到**意义吗?""人们难道没听到钢琴吗?"这两个问题中的任何一个都可以在事实上和在概念上被意指,换言之:被使用。(时间性的或非时间性的。)

6.一个人先说"我现在想出去",然后突然又说"不",并且做其它的事情。在他说"不"的时候,他突然想到自己首先想要……——他说"不";但他也**思维**"不"吗?他难道不是恰恰在思维另外那件事情吗？人们可以说，他在思维它。但为此他既不需要大声也不需要默默地说出一种思想。——他当然可以随后在一个命题中表述这种意图。在改变发生的时刻，一幅图像或许会浮现在他心中，或者他并不仅仅说"不"，而是说出**一个**语词，它是一幅图像的等价物。例如，如果他想首先关上壁橱，那么他或许会说"那个壁橱！"；如果他想首先洗手，那么他或许会看着它们并做出鬼脸。"但这是思考吗？"——我不知道。人们在这样一种情形下难道不会说如下的事情吗：一个人"仔细考虑"了一下某一件事，他改变了"主意"？

为了进行**这种**思维，他是不是无论如何必须精通一门语言呢？一只"有理智的"动物难道不能这样行动吗？人们训练它把在那里的一个物品取过来并带到另一个地方去。现在它走向目的地却没有带那个物品，然后突然掉头（**仿佛它说**"啊，我刚才忘记了……！"）并取得那个物品，等等。如果看到这样的事情，那么我们会说：那时在它之内、在它的精神中有什么事情发生了。如果我这样来行动的话，那么在**我**之内会发生什么呢？我或许会说"没发生什么大不了的事情"。而且在内部发生的东西，并不比在外部可以通过言说、素描等而发生的东西更加重要。((由此你可以学会"思维"这个词是如何被使用的。))

7. 现在请你设想，一个人要用砖或"积铁"①来建造一栋建筑。

---

① "Mechano"（英文为"Meccano"）系著名的金属螺丝拼装玩具品牌，1898年由弗兰克·霍恩比（Frank Hornby）发明。在此译为"积铁"，以同"积木"相对应。这种译法及对玩具的描述，可见于周海婴《鲁迅与我七十年》书中的"'积铁成象'玩具"一章。

他尝试各种不同的部件,尝试使其相互协调,或许还会绘制一幅概略图,等等。现在人们说,他在从事这种活动时进行了**思维**！人们在这样做时无疑把这种做法与另一种非常不同的做法区别开来。但如下的说法是对该区分的很好的描述吗:在一种情形下另外某种东西与这种手工做法相伴随?人们能不能把另外这种东西孤立出来,并使得它在没有其余活动的情况下发生?

如下事情并不是真的:思维是一种言说,就像我曾经说过的那样。① "思维"这个概念在范畴上不同于"言说"这个概念。当然,思维既不是言说的伴随物,也不是任何其它过程的伴随物。

这意味着:例如,人们不可能使"思维过程"在没有伴随的情况下发生。它也没有对应于其它活动(例如说话)的部分。换言之:如果人们谈论一种"思维过程",那么它大致像是用符号进行(书面或口头上的)操作这样的事情。人们可以把推理和计算称为一种"思维过程"。

8.把言说称为"思维的工具"也并不是完全错误的。但人们不能说,言说的过程是思维过程的工具;或者说,语言是思想的承担者,就像一首歌曲的音符可以被称为是其歌词的承担者那样。

9.人们可以这样来使用"思维"这个词,大体来讲,它标示一场为了某个目的的谈话,换言之,标示一段言说或一段文字,标示一段想象中的言说或一段"头脑中的言说"。

10.人们说"请你考虑,在你说话之前你想要说些什么"。这样

---

① 参阅《战时笔记》,1916年9月12日。——原编者注

做的**一种**形式是：自己低声念诵所说的话，或者写下它并进行修正。人们可以自己念诵一个句子，摇着头说道"这太长了"等等；再以另一种形式说出这个句子。

11. 人们或许可以通过如下方法来描述什么是思维：描述一个弱智和一个开始进行思维的正常儿童之间的区别。如果人们想指明一种正常孩子可以学会而弱智无法学会的活动，那么是不能从他们的行为中找出它的。

12. "思维"以某种非常不同于比如"具有疼痛"、"是悲伤的"等的方式被使用：人们并不把"我在思维"说成是对一种心灵状态的表露。人们最多会说"我在思索"。"别打扰我；我正在考虑……"而且人们当然并不是借此意指如下的事情："别打扰我；我现在正在做出如此这般的行为。"因此"思维"并不是任何一种行为。

13. "我在想'这根棍子太长了，我必须尝试另一根'。"——在我这样想的时候，我或许没有对自己说任何东西，——或许说了一两个词。但这种报告却并不是非真的（或者却可能是真的）。它有一种用法。例如，人们会说"是啊，我刚才瞧着你，并且认为你刚才在进行思维"。

14. "这个人在思维、感受、意愿、相信、想要、知道。"这听上去像是一个合乎理智的命题。就像是："这个人在素描、作画、塑形。"或者："这个人熟悉弦乐器、管乐器……"第一个命题是对于那个人用自己的精神所做的所有事情的列举。人们可以针对关于乐器的命题提问说"那个人难道不也了解那种乐器吗，它由吱吱尖叫的老鼠组成？"，并且对此回答说：不——但就像上述这点一样，就关于精神活动的列举而言,一定也存在这样一种问题:"这些人难道不也能……?"

15. 某个人说:"这个人正在希望。"人们应当如何来描述这种自然史的现象呢?——人们可以观察一个孩子并等着他在某一天表露出希望;而那时人们就可以说:"今天他第一次希望了。"但这听上去着实奇怪!尽管人们自然完全可以说"今天他第一次说了'我希望'"。这为什么是奇怪的呢?人们不会谈论一个婴儿说,他希望……,而的确会这样来谈论一位成年人。——好吧,日常的生活逐渐成为了希望所在的地方。

16. 我在这种情形下使用了"嵌入"这个表达式,我说:希望、相信等被嵌入人类生活中,被嵌入所有那些构成了人类生活的情况和反应中。鳄鱼并不希望,人则希望。或者:人们不能谈论鳄鱼说它在希望;但可以这样来谈论人类。

但一个人必须如何做出举止,才能使得人们说:他从不希望?——首先的回答是:我不知道。我可能宁愿说,一个从不渴望任何东西的人,一个从不对什么感到开心的人,一个从不吃惊或从不害怕的人,必须做出怎样的行为。

17. 害怕的场合中的害怕行为(等等)是我们生活中的一种现象。但害怕呢?——好吧,人们可以用如下说法替代"我害怕":"害怕的现象显现在我之内";此时人们并不考虑自己的**行为**。但人们能不能在同样的意义上说:"害怕的现象显现在他之内"?

18. 如果我对某个人说:"那些人思维、感到……",那么我似乎向他做出了一个**自然史**的报告。它应当向他展示人和动物之间的区别。但他能不能通过说"是的;例如,我自己现在正在看"来举例说明这一点呢?"我在看……"是不是一个关于我自己的自然史的报告呢?如果我说"我没有在看",那么这难道会不一样吗?

19."那个人思维、害怕等等":这可能是人们对这样一个人的回答,他询问说,一本关于心理学的书应当包含哪些章节。

20.我们想在这里考察的"思维"的概念,是从那里取得的呢?来自日常语言。我们的注意力首先指向的东西就是"思维"这个语词。但这个词的用法是含混的。而且我们不能期待它有所不同。我们自然也可以这样来谈论所有的心理学动词。它们的使用并不像比如力学语词那样清楚、易于俯瞰。

21.心理学的语词类似于从日常语言逐渐变为医学语言的东西("休克")。[①]

22.我对一个人说:"这些人在思维。"他问我:"什么是**思维**?"——现在我向他解释这个词的用法。但在此之后,第一个命题还是一则报告吗?

((一只蚂蚁难道不能以这种方式同另一只蚂蚁说话吗?))

23."人们在思维,蝗虫则不思维。"这或许意味着:"思维"这个概念与人类生活有关,而与蝗虫的生活无关。人们可以向如下这样一个人做出上述报告:他并不理解德语的"思维"一词,并错误地相信它与蝗虫所做的某事有关。

[①] "休克"(Schock)本意为"震惊"、"受惊"等,在医学上则指休克的状态。

24."蝗虫并不思维。"这属于哪个领域?——它是一则信条,还是属于自然史?如果是后者,那么它应当类似于这样一个命题:"蝗虫不能阅读和书写。"这个命题有清晰的意思,而且即使它或许从未被使用过,人们也很容易想象一种对它的使用。

25."一台蒸汽机有一个十字头,蒸汽涡轮机则没有。"人们会对谁、在何种语境中这样说呢?

26."一个人在自己不能阅读的情况下,是否能够理解什么是'阅读';他是不是能够在不了解害怕的情况下理解什么是'害怕';如此等等?"嗯,一个文盲当然可以说自己不能阅读,但他的儿子却学会了阅读。一位盲人可以说自己是瞎的而他周围的人是看得见的。"是啊,但他用'瞎的'、'看得见的'这些词所意指的东西,难道不是与看得见的人有所不同吗?"人们想这样说的根据何在?嗯,一个人即使不知道豹子看上去是什么样子,他仍然可以说并理解如下句子:"这个地方十分危险,有豹子。"但人们或许会说,他并不知道什么是豹子,因此也并不理解或并不完全理解"豹子"这个词意指什么,直到有人向他指示了这样一只动物。现在在我们看来这类似于盲人的情形。可以说,他们并不知道看是怎么一回事。——"不了解害怕"是不是类似于"从未见过一只豹子"?我自然想否认这一点。

27.问题在于:对于一个不了解害怕的人来说,他确实不能玩何种语言游戏?

例如,人们在此可以说:他或许会观看一部悲剧而并不理解它。人们可以这样来解释这一点:如果我看到别人处于一种可怕的形势中,那么即使我自己不对任何东西感到害怕,我还是可能出于同情而感到毛骨悚然。但某个不了解害怕的人就不会这样做。**我们与他一道**感到害怕,尽管我们并不对任何东西感到害怕;而**这是那种人无法做到的**。这就像是,在有人使别人遭受疼痛时,我会摆出疼痛的表情。

28. 很好;但如下事情难道不是可设想的吗:一个人从未具有疼痛,但还是以同情的形式感觉到它?因此,无论自己身上发生了什么他都不会呻吟,但如果别人遭受疼痛的话他却会呻吟。

但我们是否真的会说这个人具有同情?我们难道不会这样说吗:"这其实并不是同情,因为他完全不了解自己的疼痛"——?或者在这样一种情形下可以设想,人们会说上帝给予这个人一种对别人的痛苦、害怕的感受。人们或许可以把这样的东西称为一种直觉。

29. "那些人有时在思维。"我是如何学会"思维"意味着什么的?——情况似乎是,我只有通过与人类生活在一起才能学会这一点。——人们自然可以设想,人类的生活会在荧幕上被展现给一个人,或者他仅仅观察这种生活而并不一同去过这种生活。那样他就会理解他们的生活,就像我们理解鱼类的生活甚至植物的生活一样。我们无法谈论鱼类的喜悦、痛苦等等。

30. 但我意指的自然不是:依据经验来看,如果他不参与到生活中,那么他就不能理解生活(就像人们会说:人们不能仅仅通过观看别人划船而学会划船)——而是:我不会这样来谈论自己(或别人):我们理解那些对我们而言是陌生的生活表露。在这里自然存在着不同的等级。

31.人们不能把思维称为一种现象;但人们可以谈论"思维的现象",而且任何人都会知道这意指的是哪些现象。

32.人们显然可以说:"请考虑愤怒的诱因和愤怒的现象(愤怒的行为)。"

但如果我把**愤怒**称为一种现象,那么我就必须把**我的**愤怒、我的愤怒的经验称为一种现象。(例如我的内心生活的一种现象。)

33.请用纯粹行为主义的方式来看这一点:某个人说:那个人思维、意愿、喜悦、愤怒等等。请设想,这种谈论仅仅是关于某些场合下的某些行为形式的。人们可以设想,任何这样来谈论人类的人都首先在其它生物那里观察到这些行为方式,并且现在说这些现象也可以在人类那里被观察到。因此,这就像是我们在如此谈论一种动物那样。——

34.我突然微笑并说道"……"。在我微笑的时候,这种想法浮现在我脑海中。

它存在于何处呢?它并不在于任何地方;因为那个突然浮现的图像或语词并不是那个想法。

35.我会乐于说:心理学与人类生活的某些特定**方面**有关。

或者:与某些现象有关——但"思维"、"害怕"等语词**并不**标示这些现象。

36."但是,如下事情是如何可能的:人们按照一种**释义看**一个物件?"——这个问题将它表现成一个奇特的事实;好像在此某种

东西被强行放进了一个真正说来它放不进去的形式之中。但是，在此并没有发生什么挤压和强迫之事。(PU II 171)

37. 现在奇特的事情是，如果人们有时把这个图形视为或看作**这个**，有时视为或看作**那个**，那么他们可以说并不知道自己在做什么。这意味着人们倾向于提问说："我如何这样做？"、"我实际上看到了什么其它的东西？"——而且人们不会得到任何作为对此的回答的相关的解释。

38. 因为这个问题并不是说：当……的时候我在做些什么呢（这可能仅仅是一个心理学问题）——而是说：这种表露有何意义，可以从中推断出什么，它拥有哪些后承？

39. 任何没有感觉到面相转换的人都不会倾向于说："现在它看上去完全不同！"，或者"似乎这幅图像发生了改变而又没有发生改变！"，或者"这种形状仍然保持不变而某个东西发生了改变；我想把这种东西称为理解，而且人们看得到它！"——

40. 把某物一会看作**这个**，一会儿看作**那个**，这可能仅仅只是一种**游戏**。人们有时以这种方式对一个孩子说：——比如："现在它是……！现在……！"——而孩子则做出反应；我意指的是，他笑了，开始做各种这样的练习（好像人们使他注意到元音是有颜色的一样）。另一个孩子既没有感觉到这种颜色，也不理解那种改变意指的是什么。

41. 但如果人们给**这个**孩子这样一个任务，即在这个图形中找出 4 这个形状，那么这又会怎样呢？（这可能是这个孩子的第一课中的一项任务。)如果他不知道一种面相的转换,如果他不想说这个图形以某种方式变成了另一种外形,等等类似的情况,那么这项任务是不是就不能完成(或者如下这样一种任务就不能完成:在那个图形中找到一系列不同的形状)?

42. 你说,正常人把这个图形 ⊖⊖ 看作由一条直线穿过的两个圆形。但这是如何显示出来的呢?如果他复制这个图形,那么我是不是应当说,这显示在他**如何**这样做之中?如果他用语词来描述这个图形,那么这是不是通过他所选择的那种描述而显示出来的?这种选择可能由描绘上的方便所决定。是的,如果这个孩子想到了绘画式地再现的不同方式(线条的诸种顺序),那么这是否就是我们关于面相转换的标准?——但如果他说"现在它是……——现在……",如果他说自己似乎每次**看到**的都是不同的对象,那么我们会说他是以各种不同的方式看这个图形的。

43. 看的本质在于,它是一种**状态**,这种状态可以突变为另一种状态。但我如何知道一个人处于这样一种状态之中呢?如何知道因此他不处于一种可相比于知道、理解或把握这样的倾向的状态之中?什么是这样一种状态的逻辑上的特征?

44. 因为,如下这样的说法是胡说:恰恰当人们**具有**这种状态时,才把它识别成这种状态。因为人们**通过**什么识别出它呢?

(同一性的标准。)

45. 我想谈论一种"意识的状态",并用它来命名对一幅特定图像的看、对一个声音的听、一种痛感、一种味觉等等。我想说：相信、理解、知道、意图以及其它东西都不是意识的状态。如果我暂且把后面这些称作"倾向"，那么倾向和意识的状态之间就有一种重要的区别，即倾向不会被意识的中断或注意力的转移所打断。（而且这自然不是一种因果性上的评论。）人们几乎从不说，他们从昨天开始就"不断地"相信或理解某件事。相信的中断是一个不相信的时段，而不是例如相信的注意力从相信的对象上移开，或者例如睡眠。

（"knowing"和"being aware of"①的区别。）

46. 或许正是就这一点而言，人们会说自己恰恰只能够向**别人**报告那种形式，但不能报告内容。——所以人们对自己**谈论内容**！这意味着什么呢？（我的语词如何与我的意识内容"相联系"？这出于何种目的呢？）

47. 我们在这些考察中常常会做人们可以称之为"辅助线"的东西。我们制造出像"没有心灵的部落"这样的东西——它们最终掉落到考察之外。它们掉落到考察之外这一点，必定会被显示出来。

48. "疼痛是一种意识状态，理解则不然。"——"好吧，我恰恰并没有**感到**理解。"——但这种解释并没有什么作用。如下的说法也不是一种解释：人们在某种意义上**感到**的东西是一种意识状态。这仅仅意味着：意识状态＝感受。（人们只是用另一个词来代替这

---

① 原文为英文，意为"知道"和"意识到"。

个词。)

49.请在书写时观察你自己,并且注意你的手如何写出字母的形状,而此时你实际上并没有促使它这样做。你或许在自己的手上感到什么,各种张力和压力,但你并不知道如下的事情:**这些东西**对于产生字母是否是必要的。

50.在存在着一段真实持续的地方人们可以对一人说:"请你集中注意力,并且在图像、声响等改变的时候给予我一个信号。"

一般而言在这里存在着注意。但人们不能用这种注意来追踪对所知晓之事的遗忘等类似的东西。

51.请考虑这样一种语言游戏:用秒表确定这个印象持续多久。人们不能这样来确定知道、能够、理解的持续。

52."但知道和听到之间的区别肯定并不仅仅在于这样一种特征,即它们的持续的种类。它们是完全和彻底不同的!"当然如此。但人们恰恰不能说:"**请知道**和**请听到**,然后你就会觉察到这种区别!"

53.人们不能察看知道、听到,并看到它们之间有多么不同。这就像人们不能察看杉木和一张桌子,以获得它们之间区别的印象。

54.如果我为了向自己阐明知道和看到这两个**概念**之间的区别而使用例如用秒表进行的那种语言游戏,那么这自然会造成如下印象,即似乎我在展示一种极其细小的差别,而实际上在这里的是一种极大的差别。

但这种巨大的差别恰恰在于（我总是想这样说），这两个概念被以完全不同的方式嵌入到了我们的诸种语言游戏之中。我让人们注意的那种区别，只是一种对这种贯穿始终的不同之处的提示。

55.那个孩子学会了"我现在知道这个了"和"我现在听到这个了"；但上帝啊！这些场合、使用和所有的东西是多么不同啊！人们究竟如何能够比较这种用法？很难看出，为了说明这些区别，人们应当如何来整理它们。

在这种区别是这么大的地方，人们很难指出一种区别之处。

56.我可以说"这个词是以这种及类似的方式被使用的，那个词则是以那种及类似的方式被使用的。"

很难看出的是这种对比的基础；而不是那种区别。

57.在我看来，所有意识状态与各种倾向的一般区别在于：人们不能通过抽样来确证意识状态是否仍在持续。

58.人们必须考虑如下问题：可能存在着（而且或许曾经存在着）这样一种语言状态，在其中，语言并不具有关于感官感觉的一般性概念，但具有相应于我们的"看"、"听"、"尝"的语词。

59.我们把看、听……称为感官感知。在这些概念之间存在着相似之处和相关联之处，它们为我们这样把这些概念总括在一起提供辩护。

60.因此人们可能会问，在如下东西之间存在着哪些相关联之处和相似之处呢：看和听之间？看和抓之间？看和闻之间？——

61.如果人们这样来提问，那么可以说，与乍看上去相比，这些感官马上分离的更远了。

62.心理学的概念恰恰就是日常的概念。它们并不是科学为了自身目的而新构造的概念,与物理学和化学概念不同。心理学的概念与严格科学的概念之间的关系,就像是科学医学的概念与投身于病人护理的老妇人的概念之间的关系。

63.对诸种心理学概念的处理计划。

心理学诸动词的特征在于,第三人称现在时是通过观察被确定的,而第一人称则不是。

第三人称现在时中的命题:报告;第一人称现在时中的命题则是表露。((不是完全正确的。))

诸种感官感觉:其内在的相关联之处和相似之处。

所有感官感觉都有真实的持续。对开始和结束进行陈述的可能性。共时性的可能性,在时间上一起发生的可能性。

所有感官感觉都有程度之别,有质上的混合。程度:几乎是不可能被注意到的——是不会持续下去的。

在这种意义上,不存在位置-感受或者运动-感受。

身体上感觉的位置:把看、听同压力感、温度感、味道感和疼痛感觉区分开来。

(如果感觉刻画了肢体的位置或运动的特征,那么感觉的位置无论如何不是关节。)

人们**知道**肢体的位置及其活动。当被问到这一点时,人们可以指示出它们。这就像人们也知道一个身体上的感觉(疼痛)的位置。

对触碰疼痛的地方的反应。

不存在感觉的方位性的标志。就如同没有一幅记忆图像中的时间性的标志一样。（照片中的时间性的标志。）

疼痛通过独特的表达同其它感官感觉区别开来。由此它同快乐相类似（快乐并不是一种感官感觉）。

"感官感觉教我们认识了外部世界。"

想象：

听觉上的想象、视觉上的想象，它们如何把自己同诸种感觉区别开来？并非是通过"生动性"。

想象无论正确与否，都不教给我们关于外部世界的东西。（想象既不是幻觉，也不是幻想。）

当我看到一个对象时，我不可能想象它。

语言游戏间的区别："请你看这个图形！"和"请你想象这个图形！"

想象服从意志。

想象不是图像。我想象的是哪个对象这一点，不能通过相应的想象图像与该对象的相似之处而看出来。

当被问道"你在想象什么"时，人们可以用一副图像来回答。

64.人们或许想说：想象的声音处于同听到的声音不同的另一个**空间**中。（问题：为什么呢？）

65.我在阅读一本书，而在阅读时——且因此在聚精会神地瞧着时——我想象所有可能的东西。

66.可能存在这样一些人，他们从不会用"用内部之眼看某物"

这样的表达式或类似的东西;但他们或许能够"依据想象"或依据记忆进行素描或模型制作,以模仿别人的独特行为,等等。在依据记忆对某物进行素描之前,他们或许也会闭上眼睛或像盲人那样呆望着。然而他们还是可能会否认说,自己那时在眼前**看到**随后所描画的东西。

67. "你看到她是如何走进门里来的了吗?"——现在人们模仿这一点。

68. 也就是说,"看"与"瞧"不可分割地联系在一起。((换言之,这是**一种**确定概念的方式,它产生了一种貌相的概念。))

描述人们所看到的东西的语词是事物的性质;人们并不是在与"内部的看"这个概念的关联中学会其意义的。

69. 如果人们问:"一幅视觉图像和一幅想象图像之间的区别是什么?"——那么答案可能是:同样的描述可以描绘我所看到的东西和我所想象的东西。

说在视觉图像和想象图像之间有一种区别,这意味着:人们对某物的想象与它看上去的样子不同。

70. 我早先可能曾经也说过:想象和看之间的**关联**是密切的;但并不存在一种**相似之处**。

71. 使用这两个概念进行的语言游戏是全然不同的——但又关联在一起。

72. 差别:"努力去看某物"——"努力去想象某物"。在第一种情形下人们也许会说"仔细地朝那儿看!",在第二种情形下则会说

"闭上眼睛!"

73.因此你难道不知道如下事情吗:被看到的东西(例如,一种后像)和一个想象看上去是否完全一样?(或者这应当意味着:答案是**是**?)——这可能仅仅是一个经验性的问题,它或许意味着:"如下的事情发生过甚或经常发生吗:一个人长时间不受干扰地在心灵之前保存一个心象,并且可以事无巨细地描述它,就像对待一个后像那样?"

74."你现在还能看到那只鸟吗?"——"我想象自己仍然可以看到它。"这并不意味着:我或许在想象它。

75."看和想象是不同的现象。"——"看"和"想象"这两个词以不同的方式被使用。"我看到"的使用与"我想象"不同;"看!"的使用与"请你想象!"不同;"我尝试看到它"和"我尝试想象它"的使用不同。——"但这些现象恰恰是:那些人在看一些事物以及我们在想象一些事物。"一种现象是人们可以观察的东西;而人们如何观察如下事情呢,即那些人在看?

例如,我可以观察如下事情:鸟在飞或在产卵。我可以对一个人说:"你看,这些生物在飞翔。瞧啊,它们如何震动翅膀并在空中上升。"我也可以说:"你看,那个孩子并不是瞎子;他正在看。瞧啊,他在如何追寻烛光。"但我能否使自己深信,**这些人在看**?

"人们在看。"——**与什么**相对而言呢?或许是:他们都是瞎的?

76.我是否能够想象这样的情形,即我说:"是啊,你是对的:这些人在看。"——或者:"是啊,你是对的:这些人在看,就像我一样。"

77."看和理解是不同的现象。"——"看"和"理解"这两个词有不同的意义！它们的意义与人类很多重要的行为有关,与人类生活的现象有关。

为了想象某物而闭上眼睛,这是一种现象;用眯着的眼睛专心地瞧,这是另一种现象;用眼睛追踪一个运动中的事物,这又是一种现象。

请设想,一个人说:"这个人可能看得见或是瞎的"！人们或许可以说,"看"、"想象"、"希望"根本不是现象语词。这当然并不意味着,心理学家并不观察现象。

78.想象服从意志这个表达可能会误导人,因为它引起如下假象,即仿佛意志是一种发动机而想象与它相关联,以至于它能够唤起、推动或关闭想象。

79.但难道这不是可设想的吗:在一个人那里,看通常是服从意志的？——那么看会不会把关于外部世界的东西教授给它？如果我们能够像自己所意愿的那样去看事物,那么它们会不会有颜色？

80.因为想象服从意志,所以它并不向我们教授关于外部世界的东西。

就这一点而言——而不是就其它方面而言——它与素描这样的活动相似。

然而,如下事情当然是不易的:把想象称为一种活动。

81. 但如果我对你说如下的事情,那又会怎样呢:"请你想象一段旋律"? 我必须"在内"向自己"唱"它。人们同样会把这称为一种活动,就像把头脑中的计算称为一种活动一样。

82. 也请考虑如下事情:人们可能命令一个人说"请依据想象画出ＮＮ的素描",那个人是否这样做了这一点,并不会依据所画画像的相似性而得以确定。如下事情与此相似:即使我错误地想象了ＮＮ,我想象的仍然是他。

83. 如果我说想象服从意志,那么这并不意味着它似乎是一种与不自主的活动相对的自主活动。因为同样的手臂的活动,在现在可能是自主的、也可能是不自主的。——我意指的是:给出如下这样一个命令是有**意义**的:"请你想象这个"或"请你不要想象这个"。

84. ①但可以说,与意志的这种联结难道不是仅仅涉及如下这种机制吗:心象(或想象图像)通过它而得以产生和改变?——在这里并没有任何图像得以产生;除非一个人制作出一幅图像,一幅真实的图像。

85. 麦克白在自己眼前所看到的那把匕首并不是一把被想象出来的匕首。② 人们不能把一种心象认作实在,也不能把所看到的东西认作心象;但这并不是因为它们是如此的不同。

---

① 本条评论被错误地标记为序号 83。我们修正了这种编号上的错误。——原编者注

② 出自莎士比亚名剧《麦克白》第二幕第一场。

86.为了反对心象的自主性,人们可以说,心象常常违背我们意志地强加在我们之上,并且存留着而无法被祛除。

但意志可以同心象抗争。将心象称作自主的,这不是像在如下情况下将一种手臂活动称作自主的一样吗?这时另一个人强迫我的手臂去**违背我的意志**。

87.如果某个人坚称,他所谓的"视觉想象"类似于视觉印象,那么请再次告诫你自己:他或许**弄错了**!或者:如果他在这一点上弄错了,那又怎样呢?这意味着:对于他的视觉印象和视觉想象的相似之处,你都知道些什么呢?!(我在谈论另一个人,因为,适合他的东西也同样适合我。)

因此对于这种相似之处你都知道些什么呢?它仅仅表露在那个人倾向于使用的那些表达式中;而并不表露在他用这些表达式所说的东西中。

"毫无疑问:视觉想象和视觉印象属于同一个种类!"你一定是从自己的经验知道这一点的;而且此时它对你来说可能是确定的、对别人来说则不然。(如果**我**说出它,那么这对我而言自然也是适用的。)

没有什么比如下的事情更难了:**没有偏见地**直面那些概念。(这是哲学的主要困难。)

88.想象某物可以同一种活动相类比。(游泳。)

如果我们想象某物,那么我们并不进行观察。图像的出现和消失,并不是对我们来说而**发生**的。我们并不对这些图像感到惊讶并且说"看啊!……"

89. 我们并不驱散视觉印象，而是驱散心象。

90. 如果我们可以驱散印象并将它们召唤到心灵之前，那么它们就不能传递给我们关于实在的信息。——印象与心象的区别仅仅在于如下事情吗：我们能够对后者施加影响，而对前者来说则不然？因此这种区别是经验上的！然而情况恰恰并非如此。

91. 但这是无法设想的吗：视觉印象被驱散或召唤出来？更有甚者，这难道不是真的可能的吗？如果我瞧着自己的手然后把它移出视野，我难道不是自主地中断了它的视觉印象吗？——但人们会告诉我，人们肯定不会把这称为"驱散手的图像"！当然不会了；但这种差别何在呢？人们或许会说：意志直接对心象施加影响。

因为，如果我自主地改变自己的视觉印象，那么**事物**就遵从我的意志。

92. 但如果视觉印象可以直接被掌控，情况会怎样呢？我是不是应当说："那么，并不存在印象，而仅仅存在心象"？这又会如何呢？例如，我如何获悉另一个人拥有一种特定的心象呢？他或许会告诉我这一点。——但他如何学会对此而言是必要的那些语词呢——例如"红"和"圆"？因为我肯定无法通过向他指示某种红色或圆形的东西而教给他这些。我只能自己唤起如下这种心象：我指向某种这样的东西。而且我也无法检验他是否理解我。是啊，我自然也无法**看到**他，而只能想象他。

其实这种假定难道不像如下假定吗：世界中**仅仅**存在着虚构之物而并不存在真实的东西？

93. 我自己自然也无法学会描述自己的心象,或虚构出这样的描述。那么,例如,我想象一个在白色背景之上的红十字,这意味着什么呢？一个红十字看上去是怎样的呢？是**这样的**吗？——但一种更高等级的生物能否通过直觉而知道我在想象**什么**,并且在**对我而言**无法理解的情况下在自己的语言中描述这一点？——假定这种更高等级的生物说:"我知道这个人现在在想象什么;那就是:……"——但我如何可能把这称为"知道"呢？这的确与**我们**所说的"知道另外那个人在想象什么"完全不同。此时人们如何来比较通常的情形和这种虚拟的情形呢？

如果我在此情形下把自己设想为第三方,那么我一定完全不知道更高等级的生物用如下事情意指什么:他知道,那个只拥有心象而没有印象的人拥有的是何种心象。

94. "但我难道不能想象这样一种情形吗？"首先你能够**谈论**它。但这并不表明,你十分彻底地思考过它。(太阳上的五点钟。)①

95. 人们或许会谈论,一种视觉印象以及一种心象**看上去**分别是怎样的。而且或许会问:"某种东西看上去难道不可能是这样的吗:它看上去像是比如我当前的视觉印象,但除此之外则像一种心象那样**行动**？"这里显然有一种错误。

96. 但请你设想:我们让某个人通过一个小孔看向一个西洋镜之内,在其中我们移动着各种不同的物体、图形,偶然地或故意地

---

① 参阅《哲学研究》,第一部分,第 350-351 节。——原编者注

使得这种移动恰恰是那个观察者所意愿的样子;以至于他自以为是地认为,所看到的东西是服从他的意志的。——他现在是不是可能被欺骗了;他是否相信自己的视觉印象是心象？这听上去十分荒谬。我完全不需要那个西洋镜,而只需像上述这样来观察并移动自己的手。但即使我能够自主地移动那边的帷幕,或者使它消失,①我还是不会把这释义为一种在我幻想之内的过程。(?)

97. 我不能天生就把一个印象认作一种心象。但这意味着什么呢？我能否设想这样一种情形呢：**另一个人**这样做？为什么这不是可设想的呢？

98. 如果一个人真的说道"我不知道自己现在是看到一棵树还是在想象一棵树",那么我首先会认为,他意指的是:"或者我仅仅自以为那里有一棵树"。如果他并非意指这一点,那么我或许就无法理解他。——但某个人想向我解释这种情形并说道"他拥有如此超乎寻常生动的心象,以至于他可以把它们认作感觉印象。"——我现在理解他了吗？

99. 现在还请你设想这样一个人,他说"我的心象今天是如此的生动,就像真实的视觉印象一样",——他一定在撒谎或是胡言乱语吗？不,当然不是。我当然必须首先从他那里获悉,这一点是如何显示出来的。

但如果他对我说"我常常并不知道自己是在看还是仅仅在想

---

① 异文:"但即使那边的这块帷幕服从于我的意志,以至于它在移动或消失。"

象某物",那么我不会把这称为关于过于生动的心象的情形。①

100. 但人们在这里难道不是必须区分如下的东西吗:我们说,请想象一位朋友的面孔,但不是在环绕着我们的空间里——另一方面:请想象那边的那堵墙上的一幅图像?

例如,对于"请你想象在那里有一个圆形的斑点"这个要求,人们可以幻想,在那里真的看到这样一个斑点。

101. 当然,如果我说"那里难道不是真的有一块斑点吗?"并因此仔细地瞧着某物,那么我在这里称之为想象的东西**并不服从我的意志**。而且一种**幻想**的确并不服从我的意志。

102. 人们不要忘记,实质蕴含事实上也有自己的用途、自己实际的用途;即使这并不时常发生。

103. 任何否定"如果 p,则 q"这个命题的人,都在否认一种关联。他说:"这并非必然如此。"而"必然"这个词指示那种关联。

104. 从"非 p 且非 q"中**并不**能得出"如果 p,则 q"。后者**并不是**从"非 p 且非 q"推出来的。"如果 p,则 q"的意思**完全**不同于"p 蕴含 q"的意思。尽管这里存在一种**关联**。这种关联就是:"p 且 q",它使得该蕴含为真,也使得"如果……则……"这个命题为真,或支持它的真。"p 且非 q"与该蕴含以及"如果-则-命题"相矛盾,或者并不有利于它的真。"非 p 且 q"以及"非 p 且非 q"证实了那个蕴含,而且没有确定"如果……则……"的真。

---

① 异文:"那么**这**不会是一系列过于生动的心象。"

105. "如果**这个**发生,那么**那个**就会发生。如果我是正确的,那么你付给我一先令,如果我错了,那么我付给你一先令,如果它仍未确定,那么谁也不付钱。"人们也可以这样来表达这一点:那种在其中前件**并没有**发生的情形并不令我们感兴趣,我们并不谈论它。或者:对我们而言,在这里如下事情是不自然的,即像在我们对实质蕴含感兴趣的情形(并且存在这样的情形)中那样来使用"是"和"否"这两个词。我们在这里想用"否"来说"p 且非 q",而只用"是"来说"p 且 q"。

106. 如下事情是十分常见的:例如,对一个预言的真实性**打赌**。如果我们对"如果 p 发生,那么 q 就会发生"这个断言打赌,那么人们会说"如果你是正确的,那么我付给你……,否则的话,……";但在 p 没有-发生的时候,这场打赌就无效了。这里涉及的是一个命题之否定的两种使用。正如"非非 p"并不是 p,如果双重否定的意思是对否定进行强调,那么就像**我们**使用该否定一样,"p 或非 p"也并不绝对就是一条重言式。在上述情形中,这个断言——该条件句为真或为假——实际上断言了该事件的必定发生。① 因为这个断言说,那个条件句不会永远是未定的。

107. "想象是服从意志的"这个命题并不是心理学命题。

108. 我在与"瞧"的联系中学会了"看"这个概念。其中一个语词的使用与另一个的使用相联系。

---

① 异文:"在上述情形中,那个条件句为真或为假这条断言,应该等价于 p 会实现这条断言。"

109.如果人们说"看的体验内容与想象的体验内容从本质上说是相同的",那么就如下事情而言**这**是真的:一幅被画出来的图像可以重现人们所看到和所想象的东西。只是人们不要被**内部图像**的神话所迷惑。

110."想象图像"并不是从人们猜想它或许会出现的地方进入到语言游戏中的。

111.我同关于我所看到的东西的描述一道学会了"看"这个概念。我学会观察并描述所观察到的东西。我在一种完全不同的联系中学会"现象"这个概念。对所看到的东西的描述和所想象之物的描述固然属于同样的种类,而且一种描述不仅可能是对其中一方的描述,也可能是对另一方的描述;但除此之外这两个概念却完全不同。更确切地说,想象这个概念像是做的概念,而非接受的概念。人们可以把想象称为一种创造性的活动。(它也的确是被这样称呼的。)

112."是啊,但心象自身正如视觉印象一样,肯定是一种内部图像①,而**你**仅仅在谈论该图像的产生、形成和处理上的差异。"心象和视觉印象都不是一幅图像。无论"心象"还是"印象"都不是一种图像概念,尽管在这两种情形下都存在着与一幅图像的关联,而且每种情形下与之相关的是不同的图像。

113."但我难道不能设想这样一种视觉想象的体验内容吗,它并不服从意志,而且在这个方面像是视觉印象?"在这里误导人的

---

① 异文:"内部之眼面前的图像"。

是关于体验内容的谈论。如果我们谈论的是视觉想象的典型的体验内容,那么我心中的内容一定能够与你心中的内容相比较。而且,尽管听上去是很奇怪的,但我相信人们一定会说,这种体验内容——如果人们还是想在这里使用这个概念的话——对于视觉想象和视觉印象来说是**相同的**。这听上去是悖论式的,因为任何一个人都可能会想呼喊道:你肯定不想对我说,人们可能把心象和印象这二者彼此混淆了!——我可能会回答说:这就像比如人们混淆描画和看那样不可能。但被描画的东西和被看到的东西或许是相同的。心象和印象"看上去"就是没有什么不同。

114. 但人们也可能说,对于心象和印象来说"体验内容"并不具有同样的意义,而仅仅具有近似的意义。例如,如果我很细致地想象一副面孔,就像它看上去的那样,而且我随后又看到了它,那么我的印象和心象就有同样的体验内容。人们**不能**因为心象和印象看上去绝不是相同的,就说它们不是相同的。

因此这二者的内容是**这个**——(在此我或许指向一幅图像)。但我并不**一定**在这两种情况下都把它称为"内容"。

115. 想象和意图。就如下范围内而言,想象也可以同一幅图像的**创作**相类比:我所想象的并不是那个同我的想象图像相类似的人,而是那个我想去想象的人。

116. 我相信,如果人们把想象与一种身体活动相比较,比如呼吸,它有时是自主、有时是不自主地发生的,那么人们就**丝毫不能**把感觉印象与一种活动相比较。这种区别不能被理解为:其中一方的发生与我们意愿与否无关,另一方则受我们的支配。更确切地说,其中一种概念类似于一种行为举止,另一种则不然。毋宁说,这种区别像是如下二者间的区别:看到我的手在活动——和知道(但并未看到)我在活动它。

117. "如果我闭上眼睛,那么他就站在我的面前。"——人们可能会认为,这样的表达并不是被学会的,而是诗歌般地、自发地形成的。因此它对一个人而言"看上去是恰如其分的",而且对另一个人而言也是如此。

118. "我清楚地看到他在我的面前!"——好吧,他或许真的站在你的面前。——"不,就这一点而言,我的图像太不生动了。"

119. 我们难道不能**设想这样一种**现象吗:通过注视一块屏幕,我们能够"通过纯粹的意志"来任意地在上面制造、移动和消除图像,等等,这些图像不仅能被制造它们的人看到,还能被其他人看到。——我在这块屏幕上所看到的东西像是一种心象吗?或者如下问法也许更恰当:"我在这块屏幕上看到……"是不是在说像"我在想象……"这样的东西?——或者我是不是应当说,"……现在出现在这块屏幕上"这个命题对应于"我在想象……"?——不;并不是**这样**的。这里的困难之处在于,我并没有关于如下东西的清晰的概念:"这幅通过意志而产生的图像",等等。但这种情形实际上并不是完全幻想出来的:我可以真的在一块有斑点的墙壁上想象所有可能的东西;而且如果另外一个人在瞧着这面墙时总是知道我所想象的是什么,那么这种情形就类似于以上所描述的情形。((但人们难道不是也能这样来谈论那个在墙上画素描的人吗:他通过纯粹的意志来在墙上制造出图像?))

"通过纯粹的意志来活动"意味着什么呢？是不是意味着：在我作画的手、我的铅笔并没有这样做的时候，那些图像也总是准确地遵从我的意志？毕竟此时可以说："通常来讲我会十分准确地想象自己所意愿的东西；今天则有所不同。"究竟是否存在"想象的失败"这种事情？

120. 如果并不存在这样的事情，那么人们会这样来解释这一点：想象图像是非物质的，而且无法反抗意志——无论是通过惰性还是其它阻力。

并非如此；"我在那块屏幕上看到……"无法对应于我的想象。对"我在那块屏幕上投射……"而言同样如此——因为它可能成功或失败。毋宁说："对我来说，在那块屏幕上的东西现在是一幅关于……的图像。"①

121. 当然存在用"请你想象……！"这个命令来进行的语言游戏——但这真的绝对等同于"请把你的头向右转！"吗？或者也可以这样说：说视觉图像、内部图像遵从我的意志，这是不是绝对有意义？（请注意：**不是**"我的意愿"。）

122. 因为人们平常所谈论的遵从或不遵从意志的东西，并不是"内部图像"。因此如下事情是不清楚的：人们能够绝对地把遵从这个概念运用于另一个范畴。

123. （这是显然的：人们不能把想象的"自主性"同身体活动的自主性相比较；因为，别人也有能力判断这种活动是否发生；而且

---

① 异文："对我来说，在那块屏幕上的东西现在表现了这个。"

在我的想象活动中,关键问题始终仅仅是我声称自己所看到的东西,——无论别人看到了什么。因此,运动着的真实的对象掉落到了这种观察之外,因为关键点完全不在它们身上。)

124. 因此,如果人们说:"心象是一些内部图像,类似于或完全就是我的视觉印象①那样,只服从于我的意志"——那么这绝对是讲不通的。

因为,如果一个人已经学会了报告自己在那里所看到的东西,或者对他而言在那里**看上去**有什么,那么如下这个命令的意思是什么肯定是不清楚的:他现在应当在那里看到**这个**,或者现在在他看来那里应当有**这个**。

125. 在想象和这样一种行动(它在该命令的可能性之中得以表达)间当然有一种特定的亲缘关系;但必须首先研究这种亲缘关系的**等级**。

126. "请移动你的内部图像!"可能意味着:移动那个对象。

127. "请移动你所看到的东西。"

这也可能意味着:请拿上影响你视觉印象的那个东西。

128. 这是一种何其奇怪的现象啊:一个孩子真的能够学会人类的语言!一个一无所知的孩子能够着手开始学习,并且沿着可靠的路径来学会这种极其复杂的技巧。

我在如下时候想到这种想法:在一种特定的情形下,我开始意识到,一个孩子怎样在开始之处**一无所知**而在某一天像我们一样

---

① 异文:"视觉感觉"。

来使用否定!

129. 人们不能用"心象是自主的,印象则不是"这个命题来区分印象与心象,而能用它区分那些我们在之中涉及到这两个概念的语言游戏。

130. 存在着人们可以称之为看的现象和想象的现象的东西;而且存在着看的概念和想象的概念。人们可以谈论这些成对的东西内部的"**区别**"。

131. 如果有人说"想象与意志有关",那么他意指的就是人们用如下命题所意指的关联:"想象与观察无关"。

132. 我说,存在看的现象,——我用此意指什么?嗯,或许是所有能在图片中被描绘的并且可以用"看"来加以描述的东西。细致的观察;注视一处风景;一个人在光线下感到炫目;愉快而惊讶的目光;把目光移开而不去看某物。所有这种把看得见的人与盲人区分开的行为。(的确存在着如下事情的理由:我为什么在此恰恰从人们的生活中想到了**这些**图像。)

133. 看的现象,——这是心理学观察的东西。

134. 一个人说道:"我看到一座带有绿色百叶窗的房子。"而你说道:"他并没有**看到**它,而只是在想象它。他甚至根本就没有在瞧任何东西;你有没有看到他在怎样凝视前方?"——人们也可能这样来**十分随意地**表达说:"这并不是某个看着某物的人看上去的样子;而是想象某物的人看上去的样子。"在这里,我们把看的现象同想象的现象相比较。如果我们观察某陌生部落的两个人,他们在进行一种特定活动时会使用一个被我们认为同我们的"看"相等价的词,那么情况也会是如此。而这正如我们现在追踪他们在那个时机下对于那个词的使用并得出结论说,它在此的意思一定是"用内部之眼看"。(人们同样也可能得出如下结论:该语词在此一定意指**理解**。)

135. 这意味着什么呢:例如,"看"与"观察"相关联?——如果我们学会使用"看",那么我们就是在与"瞧"、"观察"等词的联系中同时学会它的。

136. 这就像是,我们是在与国际象棋的卒的联系中学会使用王的,并且是与"将死"一词相关联而学会使用"王"这个词的。

137. 一种语言游戏肯定包含**很多**语词的用法。

138. 没有任何东西比如下说法更加错误:看和想象是不同的活动。这就像有人说,在国际象棋中走棋和输棋是不同的活动。

139. "想象是服从意志的,看则不然"这句话或类似的说法,可能是误导人的。

如果我们像孩子那样学会了使用"看"、"瞧"、"想象"这些词,那么此时意志行为、命令便开始起作用了但它们对这三者中的每一个词所起作用的方式都是不同的。使用"瞧!"这个命令来进行的语言游戏,以及使用"请你想象……!"来进行的语言游戏——我应当怎样来比较它们呢?如果我们想训练某个人对"瞧……!"这个命令做出反应,以及如果我们希望训练他理解"请你想象……!"这个命令,那么我们肯定显然要以完全不同的方式来教他。属于其中一种语言游戏的反应,并不属于另一种语言游戏。是啊,在此自然有一种语言游戏上的紧密关联,但是不是有一种相似之处呢?——其中一种语言游戏的部分相似于另一种的部分,但这些相似的部分并不是对应的。

140. 对真实的游戏而言,我可以设想某种类似的东西。在两种本质上不同的游戏中——二者在重要的意义上比跳棋和国际象棋的差别更大——可能出现同样的棋步和局面,只是——如果我可以这样说的话——在不同的位置上。例如,在一种游戏中任务可能是将死对方;①在另一种游戏中,将死的整个进程已经预先被给出了,而游戏双方拥有与该过程相关的完全不同种类的任务。例如,有两种将死的途径被给予了游戏双方,而他们必须在心理学方面对这二者进行比较。还存在这样一种游戏:解开一个填字游戏;以及另一种游戏:在某种意义上检验被给予我的对该字谜的多种解答的价值。

141. 看以**一种不同于想象的方式**服从意志。
或者:"看"、"想象"与"意愿"有不同的关系。

142. 但情况似乎是,心象是感觉印象的暗淡的镜像。在什么时候情况看上去是这样呢,对谁而言是这样呢?在心象中自然存在着一种清楚和不清楚的东西。如果我说"相比于我看到他时自己的视觉印象而言,我关于他的心象要不确定得多",那么这会是

---

① 在打字稿中是"追捕"。在手稿中则是"将死"。后者在此看上去更加自然。——原编者注

真的,因为,相比于他在我面前时而言①,我能在想象中对他进行的描述并不那么精确。但如下情况的确可能发生:一个人的面孔是如此的暗淡模糊,以至于另一个人看到的比所能想象的更不清晰。

143. 如果我或另外某个人能够想象一种疼痛,或者我们说自己能够这样做,——那么人们如何可能查清楚如下事情呢:我们是否正确地想象了它,以及达到了何种精确程度呢?

144. 难道不可能存在这样一些人吗:他们能够从记忆中极其精确地描述一个人的特征,甚至会说他们现在突然知道那个人看上去是怎样的,——但他们绝对会对如下这个问题给出否定回答,即在那一瞬间他们是否在某种意义上"看到"那个人"在自己面前"(或类似的问题)? 不可能存在这样的人吗:对他们而言"我看到他在我面前"这个表达式**看上去是绝对不恰当的**?

在我看来这是一个十分重要的问题。或者也可以说:重要的问题在于,这个问题是不是有意义。——因为,我有何理由相信,对我们所有人而言情况并非如此呢? 或者,我如何判断如下问题呢:另一个人(我将自己暂时排除在外)是不是真的"在视觉上想象"某个人,或者仅仅能够在视觉上描述他(对他进行素描,等等)——再加上如下事实,即他——如果我可以这样说的话——了解一种"恍然大悟",或者一种类似于"现在我知道它了"的恍然大悟的状态。((真实的持续。))

---

① 异文:"相对于依据本性而言"。

145. **视觉想象并不**仅仅通过素描的能力和类似的东西来刻画自己的特征,而是也通过行为的更加细致的层次差别来刻画自己的特征。

无论如何,关于心象的**描述**属于用"想象"进行的语言游戏。(这并不意味着,在两可之时这样一种表露是不可能发生的:"我可以精确地想象它,但完全无法描述它。"一种游戏允许两可的情形出现——一条关于例外的规则。但是,例外和规则不可能在不毁坏游戏的情况下调换其角色。这是"从数量到质的过渡"吗?)

146. "如果例外与规则互换了角色,那么它们就不再是同样的东西了!"——但这意味着什么呢? 或许是,我们对这种游戏的态度突然改变了? 是不是就像如下的事情那样:在天平一端托盘的逐渐加重和另一端的逐渐减轻之后,天平**并不是**逐渐地翻倒了?

147. 对于一种运动感觉的心象的描述,看上去可能是什么样子的呢?

148. 继续对心理学概念的分类。

诸种情绪。它们都有真实的持续,有一个过程。(愤怒爆发、减弱、消失;同样:欢乐、沮丧、恐惧。)

与感觉的区别:它们并不是局部的(也不是弥漫的!)。

共同点:它们有一种独特的表达行为。(面部表情。)而由此可以得出:也有独特的感觉。所以悲伤经常和哭泣挽手而行,而且哭泣与独特的感觉相伴随。(声泪俱下时的声音。)但是这些感觉不是情绪。(在数码2不是数字2的意义上。)

在情绪中,人们可以把指向性的和非指向性的情绪区别开来。

对某物感到恐惧,为某物而感到欢乐。

这个某物是该情绪的对象,而非它的原因。

"我感到恐惧"这个语言游戏已经包含了对象。

就焦虑的表露和恐惧的表露有亲缘关系而言,人们可以把焦虑称作非指向性的恐惧。

一种情绪的**内容**:在其中人们想象如同一幅**图像**那样的东西,或者可以构成图像的东西。(降临到一个人身上的、压抑的昏暗,愤怒的火焰。)

人们也可以把一张人类的面孔称作那样一幅图像,并且通过它的变化来描绘激情的**进程**。

与感觉的区别:它们没有教授给我们关于外部世界的东西。(语法评论。)

人们可以把爱和恨称作情绪性的倾向;而且在一种特定的意义上,也可以这样来称呼恐惧。

感到强烈的恐惧是一回事,长期地对某人感到恐惧则是另一回事。但恐惧不是一种感觉。

"可怕的恐惧":这是那些如此可怕的**感觉**吗?

疼痛的典型原因是一方面,沮丧、悲伤、欢乐的典型原因则是另一方面。它们的原因同时是其对象。

疼痛行为和悲伤行为。——它们只能与其外部诱因一起来被描述。(如果一个孩子被母亲独自一个人留下,那么他可能因为悲伤而哭泣;如果他摔倒了,那么他可能因为疼痛而哭泣。)行为和这类诱因合成一体。

149.人们或许会说:人们如何可能通过疼痛的诱因来刻画"疼痛"这个概念的特征？疼痛肯定是它所是的那种东西——无论它是由什么引起的！——但问题是:人们如何确定疼痛的同一性？

诱因确定了疼痛的标志的用途。

150.疼痛这个概念恰恰是以一种确定的方式被嵌入到我们的生活中。它的特征通过十分确定的关联被刻画。

这正如国际象棋中王的一步移动仅仅在一种确定的环境中才存在。它不能脱离开这种环境。——因为这个概念相应于一种技巧。（眼睛①只有在面孔上才微笑。）

151.只有在某些生活表露之中才存在疼痛的表露。只有在更广泛的特定的生活表露中才存在关于悲哀或喜爱的表情。如此等等。

152.人们可以验证情绪态度（例如喜爱），但不能验证情绪。

153.我想说:情绪可以给思想**上色**;身体的疼痛则不能。因此人们谈论悲伤的想法,但并不以类似的方式谈论牙疼的想法。似乎人们可以说:害怕或者希望可以完全由想法组成,但疼痛则不然。好吧,首先,疼痛具有感觉的特征,而害怕则不然。害怕与担忧相关联,而担忧则是想法。

154.人们可以把希望称为一种情绪。换言之,人们可以将它和恐惧、愤怒、喜悦列在一起。它与相信有亲缘关系,而相信**并不是情绪**。并不存在关于相信的典型的身体表达。

---

① 异文:"嘴巴"。

请把"不断的疼痛"的意义同以下东西相比较:一方面是,"不断的愤怒"、欢呼、悲哀、欢乐、恐惧,而另一方面是,"不断的相信"或"不断的希望"。

但恐惧、希望、渴望、期待则很难相互比较。渴望是思想中的对于一个特定对象的专注。对一个**事件**的恐惧(apprehension)①似乎与此相类似;但对一条向我吠叫的狗的恐惧则不然。在这里可能有两个不同的语词被使用。这就像"期待"可以意指:相信如此这般的事情会发生——也可以意指:带着期待的想法和活动去打发时间,也就是**等候**。

155.相信并不是对相信的对象的专注。但恐惧、渴望、希望则专注于其对象。

我们在科学研究中谈论各种可能的东西,做出了很多陈述,而它们在研究中的角色却是我们并不理解的。因为我们所说的话并不全部都具有有意识的目的,而是随口一说。我们穿过传统的思维活动,自动地依据我们所学会的那些形式做出思想上的过渡。而现在我们必须筛选自己所说的话。我们已经做了很多无用的甚至事与愿违的活动,现在必须从哲学上澄清我们的思维活动。

156.如果我讲道"我整天都对他的到来感到恐惧"——那么我肯定可以详细地说道:我刚刚醒来就想到⋯⋯然后我在考虑⋯⋯我一再朝窗户看去,等等。人们可以把这称为关于恐惧的报告。但如果我那时对某人说"我感到害怕⋯⋯"——那么这看上去像是

---

① 此处原文中在括号内标注了英文"apprehension",意为"恐惧"、"担忧"等。

恐惧的呻吟,还是对于我的状态的观察?——可能是一个,也可能是另一个;或许仅仅是恐惧的呻吟;但也或许是:我想向另一个人报告自己是怎样消磨这一天的。如果我现在对他说:"我整个一天都在恐惧中度过(接下来或许是一些细节),而且现在我充满了焦虑"——我们应当怎样来谈论这种报告和表露的混合物呢——除了如下事情之外我们还应当说些什么呢:在这里我们在自己面前看到了"恐惧"这个词的用法。

157. 如果存在这样的一些人,在我们带着忧虑说出自己的担忧的情形中,他们在自己左侧感到尖锐的疼痛,——这种尖锐的疼痛是我们的担忧在他那里所占据的位置吗?——如果我们观察这些人,而且只要他们吐露出一种担忧,即说出某种对我们而言无论如何是一种担忧的事情,他们就会畏缩并抓住自己的左侧身体——那么我们是不是会说:这些人把他们的恐惧感觉为尖锐的疼痛?显然不会。——

158. 但人们为什么把"忍受"这个词既用于恐惧也用于疼痛呢?好吧,这里的确有充分的联系。

159. 请设想,有人说:欢乐是一种感受,而悲伤在于:人们**并不**是快乐的。——那么一种感受的缺失是一种感受吗?

160. 如果我说"我在想到这一点时总是带着恐惧"——那么这种恐惧**伴随着**我的思想吗?——人们怎么设想如下事情呢:被伴随的东西与伴随物相分离?

人们可以提问说:恐惧如何渗透到思想中?因为前者似乎并不仅仅与后者相伴而行。如果我说"我在想到这一点时带着忧郁"，那么情况看上去确实是这样的，即这种想法或这些语词带着一种特定的感受共同走入我的胸中，而且**这一点**是被暗示了的。但该命题的用法却并非如此。

人们也会说："在想到那件事情时我的呼吸变得压抑"，而且这并不仅仅意味着，依据经验来看，如此这般的感觉和反应伴随着那种想法。

161. 针对"我在想到这一点时不可能不带着恐惧……"这个表露人们或许会回应道："恐惧是没有理由的，因为……。"与疼痛相反，这无论如何是**一**种消除恐惧的手段。

厌恶是一种感觉吗？——它有一个位置吗？——它有一个对象，就像恐惧一样。而且在这里存在着一些独特的感觉。

162. 是啊，你一定总是问自己：你通过这些命题告诉了另一个人些什么呢？而且这意味着：你能够对它们做出哪些使用？

163. 我**断定**自己感到恐惧。——为此我是不是要回忆起自己在最近半个小时中的想法，或者我要让关于那位牙医的想法迅速穿过头脑，以看到它如何刺激我；或者我是不是可能想到如下一种疑虑，即这实际上是对那位牙医的恐惧而不是另外的身体器官上的不舒适的感受？

164. 或者，这种说我感到恐惧的断言，像是极其轻微的因恐惧而发出的呻吟？并非如此；因为我并不必然要想用这种呻吟向另一个人报告这一点。可以说，这种断定是一场**交谈**的一部分。

165. 人们是不是能说："我只在自己恰好想到手术时才对它感

到恐惧"？而且这是不是意味着：在我对它进行思考时？在我没有明确思考某事时，我就不能对它感到恐惧吗？我难道不能对某个人说"我对这次相遇感到恐惧"，尽管我可以说仅仅是从眼角看到了这个事件？

166. 让我们先完全忘记如下的事情，即恐惧者的心灵状态令我们感兴趣。可以肯定的是，他在某些环境中的行为也可能作为将来举止的征兆而令我们感兴趣。因此我们为什么不应当有一个关于这一点的语词呢？这可能是一个动词或形容词。

现在人们可能会问，这个词是不是实际上仅仅与行为、与身体的改变有关。我们想否认这一点。对我们而言，这样来简化该语词的用法并不值得重视。这与某些外部环境中的行为有关。如果我们观察这些环境和那种行为，那么我们会说，一个人……

如果这个语词在**第一**人称中被使用，那么它与第三人称中用法的相似之处，同"我在斜视"和"他在斜视"之间的相似之处是一样的。

167. 我现在想说，使用这样一个概念的人**并不**一定能够描述它的用法。他们要尝试的话，有可能会给出一种非常不充分的描述。（这就像大多数人在试图正确描述纸币的使用时那样。）

168. 例如，情况可能是，他们做出关于一个人的陈述，但并不能正确地说出，他身上的哪些行为促使他们做出该陈述。他们可能会说"我看到了它；但我并不很确定地知道自己**看**到的是什么。"这就像我们说："在他身上有某种东西发生了改变，但我并不很确定地知道那是什么。"未来的经验或许会给予他们正当性。

169.现在可以设想:一些人有一个动词,其第三人称与我们的"他感到害怕"**恰好一样**;但其第一人称则与我们的"我感到害怕"不同。因为使用第一人称的断言会依赖于自我观察。该断言并不是恐惧的**表露**,而且存在着"我相信,我……","在我看来,我……"。对我而言,这种第一人称没有或只有一种很罕见的用法。如果我在一种特定情况下的行为被拍摄下来,那么当这部影片在我面前播放的时候,我可以说:"我的行为造成了这种印象……"

170."我相信,他感到我在那些环境中感到的东西"并不存在于如下这种释义中:我在自己心中看到我猜测的在他之内发生的东西。

因为这实际上是一种粗略的释义。一般而言,我并不猜测他之内的恐惧,——我**看到**它。对我而言情况并不是:我从一种外部之物推论出一种内部之物的大概的存在;而是:人类的面孔在一定程度上似乎是透明的,我不是在反射出的光亮中,而是在它自己的光亮中看到它的。

171."我对此感到害怕。"——这并不是一幅我所看到的东西的映像。是啊,我在**瞧着**的时候并没有看到任何东西,或者实际上并没有看到我所意指的东西。情况似乎是,有一张如此纤细的面纱,以至于人们知道它,却并不能实际上看到它。好像害怕是那些日常噪声旁边的一种十分纤细而低沉的噪声,我们只能**觉察**而不能实际上听到它。

请你设想一个孩子,他在很长时间之内都没能学会正确地说话,但突然使用了他从成年人那里学到的表达式:"我对……感到害怕"。而且他的面孔、环境和所发生的事情让我们说：他真的意指这一点。（人们的确总是可以说："在天气很好的某一天，那个孩子使用了这个词。"）我之所以选择孩子的案例是因为，在这里发生在他身上的事情比发生在成年人身上的事情对我们而言更陌生。关于"我对……感到害怕"这句话的一种**背景**——我想这样说——我都知道些什么呢？这个孩子突然使我瞧向他之内吗？

172. 这种事件也使人回想起**从一个特定的方向**对一种噪声的听。这差不多像是，人们感到在胃部的、来自恐惧的方向的诉苦。换言之，实际上，"我在恐惧面前感到不适"并没有说明恐惧的**原因**。

173. 存在着心理学上的混杂物；而期待是这样一种混杂物吗？或许是等候，而非期待。

174. 例如，存在着一种恐惧的混杂物并不意味着：恐惧是一种混杂物。

175. 如果我说"我在渴望中期待他的到来"，那么这意味着：我**专注**于他的到来（在思想中，而且人们也可以说：在思想和行动中）。因此，人们可以把这种渴望中的期待的状态称为一种混杂物。然而，可以说，它并不是一个特定种类的行动的混杂物，毋宁说，关键在于行动的意图，因而也在于**动机**，但并不在于**原因**。

176. 如果我说，我把"我具有疼痛"、"我怀念他"等等这些话用作报告而非自然的声响，①那么这刻画了我的意图的特征。例如，

---

① 异文："不是用作自然的声响，而是报告、报道"。

我想要另一个人以特定的方式对此做出反应。

但在这里,我还欠大家关于意图这个概念的解释,而且意图并不是一种我想把所有东西都还原为它的感觉;或者可以说,不是那种我把所有问题都推卸给它的感觉。(因为意图**不是**感觉。)

177.如果我把恐惧、悲哀、快乐、愤怒等称为心灵状态,那么这就意味着,充满恐惧、充满悲哀等可以被用来做出这样的报告:"我处于恐惧的状态中",等等;而且这种报告——完全就像原初的表露那样——并不以观察为基础。

178.意图、意向既不是情绪、心境,也不是感觉或心象。它们并不是意识状态。它们并没有真实的持续。人们可以把意图称为心灵的倾向。就如下范围内而言这种表达是误导人的:人们并不通过经验而在自身之中感知到这样一种倾向。与此相反,对嫉妒的**喜好**在真正的意义上是一种倾向。经验教授我们:我具有它。

179."我企图"并不是一种体验的表露。

并不存在任何关于意图的呼叫,就像并不存在关于知道或相信的呼叫一样。

但人们可能会把那种常常作为意图之开始的**决定**称为一种体验。

180.决定是一种想法吗?它可能是一种思维过程的终点。

181.一个人告诉我说:我惊奇地瞧着他;他解释说……。我的充满疑问的目光等同于如下问题:"怎么了?"、"你意指什么?"、"为什么?"或"你想做**这件事**吗:你总是……?"——突如其来的想法。

182. 故意的——非故意的。自主的——非自主的。

如下二者之间的区别是什么呢：一种没有特定意图的手部活动，以及同样的但被意指为一个符号的手部活动？

183. 让我们设想，一个人在做一件其中存在着比较、尝试和选择的工作。他用给定的工具从某些材料中制作一件日用品。"我应当用**这个**部件吗？"这个问题总是一再出现。——这个部件被丢弃而另一个被尝试。一些部件被尝试性地组装在一起或拆开；寻找一个适合的部件，等等。我现在设想，整个过程都被拍摄了下来。这位工作人员还发出像"嗯"或"啊哈！"这样的声音。可以说，这些是犹豫、突然的发现、决定、满意、不满意的声音。但并没有任何语词被讲出。每个声音可能都被拍到了影片中。这部影片在我们面前放映；而我现在为那位工作人员发明了一种独白，它符合他的工作方式、他工作的节奏、他的面部表情变化、他的举动和自发的声响，符合所有这些东西。因此我有时使得他说"不，这个部件太长了，另一个或许更合适"。——或者"现在我应当做什么？——我知道了！"——或者"这非常好"等等。

如果那位工作人员可以讲话，如果他要准确地描述这一过程并说道："然后我想到：不，这不行；我必须进行不同的尝试。"等等——那么这是一种对实际过程的曲解吗——即使他在这种工作期间并没有说出或想象这些话？

我想说：难道他后来不能用语词来再现自己那些没有语词的想法吗？以使得我们这些看到了工作过程的人可能会对这种再现表示赞同？——此外，如果我们并不是仅仅一次、而是常常在工作中观察到这个人呢?

184.我们自然不能把他的"思维"与其活动分离开。思维恰恰并不是这种运转工作的伴随物;正如它不是有思维的谈话的伴随物一样。

185.请你设想,一个人在工作中停顿下来,望着前方,似乎在进行思索,而我们在这样的情况下会向自己提出一个问题、斟酌各种可能性,——我们一定会针对这个人说,他在深思熟虑吗? 为此,如下事情难道不也是必需的吗:他**精通**一门语言,并且在必要时也能够说出自己的思虑?

186.现在,如果我们看到一些生物在工作,它们工作的**节奏**、面部表情的变化等与工作中的我们一样,只是它们并不**说话**,那么我们或许会说,它们在思考、深思熟虑、做出决定。这意味着:在这样一种情形下,**有很多东西**类似于一个普通人的活动。然而如下事情是不清楚的:为了使得我们正当地把自己生活中耳熟能详的"思考"这个概念也用于它们,必须有**多少**相似之处。①

187.我们为了什么应当也做出这种决定呢?

我们会在如下两种生物之间做出一种重要的区分:那些能够学会机械地去做一种工作甚至是复杂工作的生物,以及那些在这种工作中进行测试、比较的生物。——但至于什么被称为"测试"和"比较",我们只能用事例来进行解释,而这些事例仍然取自我们

---

① 异文:"人们应当如何来决定,为了使得我们正当地把在**我们**生活中耳熟能详的'思考'这个概念用于它们,这种相似性必须达到何种精确的程度?"

的生活或一种与我们类似的生活。

188. 现在,如果这种测试采取了制造一种模型这样的形式(甚或是制造一幅素描),那么我们会毫不怀疑地说,这些生物在思考。当然,人们在这里也可能会谈论对符号的操作。

189. "但这种对符号的操作难道不可能也是机械式的吗?"——当然了;换言之,为了使得人们能够说它并不是机械式的,它必须处于一种特定的环境中。

190. 因此情况似乎是:我们的概念、我们对语词的使用受到一个实际情况的框架的限制。但这是如何**可能**的呢?如果我们不容许其他某些东西的可能性的话,那么如何能够描述这个框架呢?——人们或许会说,你使得任何一种逻辑都变成胡说了!①

191. 那个在这里令我们感到不安的问题与下述观察中的问题相同:"如果人们周遭所有的对象都迅速地形成和消失,那么人们就无法学会计数。"

192. 你的确也可以说:"如果你手头没有小棍儿、小石头等,那么你就无法教会一个人计数。"这完全就像是说:"如果你手头并没有任何用来书写的平面或材料,那么你就无法教会他微分学"(或者:那么你就无法执行 76570÷319 这则除法运算)。

人们并不说桌子和椅子在思维,也并不说植物、鱼类在思维,也几乎不说狗在思维;但说人类在思维。甚至也不说所有的人类都在思维。

---

① 异文:"由此任何一种逻辑都会变成胡说了!"

可如果我说"一张桌子并不思维",那么这并不类似于"一张桌子并不生长"这样一个陈述。因为我丝毫不知道,"如果"一张桌子在思维,"那么会是什么样子"。而且在这里显然存在着一种朝向人类情形的逐渐的过渡。

193."思维是一种精神活动。"——思维**并不是**一种身体活动。思维是一种活动吗?嗯,人们能够命令一个人说:"请考虑这一点!"但如果一个人在对该命令的遵守中对自己或别人说话,那么他在进行**两种**活动吗?因此把思维与一种活动相类比的确是不正确的。因为人们也不能说,思维是:在想象中说话。人们可以做这件事而并不进行思维。

194.人们不要忘记,"思维"是日常语言的一个语词,就像其它所有心理学名称一样。

关于这个词,不要期待它有一种统一的用法;更准确地说,要期待它没有统一的用法。

195.如果一个人思索一个问题而且我突然向他展示某幅素描,那么他或许会呼喊道"啊,就是**这样的**!"或者"现在我知道了"。如果被问到此时在他之内发生了什么,那么他在此情形下大概会直接说"我刚才看到了这幅素描"。我描述这种情形,是为了用一种看的过程来代替一种想象中的过程。现在他会不会说:"在我看到那幅素描的一瞬间,整个答案就出现在我眼前"?如果我用这幅素描来帮助他,那么他也可能会说:"是的,现在这很容易了!"

196.如果向一个人展示那个词和一幅关于其意义的独有的图像,那么这个人会不会说——"这个词的使用浮现在心灵之前了"?

((意义体验在这里似乎被所看到的东西盖过了。))

197.我们说:草是绿的,粉笔是白的,煤是黑的,血是红的,等等。——在如下这样一个世界中情况会是什么样子呢:在其中,上述那些事情是不可能的,因此一个事物的其余性质与它的颜色没有关联?① 无论它的提出是正确的还是错误的,这都是一个重要的问题,而且仅仅是无数类似问题的一个例子。

198.请你设想,我来到一个国家,在那里,事物的颜色如我所说的那样不停地变化着,这或许是由于天气的特性。当地居民从未看到过固定的颜色。他们的草看上去时而是绿的、时而是红的,等等。这些人能够把颜色语词教授给自己的孩子们吗?——首先,情况可能是:他们的语言**缺少**颜色语词。如果我们发现这一点,那么我们或许会**这样来进行解释**:他们很少使用或并不使用某些语言游戏。

199.在一个所有东西都只有**一种**颜色的国度,人们如何可能学会颜色语词的用法呢?

但我们能不能说:"我们能够使用颜色名词,这仅仅是因为在我们的环境中存在着不同颜色的事物"?? 在这里,人们并没有看到逻辑的可能性和物理的可能性之间的区别。——如下事情并不令我们感兴趣:在哪些环境中这种用颜色名词来进行的语言游戏在物理上是不可能的——实际上是不大可能的。

没有棋子人们就不能下国际象棋——这是令我们感兴趣的不

---

① 异文:"不能从它的颜色中被推论出来?"。

可能性。

200.人们在某些环境中学会了"思维"这个词的用法,但人们并不学习去描述这些环境。

201.人们仅仅学会了在谈论人类时说这个词,我们断言或否定人类在思维。"一条鱼在思维吗?"这个问题并不存在于这些人的语言使用中,**不会被提出**。(还有什么能比这样一种状态、这样一种语言使用更自然啊!)

202.人们可能会说:"没有人设想**这种**情形"。我不能列举出"思维"这个词被使用的条件,——但是,如果一种环境使得这种使用是可疑的,那么我就可以这样说,并且可以说出这种状况是**如何**偏离正常状况的。

203.在这里,必须谈谈我的第二号①语言游戏。——**在哪些环境中**人们会真的把那位建筑者的声音等等称为一种语言?在**所有环境**中吗?当然不是!——如下事情是错误的吗:把一种语言雏形孤立出来并把它称为语言?人们是不是应当说,这种雏形只有在我们通常称为我们的语言的整体环境中才是一种语言游戏?

204.现在,首先,这种**环境**并不是言说的精神上的伴随物,并不是"意指"或"理解",而人们倾向于把它们考虑为对语言来说是本质上的。

205.对我来说只有一个人说如下这样的话才是危险的:"你恰

---

① 《哲学研究》,第一部分,第2节。——原编者注

恰已经默默地假定,这些人**在思维**;他们在**这个**方面类似于我们所熟悉的人;他们并不是在从事任何纯然机械的语言游戏。因为如果你想象他们在从事这样的语言游戏的话,那么你自己就不会把这称为一种言说。"

我应当如何回应这一点呢?如下事情自然是真的:那些人的生活在很多方面一定类似于我们的生活,而且我未曾谈论这些相似之处。但重要之处恰恰在于,我可以想象他们的语言就像他们的思维一样是原初性的;存在着一种"原初性的思维",它通过一种原初的**行为**而得以描述。

206.我谈论某个人说:他在比较两个对象。我知道,这看上去是怎样的,这个人会怎样做。我可以向一个人展示这一点。尽管如此,我并不会在**所有**环境中都把自己这样所展示的东西称为一种"比较"。

我可以想象一些情形,在其中,我并不倾向于说我进行了比较;但我无法描述如下事情:在哪些环境中这是一种比较。——可我**能够**把这个词的用法**教授**给一个人!因为,为了做到这一点,对于那些环境的描述并不是必需的。

207.我恰恰是**在一些特定的环境中**把这一点教授给他的。①

208.一种思维似乎与言说(例如,阅读)并肩而行,这有时是实际情况。但如下事情并不是实际情况:人们可以把思维从阅读中

---

① 异文:"他恰恰是**在一些特定的环境中**学会该语词的用法的。"

孤立出来①。更确切地说,伴随着这些语词的东西像是一系列小的派生活动。这就仿佛有人沿着一条街道行进,但会把目光投向左右两侧的所有小巷。

209. 请你设想,我向某人展示一张他要为我跑的腿和办的差事的清单。我们很了解对方,因而他只需暗示就知道自己要去做什么。这份清单纯然由这样的暗示组成。他通读它并且在每个暗示后说道"我理解了"。而且他的确理解了;如果被问到的话,他能够解释每一点。

我可能会问他:"你理解了所有东西吗?"或者:"请仔细通读这份清单并看看你是否理解了所有的东西?"或者:"你是不是知道自己在这里要做什么?"——为了深信他已经理解了这些暗示,他需要做些什么呢? 在这里,是不是似乎他对每一点都必须进行一种头脑中的计算? 如果这是必要的,那么他随后就能给出关于这种计算的有声的说明,而人们会看到他的计算正确与否。——但一般而言这**并不是**必要的。我们并不规定另一个人在理解中通读该清单时要做的事情;而且我们可以从他随后的所作所为或者要求从他那里得到的解释中看出,他是否真的理解了。

210. 我们现在可以说:如果一个人要检验自己是否已经理解了,那么他总是会走自己随后应当走的那条街上的一段路。而且情况的确可能是这样的。尽管并没有理由去假定情况就是如此。因为,如果他仅仅走了一段路,——那么他为什么不应当能够在还

---

① 异文:"揭下来"。

没有走的情况下认识到如下事情呢：他知道自己要走哪条路？但这并不是说，这些道路实际上并不与一段路相衔接。但情况也可能是：我们随后视为这种想法或事实的"**胚芽**"的东西，依据其本性来说并不是它们的胚芽。

211. 现在如果一个人说：这仅仅意味着，"思维"具有一特定的结果、满足一特定目的。每个人是**怎样**做的，他今天同之前做的是否相同，这是无关紧要的。——所以我可以回答说：如果什么也不做就能够导向正确结果的话，那么在这里，思维就在于一个人什么也不做这一点。

人们说："请深信你理解了每一点！"

如果我现在问道："我应当如何使自己深信？"人们会给予我哪些建议呢？人们或许会对我说."问问你自己，是否……"

212. 在这里，这像是在计算天才那里一样吗？——如果得出了正确的答案，那么他就进行了正确的计算。他自己或许无法说出在他之内发生了什么。如果我们听到这一点，那么这看上去或许像是计算的奇怪**夸张漫画**。

213. 如果一个人说"人们可以不用语词来进行思维"，那么这是误导人的。在这里，问题并不涉及如下事情：人们能够做某件特定的事而与此同时并不做另外某件事；例如，就像"人们能够阅读而不活动嘴唇"。

214. 如果，例如，仅仅存在着很少数的人，他们能够在不说话或书写的情况下发现一道计算题的答案，那么人们也不能把他们引用作如下事情的证词：人们可以在没有符号的情况下进行计算。

因为如下事情是不清楚的:这些人究竟是不是在"计算"。这正如,(詹姆斯)关于巴拉德①的证词并不能使一个人深信,人们可以在没有语言的情况下进行思维。

是啊,在没有任何语言被使用的时候,人们为什么应当谈论"思维"呢?如果有人这样做,那么这恰恰展示了某种关于思维这个**概念**的东西。

215. 例如,人们可能拥有两个(或两个以上)不同的语词:一个是关于"出声的思维"的,一个是关于想象中有思想的言说的,一个是关于中断的,此时某种东西浮现在(或没有浮现在)我们面前,然而此后我们能够给出确定无疑的回答。

我们可能有两个语词:一个是关于命题中表达的思想的;一个是关于心血来潮的,我随后能够为它"穿上语词的外衣"。

216. 如果人们把那些完全不说话的思维着的工作者囊括进我们的考察,那么就会看到,我们的"思维"这个概念是一个错综复杂的概念。就像一张错综复杂的交通网络,它把很多相距甚远的地方彼此连结起来。

我们在所有这些错综复杂的情形中谈论一种"思维"。

217. 在所有这些情形中,我们说,心灵并不是无所事事的,有某事在它之内发生;而它由此而与一种麻木的状态、机械工作的状

---

① 巴拉德(Ballard)在打字稿和手稿中都被误写为"Barnard"。参阅《哲学研究》,第一部分,第342节。——原编者注

相关段落见于威廉·詹姆斯《心理学原理》(*The Principles of Psychology*)一书的第九章"思想之流"("The Stream of Thought")。

态区别开来。

218. "思维",一个错综复杂的概念。人们难道不能同样来谈论"相信"、"做"、"感到高兴"吗?

这个概念是错综复杂的这条评论究竟属于哪里呢?——嗯,人们会以这种方式来说如下这样的人:他开始考虑这个概念的错综复杂性。

219. 如下事情是十分奇怪的:人们毫无困难地在这样一幅图形中 看到一张面孔,尽管其中一个角与鼻子之间的不相似之处以及另一个角与额头之间的不相似之处等等是十分巨大的,或者说几乎没有什么相似之处。人们——如我们所说的那样——毫无困难地在这些线条中看到一张人类的面孔;人们可能会说:"这里**存在着**这样一张面孔。"或者:"虽然它是一张人类面孔的漫画,但这样一张面孔在现实中是可能的。"——这完全就像是人们毫无困难地在照片的灰色和白色中看到人类的面孔一样。——而这意味着什么呢?嗯,例如,我们看一部电影并且关注地注意所有的经过;仿佛在我们面前的是真的人类一样。

220. "思维",一个错综复杂的概念。这个概念囊括了生活的很多表露。思维**现象**彼此相隔甚远。

221. 你难道不想这样说吗:你的确在所有这些语词使用中看到**一幅**面孔,**一个**统一的、名副其实的概念?——但这想要说什么呢?难道习惯不能把所有这些融合在一起吗?

222. 如果有人告诉我一场意外事件或向我提出一个日常的问题（例如，几点了？），那么我不会问这个人，他在这时是不是在进行思维。或者这样说：如下事情并不直接就是那么清楚的，即在哪些环境中人们会说自己在做这件事而没有进行思维——即使这样的环境是可以被设想出来的。（这里与如下的问题有亲缘关系：什么被称作一种"自主的"行动。）

223. 有思想的面部表情，白痴的面部表情。深思熟虑的皱眉，聚精会神的皱眉。

224. 现在请你设想一个人或者科勒所说的那样一只猿猴，它想从天花板上拿到一只自己够不着的香蕉，它思忖着手段和方法，最终把两根棍子合在一起，等等。请设想，有人问道"为此必定有什么事情在它之内发生呢？"——这个问题看上去似乎有某种意义。而且一个人或许会回答说，如果那只猿猴并不是通过偶然事件或一种本能来行动，那么这个过程一定在其精神之眼前被看到。但这并不充分，而且在另一方面又太多了。我希望这只猿猴应当**思索**某事。它首先跳跃而且未能够到香蕉，然后它放弃这么做并且有些沮丧——但这个阶段可以被略去。现在它究竟如何可能**在内部**想到去抓起一根棍子呢？情况可能是，一幅描绘这样去做的图像被展示给它，于是它便这样来行动；或者可能仅仅是这样一幅图像浮现在它心中。但这仍然是偶然事件。它并不是通过思索获得这幅图像的。如果我们这样来说的话是不是会有助于我们呢：它只需以某种方式把自己的手臂和那根棍子看作一个统一体？但是让我们再假定一种对它有利的偶然事件！此时问题就是：它如何可能从这个偶然事件中**进行学习**呢？它可能偶然地把棍子拿在手里并且偶然地用棍子触碰到了香蕉。——现在在它之内一定又会发生什么呢？它似乎自言自语道"就是这样！"，并且带着充满意识的迹象去这样做。——如果它轻易地制作出一种组合物并且把它用作去做某件事的方法，那么我们会说它在思维。——在**思索**的时候，它会使得手段和途径在自己的精神之眼前经过。但为此它必定已经储备了什么。思维给予它**完善**自己方法的可能性。或者更准确地说：如果它以特定的方式或途径来完善自己的方法，那么它就在"思维"。

225. 人们也可以说：如果它以特定的方式**学习**，那么它就在思维。

226. 人们还可以说：如果谁在工作的时候**思维**，那么他就会把**辅助性的活动**嵌入自己的工作中。"思维"这个词现在并不指涉这些辅助性活动，正如思维并不是言说一样。尽管"思维"这个概念是依据一种想象中的辅助性活动而形成的。（这就像人们可以说，微商这个概念是依据一种想象中的商而形成的。）

227. 这些辅助性活动并不是思维；但人们把思维想象成如下这样的东西：它一定在这些辅助之物的表面下流动，如果这些辅助之物并不仅仅是机械式的行为的话。

228. 思维是想象中的辅助性活动；是不可见的河流，它承载并连接起所有这些种类的行为。——但"思维"的语法类似于"言说"的语法。

229.因此人们可以按其工作方式来区分两只黑猩猩,并且说一只在思维,说另一只没有在思维。

230.但在这里,我们当然尚未充分使用"思维"。这个语词同一种行为举止有关。只有通过特定的第一人称的使用,它才获得心灵活动的意义。

231.我相信,注意如下事情是很重要的:这个语词(在对我们而言是很关键的意义上)并没有第一人称现在时。或者我是不是应当说:它的现在时的用法并不与"感到疼痛"这个动词的现在时用法相平行?

232.如果人们真的使用了关于思维的表达式,那么他们就可以说"我刚才在思考……";如果这句话似乎是来自思想之胚芽的成长,那么人们也可以这样说。

233.只有在十分特殊的环境中如下问题才会登场①:言说是不是**有思想的**?

234.像"有思想的"这样一个词的使用,比初看上去要不稳定得多。

人们也可以这样说:这个表达式所服务于的目的,比人们从其形式中所看出的目的要更为特殊。因为这种形式是一种简单的、有规律的结构:如果思想常常或在大多数时候与言谈相伴而行,那么自然就存在这样一种可能性,即前者有时并不与后者相伴随。②

---

① 异文:"如下问题才有意义"。
② 异文:"即前者有时并不产生出那种伴随物"。

235.我在学习一门外语并且在一本教材中阅读一个例句。"我的姑姑拥有一座美丽的花园。"这个句子有一种教科书的气息。我读它并且问自己"'美丽的'在……中意味着什么?"然后我想起德语的格。——好吧,如果我告诉某人,我的姑姑拥有……,那时我不会想到这些东西。该命题处于其中的语境是完全不同的。——但我难道不能阅读教科书上的那个命题并与此同时想到我姑姑的花园吗?当然可以了。而且我是不是应当说,依据如下事情来看,思想的伴随物每次都是不同的:我有时把该命题看作纯粹的练习,有时看作伴随着关于花园的想法的练习,有时仅仅把它作为报告而向一个人说出?——如下事情是不可能的吗:一个人在交谈中向我做出这种报告,而在他之内发生的事情与他把该命题处理为语言练习时在他之内发生的事情完全相同?在他之内发生的事情是不是与我有关呢?我究竟经验到它了吗?

总之,我如何能带着某种程度的确信性写下关于这一点的东西呢?因为,我在这样做的时候,并没有学会任何语言,也没有向任何人做出那种报告。此时我如何能知道,在那样一种情形下一个人之内发生了什么呢?我现在回忆起了在那些情形下我之内所发生的事情吗?并没有这一类的东西被回忆起来。我只是相信,我能够设想自己现在在那些情境中。但我也可能彻头彻尾地弄错了。

这的确是人们在那些情形下**总是**运用的方法!人们此时经验到的东西,仅仅对于哲学研究的情况来说才是独特的。

236.关于一个全神贯注地读一个命题的人的内部过程,我知道些什么呢？他在这样做之后,是不是能够向我描述它们呢,而他所描述的东西是不是恰恰是那种全神贯注的典型的过程呢？

237.如果我对一个人说"请专心致志地阅读!",那么我想获得何种效果呢？比方说,这个或那个东西引起他的注意,而且他能够报告这一点？——我相信,可以说,如果有人非常专心致志地读一个命题,那么一般而言,他就可以报告自己精神之中的那些事件——比如想象。但这并不意味着,这些事件构成了那种专心致志。

238.如果他向我报告说,在阅读该命题时他想到了某种完全不同的东西,那么我用这则报告做什么呢？我可以从这个报告中得出哪些令我感兴趣的结论呢？好吧,比方说:他专注于那件事情;我不应期待他知道自己所阅读的东西涉及什么;他所阅读的东西并没有给他留下任何印象;等等。

由此,如果某个曾经同我进行过一场令人愉悦的交谈的人向我承诺说,他在讲话时完全没有想到任何事情,那么这肯定没有任何意义。这并不是因为如下事情与所有经验相矛盾:一个能够这样说的人,能够在没有任何思维过程相伴随的情况下做到这一点。更准确地说,这是因为,这一点在此表明:这些伴随过程根本不令我们感兴趣,而且它们并不构成思维。如果他以正常的方式与我们进行一场交谈,那么我们压根儿就不会关心他的那些伴随过程。

239."它在我脑海中闪过:……"现在那个人学会使用这个表达式了。人们几乎从不会问他:"它**怎样**在你脑海中闪过？你对自己说了某些话吗？你在想象中看到某物在你眼前了吗？你**究竟**能不能说在你之内发生了什么?"

240.如果有人想了解"思想"意味着多少不同的东西,那么他只需比较一下纯粹数学的思想和非数学的思想。只需想想所有被称为"命题"的东西!

241.孩子并不**必须**首先使用一种原初的表达式,该表达式随后会被我们代之以惯用的表达式。他为什么不应当立即使用自己不时听到的成年人的表达式呢?如下事情的确是无关紧要的:他如何"猜出"这是正确的表达式,或者他如何达到对它的使用。主要问题是:他使用了它——无论依据何种预备性的活动——就像成年人使用它一样:换言之,在同样的场合下、在同样的环境中,他也说①:另外那个人曾经思考过……。

242.意义体验在语言交流中有多么重要呢?重要之处在于,我们在说出一个词的时候对某物有意图。例如,我说"Bank!"并想以此来提醒某个人他应当到 Bank 去,而我此时是在一种而非另一种意义上进行意指的。——但意图恰恰并不是体验。

243.是什么把意图同体验区分开呢?——好吧,意图并没有体验内容。因为这些常常与意图结伴而行的内容(例如,心象),并不是意图自身。② ——意图也并不是一种倾向,就像知道那样。因为,当我说"Bank"的时候,那种意图是存在的;现在它不再存在了,但我并没有忘记它。

---

① 异文:"也猜测说"。

② 异文:"这些内容常常似乎在阐释意图,而并不是意图自身。"

244.这是真的:我可以更多或更少地专注于我所说的话。当这些话被说出的时候,在这里显然并不涉及某些特定的体验。换言之,人们不能说:"在'Bank'这个词被说出时一定有如此这般的事情发生,如果它真的是**这样**被意指的话。"

245.下述现象并没有反映出意义的本质:人们的确可以把这个词孤立出来,远离任何意图,"一会儿在一种意义上、一会儿又在另一种意义上说出它";以至于人们可以说"你看啊,人们也可以带着一种意义来做**这件事情**"。——这不过就像是人们可以说:"看啊,人们用一只苹果可以做的所有事情:人们可以吃它、看它、向往它、试图想象它。"这正如"针"和"灵魂"的概念并不通过如下事情而得以刻画自己的特征:我们可以问,在针尖大小的地方有多少灵魂。——可以说,在这里涉及一种概念的**赘生物**。

246.我也可以说"概念的附加物"来代替"概念的赘生物"。——即在如下这种意义上:人名似乎具有自己的承担者的性质这一点,也不属于人名的本质。——((引自格里帕泽))[①]

247.人们如何能够把如下两种精神状态区分开来呢:那种半自动地给出一条命令的精神状态,以及那种命令被**强调**、有力地给出的精神状态?"在这个人的精神中有某种不同的事情发生了。"请思考一下这种区分的目的。什么是这种强调的标志?

248.如果一个通常很正常的人在如此这般的正常环境中进行一场正常的交谈,而我被问道,在那样一种情形下如何区分在思维

---

① 弗朗茨·格里帕泽(Franz Seraphicus Grillparzer),奥地利剧作家,诗人。

的人和没有在思维的人,——那么我不会知道该如何回答。我**肯定不能**说,这种区分在于讲话期间发生或没有发生的事情。

249. 在这里被画在"思维"和"非思维"之间的界线,穿过两种状态,这两种状态并不通过任何哪怕仅仅是与想象的进行有些许类似的东西而被区分。因为想象的进行的确总是被人们认为是思维的特性。

250. "我刚才说出了这些话,但与此同时我**完全没有**思维任何东西",这是一个令人感兴趣的表露,因为其结论是令人感兴趣的。但你可能总是认为,如果有人这样说,那么他在内省上就出错了;但这不会造成什么区别。

251. 但我现在是不是应当说:那个没有思考而说话的人缺失了一种体验?例如,缺失了想象的体验?——但是,如果他缺失了想象的体验,这对我们而言具有与如下事情相同的旨趣吗:他没有经过思考而说话?这些想象在这种情形下令我们感兴趣吗?他的表露中难道没有一种完全不同的意义的标志吗?

252. 我是不是应当说:"如果你并不是在自动地讲话(无论这可能意味着什么),而且如果你并不是随后才得到或者改变自己的意图,那么在你讲话的时候你就拥有自己的意图"?

253. "我并没有用这个命题意指任何东西,我仅仅是在自言自语。"如下事情是多么奇怪啊:在这样说的时候我并不以此暗示任何体验,即使我并没有说任何值得怀疑的东西。

如下的事情是很奇怪的:思维时的那些**过程**几乎从不令我们

感兴趣。(我自然不应当说这是奇怪的。)

254. "你刚才意指什么"这个问题以及类似的问题可以双重方式被使用。在一种情形下,人们仅仅要求对意思或意义的解释,以此能够把语言游戏进行下去。在另一种情形下,令我们感兴趣的是在该命题被说出时发生的事情。在第一种情形下,如下那样一种心理报告并不会令我们感兴趣:"首先我仅仅在自言自语,然后我转向你并想提醒你……"。

255. 你刚才意指**这个**吗?是的,它是这个活动的开始。

256. 让我们设想如下的情形:我应当在十二点提醒某人,他应去银行取钱。在十二点的时候我的目光落在表上,而且说"银行!"(转向或没有转向他);我或许做出一种人们在突然想起要去做一件事情时偶尔会做的手势。——如果被问道"你意指的是……这家银行吗?",我会给出肯定的回答。——如果被问道"在你说话的时候你意指……这家银行吗?"我也会给出肯定的回答。——如果我对后一个问题给出否定回答,那么会怎样呢?这会告诉另一个人什么呢?或许是,我在说话时用该命题意指别的东西,但接着还是想把它用于这个目的。好吧,这可能会发生。情况也可能是,在我的目光落在表上的时候,我以奇怪的、自动的方式说出"银行"这个词,以至于我随后说"我突然听到自己说出这个词,而且没有把它同任何一种意义连结起来。几秒钟后我才想起,你应当去银行"。——我首先用这个词意指不同的东西,这种回答显然与说话的时间有关;而且我也可以这样来表达:"我在说话时想到**这家**银行,而不是想到……"——现在的问题是:这种"想到……"是一种体验吗？人们或许想说，它经常或总是与一种体验结伴而行。说人们在那时曾经想到**这个**事情，它现在可以被人们指向和描述，这简直就像是在说：这个语词、这个命题是这种思维过程、这种活动的开始。但情况似乎并不是：我通过事后的经验而知道这一点；更确切地说，"我在这些语词被说出时想到……"这种表露恰恰与那个时间点联结在一起。如果我以现在时而非过去时说出它们，**那么它们就意味着某种不同的东西**。

257. 但我为什么应当说，任何思维都是体验？——人们可能想到"持续性"。如果我说出一整个命题而不是一个语词，那么我不能说言谈中的一个时间点是思维的开始，也不能把它发生的那个瞬间称为思维的开始。或者，如果人们把命题的开始和结束称为思想的开始和结束，那么如下事情是不清楚的：人们是不是应当说，对思维的体验在这段时间中是齐一的，或者说它是一种过程，就像说出命题自身一样。

是啊，如果人们谈论一种思维的**经验**，那么讲话的经验与其它所有经验都是一样的。但"思维"这个概念并不是经验概念。因为人们并不像比较经验那样来比较思想。

258. 人们可以在思维中干扰一个人；——可在企图中呢？——但在计划中是可以干扰他的。在对一种意图的坚持中，也即在思维或行动中，也可以干扰他。

259. "请说'ａｂｃｄｅ'并意指：天气很好。"那我是不是应当说，说出一个我们所熟悉的语言中命题的体验，完全不同于说出在某种特定的意义上我们所不熟悉的符号的体验？因此，如果我学会了"a b c d e"在其中具有……这种意思的语言,我会不会逐渐得到为我们所熟知的、在说出一个命题时的体验呢?或者我是不是应当说,就像我们倾向于说的那样,这两种情形的主要区别在于,我在其中一种情形下不能活动?情况好像是,我的关节被夹板固定了,而我还不习惯它且因此不能掌控它可能的活动,故而可以说总是碰撞到东西。(关于柔软的感受。)

260.请你设想,我同一个讲这样语言的人在一起,而我被告知说,"a b c d e"意味着如此这般的事情,而我应当说出它们,因为这是有礼貌的。因此,我会带着一种友好的微笑、带着一种朝向窗外的目光说出它们。为了使我更理解这些符号,上述这些事情是不是不够呢?

261.人们可以谈论"**关心**"。而我对于自己说出的一个命题的关心在于什么呢?人们会说,这种关心在于那时发生在我之内的东西。**我想说**:它在于我做出的那些连结、关联。也就是说,问题在于:在关心的时候在我之内总是发生了些什么呢,——它由于什么而是对该命题内容的一种关心呢?例如,为什么它不是一种在我之内的、伴随着言说的病理上的激动?

262.我是不是真的能够说,在对课本上一个命题"未经思考地"阅读时发生在我之内的事情,完全不同于或仅仅在某些问题上不同于在另一种语境中在充分理解的情况下阅读该命题时发生在我之内的事情?是的——在这里是有区别的。例如,在某种语境中我会这样来谈论同一个命题:"是啊,它是**这样的**吗?",我会感到意外、失望、紧张、满意,等等。

263. "你阅读时在思维它吗?"——"是的,我阅读时的确在思维它;每个语词对我而言都是很重要的。"

"我与此同时十分紧张地思考着。"一种信号。

此时难道没有什么发生吗?的确发生了什么,发生了各种各样的事情。但这种信号**与此**无关。

而该信号的确与说话的时刻有关。

264. 詹姆斯或许可能会说:"我带着相应于每个语词的感受来阅读该语词。带着'但是感'来阅读'但是'",等等。即便这是真的,——可这实际上意指什么呢?"但是感"这个概念的语法是什么呢?它不会由于我将其称为"感受"就成为一种感受。

265. 这是多么奇怪的事情啊:某种事情在言说时发生了,而我却不能说出**这是什么**!——最好的说法是:这是一种幻觉,且没有发生;而且我现在正在研究这种表露的用途。

人们也可以提问说,与过去那个时间点的关联有何种用途。

266. 是啊;"我在说这些话时想到……"诚然与说话的那个时刻有关联;但如果我现在应当刻画这个"过程"的特征,那么我就不能把它描述为在这段时间内发生的一件事情,例如,我不能说,该过程的这个或那个阶段发生在**这个**时间段内。因此,这**并不像是**(例如)我能够描述那种言说自身。这是人们不能把思维称为一种过程的理由。((也不能把它称为说话的伴随物。))

267. 我其实必须用"有思维的言说"来意指:言说和理解人们所说的东西,而不是事后才理解这些东西。

书写当然是一种自主的活动,也是自动的活动。我们谈论的自然并不是对于书写活动的感觉。换言之,人们感到某物,但不可能剖析这种感受。手在书写;它之所以在书写,并不是因为人们意愿它书写,而是意愿它所要书写的东西。

人们在书写的时候不会惊异地或饶有兴致地看着自己的手;他们不会想到"它现在会写些什么呢"。但这并不是**因为**人们恰恰意愿它应当写下**这个**。它写下我所意愿的东西,这一点可能才真的会让我感到惊异。

268.我们如何验证某个人是否理解如下东西的意思呢:放松手臂的肌肉,使其变得松弛?肯定是通过如下方法:我们来验证,在他说自己放松肌肉的时候(或许是依据我们的命令)肌肉是不是放松了下来。我们会对如下这样一个人说些什么呢:他在显然像通常的自主活动那样用手臂举起重物时向我们说,他并没有紧绷自己的肌肉?在这里,我们会谈论一种谎言或一种奇怪的幻觉。我并不知道,是不是存在一些疯子,他们把自己正常的活动解释为并非有意的。如果某人这样做,那么我会期待,他以一种同正常完全不同的方式来聚精会神地追踪自己手臂的活动;也就是说,像追踪一台仪器指针的活动那样。

269.一个孩子学习走路、匍匐、玩游戏。他并不学习自主或非自主地玩游戏。使游戏的活动成为自主的活动的东西是什么呢?好吧,如果它们是非自主的,那么情况会是什么样子呢?——我也可以提问说:使这些活动成为一种游戏是什么呢?——是如下事情:这些活动是对成年人的某些活动、声音等的反应,以及它们按照**这样的**顺序发生,与**这些**面部表情和声音(例如,笑)相伴而行。

270.简言之,如果他做出**这样的**活动,那么我们就说它们是自主的。在这样的症候群中的活动叫作"自主的"。

271.我用自己的眼睛给予一个人一个信号。我随后可以解释它是什么意思。如果我说"我在那时有**这种**意图",那就仿佛我把这种表达标记为一种活动的开端。我并不是借助于如下东西来说明它:**因袭下来的规则**,或者一种应当调控这种信号未来用法的定义。我既不说"这个信号在我们这里意指**这个**",也不说"它应当在未来意指**这个**"。因此我**并没有**给出任何定义。

272.但现在请考虑它在如下情况中造成的区别:在特定的环境中,我喊出一个词,但不是自发地,而是在一部史书或一部剧本中读到了它。我假定:我是带着**理解**来阅读的。但在这里,当说出这个词时,我是不是仍然倾向于谈论一种意图(我意指的是**我的**意图)?

273.但我能不能说:在阅读时,某种与自发的呼喊不同的东西在我之内发生了?不能。我**并不**知道这些过程之间的区别;尽管我进行表达的方式和方法或许会得出这样一种推论。

但是,如果一个人来到房间,此时我恰恰在读出那声呼喊,而他则问我说,我是否意愿这个或那个;那么我会对他说,我并不这样来意指它,而仅仅在读出某物。

274.我之前说过,意图并没有任何内容。好吧,人们可能把解释其语词表达的东西称为它的内容。但人们不能说,它是一种从这个时间点持续到那个时间点的齐一的状态;比如从第一个词开始到最后一个词结束;人们也不能把其中的阶段区分开,并将其分派给该语词表达式的各个部分。与此相反,如果该命题由一种关于想象的游戏所伴随,那么人们就可以这样做。

275."具有这种意图"和"考虑这种意图"之间的区别。

如果我自言自语道"我想结束这场交谈",那么这的确是对一种意图的表达,而且是在该意图形成的那个时刻;这实际上是关于**决定**的表达。与对该意图赞同的决定相对应,还有一种在不同决定之间的摇摆不定,一种与该决定的斗争。

276.如果我自己思索到"我不能忍受了;我要走!",那么我的确想到一种意图。但这是对于一种意图之突发的思考。对一个讲述说"我企图在明年……"的人,人们也可以说他想到一种意图,但这是在一种完全不同的意义上。

277.人们并不仅仅为了报告正在下雨而说"我知道,正在下雨";相反,人们在陈述受到怀疑时才这么说;或者为了回答我是否确定正在下雨时说出。但这样一来我也可以说"毫无疑问:正在下雨"。

278.我可以用一种报告来玩一系列语言游戏。例如,一种游戏是:依据它来行动;另一种是:通过它来验证做该报告的人。

但是,难道第一种游戏不可以说是更原始的语言游戏——它是报告实际的目的——吗?

279.人们一定会说,第一人称"我相信"在没有第三人称的情况下也可以很好地存在。

在这种语言中,为什么不应当形成一个仅仅具有第一人称现在时的动词呢？如下的事情是无关紧要的：是什么东西、哪些想象导致了这一点。

280. 但如下的事情意味着什么呢：如果我把"正在下雨并且我相信并非如此"**意指**为一个假定，那么它是有意义的；如果我把它意指为断言或报告，那么它没有意义。

人们这样来想象这一点：如果该命题以第一种方式被意图，那么某种闪亮的东西就从中散发出来，如果它以第二种方式被意图，那么所有东西就都处于昏暗之中。在这一点上的确有某种真实的东西：因为，如果一个人对我说了这句话而我把它理解为一个假定，那么或许理解就会在我的面孔上闪动；如果我把该命题释义为一种报告，那么我就会弄错其意思，而那种理解也就会消逝了。

"正在下雨并且我相信并非如此"是一个假定，而并非报告。

281. 人们也可能会说：我相信这一点这个假设，是这样一个假设，即我的倾向是**这样的**。但我不想针对"我相信……"这个报告说，它做出了关于我倾向的报告。更准确地说，它是这种倾向的表露。

282. 所有东西都与如下事情关联在一起：人们可以说"我相信，他相信……"，"我相信，我曾经相信……"，但不能说"我相信，我相信……"。

283. 如果在每个断言的开端都有一个强制性的"我相信"，那么在此情形下，"我相信，它是这样的"的意思就与"它是这样的"相同，但"假定，我相信，它是这样的"则**不**同于"假定，它是这样的"。

284. 我曾经深信某事,现在我知道它了。人们并不说"我知道,地球在最近十分钟里存在着";但大概会说"人们知道,地球在数以千年计的时间里存在着"。而且这并不是因为没有必要担保这样的事情。

285. "我知道,这条道路通向那里。"

"我知道,这条道路通向哪里。"

在第二种情形下,我说自己拥有某物;在第一种情形下,我担保一个事实。在**前者**中,"知道"这个词也可以被省略。在后者那里我可能会继续说,"但我并不这样说"。

286. "我知道,它是这样的"这个陈述,被"你如何知道这一点?"这个问题相跟随,该问题是询问证据的。

287. 在关于报告的语言游戏中存在这样一种情形,即该报告被怀疑,此时人们假定,该报告者仅仅是猜测而并不确定自己所报告的东西。在此他或许会说:"我知道它"换言之,这不仅仅是猜测。——我在此是不是应当说,他把自己在报告中感到的那种确定性告诉了我?我并不想这么说。他仅仅是在玩关于报告的语言游戏,而"我知道它"是一种报告的形式。

288. 人们能不能仅仅知道什么是真的?好吧,人们的确可以说"我相信,我知道它"并且在此不把任何不确信性附加在这种信念之上。这并不意味着"我并不确信:自己知道还是不知道它。"

289. 有些人会说,我对于知道概念的谈论是不相关的,因为哲学家对这个概念的理解确实与日常谈论对它的理解不一致,但它仍是一个重要的、令人感兴趣的概念，它通过一种纯化而从普通的、不那么令人感兴趣的概念中构造出来。然而，哲学上的概念是通过各种误解而从普通概念中获得的①，而且它又加重了这些误解。除了作为一种警告，它丝毫不令人感兴趣。

290. 你还是不要忘记，"一个矛盾式没有任何意义"并不意味着：矛盾式的意义是无意义。我们把矛盾式排除在语言之外；我们并不对它做任何清晰的使用而且也不想使用它。而且，如果"正在下雨而且我相信并非如此"是无意义的，这仍然是因为某些线路的延长导致了这种技巧。但在另一种与正常环境不同的环境中，该命题可能会获得一种清楚的意思。

291. 如果存在一种"自动的"言谈，那么，例如，我们就不能与这样一种表露进行争论，就不能证明说出它的人的错误。因此，我们不会用自动的言谈来玩我们用正常的言谈所玩的语言游戏。

292. 如果我把一种言说称为"自动的"，那么人们就会想象某种缺乏曲折变化的、机械的东西。但对我们而言这完全不是本质性的。人们只需假定，**两个**人通过一张嘴在讲话。这样，我们就必须把被说出的话当作两个人的表露。因此，两个命题可能以报告的意图被说出。而且问题不过在于，我应当怎样对这些报告做出反应。

293. 一方面，人们可以说，黑色和白色可以在灰色中共存；另一方面，人们会说："但在是灰色的地方，自然既不是白色也不是黑

---

① 异文："产生的"。

色。灰色的东西自然并不真的是白色的。"

294.但"浅红色"和"深红色"又怎样呢？人们会不会也想说，它们同时存在于某处？或者浅紫色和紫色呢？——好吧，请你设想这种情形，我们一直被浅蓝色和深蓝色的十分特殊的色调环绕着，而且我们不能很轻松地制造出任何一种色调（像在实际的情形中那样）。但在一些环境中如下事情是可能的：我们把浅蓝色的物质与深蓝色的物质混合在一起，然后得到一种罕见的色调，而这种色调被我们理解为一种浅蓝色和深蓝色的混合物。

295."但那时我们的颜色概念与今天的颜色概念相同吗？"它们是十分相似的。大致就像那些只能数到五的民族的数字概念与我们的数字概念之间的相似性那样。

296.人们可以说：如果我们通过指向一个有颜色的斑点来向某个人解释一个语词，那么这个人仅仅在知道该语词被**如何**使用的范围之内才知道我们意指的是**什么**。这意味着：除了通过一种对技巧的领会之外，在这里并不存在任何对对象的领会、理解。

另一方面，人们的确可以说，在对一种技巧的领会之前领会、把握对象是可能的，因为我们可以命令一个人"复制**这个**！"，而他可以复制颜色、形状和大小，或者只复制形状或颜色，却没有准确复制色调，等等。在这里，这种复制所做的事情，就是在关于身体的情形下把某样东西拿在手里这个动作所做的事情。——对我们而言，我们在这里似乎可以用一把特有的、精致的精神之钳来把握被意指的东西，比如颜色，而并不拿起其它什么东西。

297.我说，理解把握住了**那一个对象**；我们则按照其本性来谈

论这个对象及其性质。

298. 但我如何知道,你的精神与我的精神抓住的是同样的对象?这要通过如下事情:例如,你如何对我的命令"复制这种颜色"做出反应。但在这里你会说,我们只有通过如下方法才能认出这种反应的本质:命令他复制更多颜色。这意味着,我能够在一些这样的反应之后预见其它的反应;而且我通过如下说法来解释这一点:我现在知道,他实际上在复制"什么"。例如颜色或形状——但这里存在的比我们通常倾向于假定存在的**东西**更多;换言之,人们也可以形成我们完全不熟悉的概念。

情况也可能是:在有了他的一些反应之后,我确实能够正确地预见他对复制品的另一些反应,并能够依赖它们——也就是说,我们现在已经互相理解了——但在某种不同的情况下我会体验到一种意外。——现在我应当说什么呢:我在整个时间中都误解了他?或者我部分地误解了他?如果你在考虑对一个对象的把握,那么你或许会说前者,因为依据那幅图像,他**并没有**把握到我相信他把握到的那个对象。但如果我们考虑的是语词使用的方法,那么我们会说,这里有一些不同但类似的方法。

299. 如下事情在这里自然是很重要的:对我们来说,一种技巧具有一种貌相。如下事情是重要的:例如,我们可以谈论一种统一的或不统一的使用。

300. 知识在一种意义上是被习得的并且未被忘记的东西。它这样与记忆关联在一起。——因此我现在可以说:"我知道 97×78 是多少"或者"我知道 97×78 是 432"。在第一种情形下,我想说,我向某人报告我能够做某事、我有某种东西;在第二种情形下我仅仅是在向另外那个人保证说,97×78 是 432。因为,"97×78 肯定就是 432"不就是意味着如下的事情吗:**我知道**,情况就是这样的？人们也可以说:第一个命题肯定不是一个算术命题,而且也不能被任何一个算术命题代替;但人们可以使用一个算术命题来替换第二个命题。

301.区别之处在于:在"我知道它是怎样的"这个命题中,"我知道"不能被省略。人们可以用"它是这样的"来代替"我知道,它是这样的"这个命题。

302."要下雨了。"——"你相信要下雨了吗?"——"我知道要下雨了。"第三个命题是不是说出了比第一个命题更多的东西？它是对第一个命题的重复以及对第二个命题的拒绝。

303.但难道不存在这样一种知道现象吗,可以说,它完全不考虑"我知道"这个词的意思？如下事情难道不值得注意吗:一个人可以**知道**某事,可以好像在他之内拥有它？但这恰恰是一幅错误的图像。因为,人们说:只有当情况真的如他所说的那样时,这才是知道。但这是不充分的。情况是这样这一点,并不仅仅是偶然的。他必须知道:他知道;这种知道肯定是他自己的心灵状态;他不会对此有所怀疑或弄出错误,除非由于某种特定的蒙蔽。因此,认为情况是这样的知识,仅仅在情况真的是这样的时候才是一种知识;而且如果这种知道在他之内,那么他在它是一种知道这一点上是不会出错的;此时他在如下事情上也不会出错,即情况正如那种知道所知道的那样;因此,他所知道的事实一定在他之内,就如同知道一样。

因此：如果我并不是撒谎说"我知道，它是这样的"，那么我只有在一种特定的昏盲中才会出错。

304. "不要**这样**来看这幅图像"是不是意味着：**以不同的方式来看它**？

305. 请你设想这种情形：一幅画谜被展示给我；我在其中看到树木、人群，等等。我在研究它，突然在树冠中看到一个形状。如果我随后再瞧它，那么我会看到那些线条不再是树枝，而是属于那个形状。现在我把这幅图像挂在我的房间里并且每天看它，这时我多半会忘记第二种释义，它现在就只是一片树林。因此我现在看到它像其它任何一幅树林的图像一样。（你看到了这种困难。）——现在我有一次谈论这幅图像说："我已经很久没有把它看作画谜了，几乎忘记了它是一幅画谜。"此时人们自然可以问道"你之前是怎样看它的呢？"，我会回答说"嗯，看作树木……"，而且这也是完全正确的；但我因此就不仅仅看到这幅图像并意识到它描画的是什么，而且还总是依据一种特定的释义来感知它吗？我更想说：对我而言，它到目前为止都是树木，而且我从未在不同的意义上想到过这幅图像。

306. 某个想到某事的人对这件事感到后悔。因此后悔是一种思想吗？或者是思想的一种色泽？

存在着后悔的想法，例如，就像存在着害怕的想法。但如果我说"我对它感到后悔"，那么我是不是在说："我有后悔的想法"？并非如此，因为当时并不感到后悔的人也可以这样说。但我难道不能用如下说法来代替"我对它感到后悔"吗:"我带着后悔来思考它"?

307.别人的后悔有什么令我感兴趣之处呢？他对自己行为的态度。后悔的迹象是反感和悲哀的迹象。后悔的表达与那个行为有关。

人们把后悔称为心灵的疼痛,因为疼痛的迹象类似于后悔的迹象。

但如果人们想找出疼痛位置的类似物,那么它肯定不是心灵（正如身体疼痛的位置不是身体那样）,而是后悔的**对象**。

308.为什么狗可以感到害怕,但不会感到后悔呢？如下说法是正确的吗:"因为它不能说话"?

309.只有那些能够思虑过往的人才能后悔。但这并不意味着,依据经验来看,只有这样一个人才能够感到后悔。

310.如下事情并没有什么不可思议的地方:一个概念仅仅应当适用于一种生物,例如拥有语言的生物。

311.对所有这些内心生活现象的处理对我来说是重要的,但这并不是因为我热衷于完全性。而是因为,每种处理都使得我对**所有上述现象**的正确处理变得明朗。

312.在一个人第一次学习颜色名称的时候,——应当教授给他什么呢？嗯,例如,他学习在瞥见某个红色的东西时喊出"红色"。——这是一种正确的描述吗,或者这应当意味着:"他学习把**我们也**称为'红色的'东西称为'红色的'"？两种描述都是正确的。

这如何与"这在你看来如何?"这种语言游戏区别开呢?

人们的确可以通过如下方法来教给一个人颜色语词:人们让他通过有色眼镜来看白色的对象。但我教授给他的东西一定是一种**能力**。因此他现在**能够**根据命令拿来某个红色的东西;或者依据对象的颜色来将其排序。但究竟什么是某种红色的东西呢?"就是**这个**(指着它)。"或者他应当说:"就是**这个**;因为我们中的大多数都把它称为是'红色的'"?或者简言之:"**这个**是我们中的大多数称之为'红色的'东西"?

这种答复方式是无用的。我们对"红色的"一词所感到的困难,又在"同样的"一词那里登场了。

313. 我向如下这个人描述"把某个红色的东西拿来"的语言游戏:他可能自己已经玩过了这种游戏。我只能**教给**其他人这种游戏。(相对性。)

314. 这里有一深刻而重要之点,而我希望自己知道如何清楚地来表达它。不知怎地,人们在描述的目的这个问题上被迷惑了。或者,人们想继续提出根据,因为他们误解了提出根据这件事的功能。

315. 人们为什么不能一开始就把"这在我看来是红色的"的语言游戏教授给孩子呢?因为孩子还不能理解"看来"和"是"之间的微妙差别吗?

316. 红色的视觉感觉是一个新的**概念**。

317. 我们那时教授给他的语言游戏是:"它在我看来是……,

它在你看来是……"。在第一种语言游戏中,一个人并不是作为感知的主体而出现的。

318. 你给予这种语言游戏一处新的关节。但这并不意味着,它总是这样被使用的。

"这是什么?"——"一把椅子。"——这种语言游戏与如下游戏并不相同:"你把这个当作什么?"——"它或许是一把椅子。"

319. 我们在一开始并不教给孩子"这大概是一把椅子",而是"这是一把椅子"。请你不要自以为是地认为,人们略去"大概"这个词,是因为这种理解对于孩子来说太困难了;人们为孩子把事情简化了;因此教给他的东西**严格来说**并不是正确的。

320. 人们谈论一种深信的感受,因为存在着一种深信的**声调**。是啊,所有"感受"的特性就在于,存在着一种表达,即感受的面部表情、手势。

321. 詹姆斯说,人们不能想到一种情感活动或情绪而同时并不想到相应的(组成它们的)身体感觉。如果人们设想这些东西并不存在,那么就会发现,情感活动本身的存在就由此被废除了。情况或许是这样的:我想象自己是悲伤的,而我现在又试图在这种想象中看到和感到自己是高兴的。为此我或许会进行深呼吸并且模仿一张容光焕发的面孔。现在我固然无法很好地想象那种悲伤;因为,想象它就意味着做出悲伤的样子。但并不能由此得出,我此时在身体中感到的是悲伤或某种类似悲伤的东西。——悲伤的人肯定不能令人信服地欢笑或高兴,否则的话,我们称之为对悲伤的表达就不是对悲伤的表达,而且欢呼也不是对另一种情感的表达。——如果朋友的逝世和痊愈会同样令我们高兴或——依据我们的行为——悲伤,那么这种行为形式就并不是我们所说的高兴或悲伤的表达。如下事情难道不是**先天地**清楚的吗:谁模仿快乐,谁就会感到快乐?情况难道不能是这样吗:在悲伤中仅仅尝试去笑,就会极大地加重这种悲伤?

322. 但与此同时我不应当忘记,快乐是与身体上的舒适相伴而行的,而悲伤或沮丧则常常与身体上的不适相伴随的。——如果我去散步并对所有东西都感到高兴,那么如下之点肯定是真的:如果我身体不适,这些就不会发生。但如果现在我在表达自己的快乐,例如我在说"所有东西是多么美妙啊!"——那么我是不是想说:所有这些东西都在我这里唤起令人愉悦的身体的感受?

即使我这样表达自己的快乐:"那些树木、天空和那些鸟都给予我一种全身的美妙感受"——在这里谈论的也并不是因果关系,不是经验上的同时发生,等等。

323. 人们的确会说"现在,在他康复的时候,我自由地呼吸着",并且做一次轻松的深呼吸。

如下事情的确是可能的:有人感到悲伤,因为他在哭泣,但他肯定不是**对**自己在哭泣这一点感到悲伤。如下事情也的确是可能的:一些借助于洋葱而哭泣的人会感到悲伤;他们要么一般性地变得沮丧,要么开始想到一件特定的事件并对之感到悲伤。但是,哭泣的**感觉**肯定不会由此而成为悲伤的"感受"的一部分。

324. 如果有人在如此这般的环境中做出如此这般的行为,那么我们会说他感到悲伤。(也可以这样来谈论狗。)就此而言,人们不能说,这种行为是悲伤的**原因**;它是它的征兆。称其为悲伤的结果,这也并不是无可厚非的。——如果他这样来谈论自己(说自己是悲伤的),那么一般而言,他不会把自己悲伤的面孔等陈述为这一点的根据。但如果他采用如下说法,那么又会怎样呢:"经验教授给我如下事情:只要我开始悲伤地坐在那里,等等,我就会是悲伤的"?这可能有两种意思。第一:"我只要追随着某种微弱的倾向,开始如此这般地做事和行为,我就会处于我必须坚持这种行为的状态中。"这的确是可能的:牙疼由于呻吟而变得更糟糕。第二种意思则是:该命题可能包含对于人类悲伤之原因的思辨。这种思辨的内容或许是:谁能够以某种方式唤起某种身体状态,谁就会使人们感到悲伤。但这里的困难之处是,我们并不会把如下这样一个人称为是悲伤的:他在所有环境中都**看上去是**悲伤的并且**做出悲伤的行为**。的确,如果我们传授给一个人"我感到悲伤"这样的表达式,而他**在所有时间中**都带着悲伤的表情说出这种表达式,那么这些语词就会像其它符号一样失去其正常的意思。

325. 我差不多想说:人们并不在身体中感到悲伤,就像并不在眼睛中感到看。

326. 在一开始教一个人"这看上去是红色的"是没有任何意义的。如果他学会了"红色"的意思是什么,即学会了这个语词的使用技巧,那么他就一定会自发地这样说。

327. 每一种解释的基础都是训练。(教育工作者应当考虑这一点。)

328. "因此这些概念仅仅适用于**整个**人类吗?"——并非如此;

因为有些概念也具有适用于动物的用法。

329. "任何一个一般而言**这样**行动而有时又**那样**行动的人,我们都会说他……"这是一种合理的语词解释。

330. 我们倾向于把事情想象成:视觉**感觉**像是一种新的**对象**,孩子在学会了用视觉感知进行的第一种原初的语言游戏之后,便知道了这种对象。"它在我看来是红色的。"——"这种红色是怎样的呢?"——"是**这样**的。"与此同时必须指向正确的范例。

331. 即使我已经学会在一个特定的房间里进行一种特定的活动(比方说收拾房间)并且掌握了这种技巧,这也不意味着,我一定准备好去描述这个房间的布置;尽管我会马上注意到并能够立刻描述其中的任何变化。

332. "这条规则并没有在所预料的情形下被给出。"它因此是无意义的吗?

333. 例如,人们可以设想一种害怕的概念,它仅仅适用于动物,且因此只关涉行为。你肯定不想说,这样一个概念没有任何用途。

334. 人们能不能说,例如,就情感及其表达都是被激发的而言,这二者之间存在着一种**相似性**?(我相信科勒有过类似的说法。)人们如何知道,情感是被激发的呢?具有情感的人会觉察并说出这一点。——可如果一个人有一次说了相反的事情呢?——"现在请开诚布公,并且说说,你是否真的没有认识到你内部的激动?"——我是怎样学会"激动"这个词的意义的?

335. 下面这种理解是错误:这个语词**不仅**意谓某种内部之物,**而且**意谓某种外部之物。如果有人否认这一点,人们会误认为:他否认内部的激动。(时间性的和非时间性的命题。)

336. 请设想,一个孩子聪慧异常,以至于人们可以立即把对于所有事物的存在的怀疑教授给他。因此,他从一开始就学会了:"这大概是一把椅子。"

现在他怎么学会如下这个问题呢:"这真的是一把椅子吗?"?

337. 我在从事儿童心理学吗?——我把教学这个概念与意义这个概念联系在一起。

338. 一个人是一位深信不疑的实在论者,另一个人是一位深信不疑的观念论者,而且他们各自相应地来教自己的孩子。在像外部世界存在或不存在的重大事情上,他们并不想把任何错误教给自己的孩子。

那么这些孩子会被教些什么呢?是不是"存在着物理对象",或者相反的说法?

如果一个人不相信仙女,那么他并不需要把"不存在仙女"教给自己的孩子,他可以不教他们"仙女"这个词。在哪些场合中他们应说"存在……"或者"不存在……"?只有在遇到一些持相反信念的人的时候。

339. 但观念论者会把"椅子"这个词教给孩子们,因为他想教他们做某些事情,比如把一把椅子搬过来。因此,观念论培育下的孩子所说的话与实在论培育下的孩子所说的话之间的区别何在呢?这种区别难道不会只是助威口号上的区别吗?

340. "这大概是一个……"的语言游戏难道不是带着失望开始的吗？最初的态度能不能指向那种可能的失望？

341. "那么,人们因此必须首先教给他一种虚假的确定性吗？"
在他们的语言游戏中并没有关于确定性或不确定性的谈论。请你记住：他们肯定在学习**做**某事。

342. 因此,怀疑是怎样得以表露的呢？我意指的是：在语言游戏中,而不仅仅是在某些**习惯用语**中。它或许表露在更近的观看中,因此表露在一种相当复杂的活动中。但怀疑的表露绝不总是有意义的或有目的的。

人们恰恰忘记了,怀疑也属于语言游戏。

343. 怀疑如何会不服从任意性呢？——如果情况是这样的话,——那么一个孩子难道不能通过自己奇怪的天资而怀疑所有东西吗？

人们只有在已经学会了确定的东西的时候,才能够进行怀疑；正如人们只有在学会了计算的时候,才能够算错。此时它确实是不自主的。

344. 如果我怀疑这是一把椅子,——那么我应当做些什么？——我从各个方面观察和触碰它,等等。但这些行为方式是不是总是对怀疑的表达呢？并非如此。如果一只猿猴或一个孩子这样做,就不是那种表达。一个已经了解"怀疑的理由"的人才能进行怀疑。

345. 我可以想象如下事情：一种特定的原初行为随后发展成

为怀疑。例如,存在一种**原初的**研究。(比如,一只猿猴撕开一支香烟。我们并没有看到一只聪慧的狗能做类似的事情。)单纯的反复翻转和查看一个对象的行为,是怀疑的原初根源。但怀疑只有在如下的时候才存在:存在着怀疑的典型的前件和后件。

346. "它尝起来像是糖。"人们准确地并确定地记得糖尝起来是什么样子。我并不说"我相信,糖尝起来是这样的"。多么奇特的现象啊。这恰恰就是记忆的现象。——但把它称为一种奇特的现象是正确的吗?

这肯定不是一种奇特的现象。确定性丝毫不比不确定性更奇特。什么是奇特的东西呢? 是不是:我确定地说"这个尝起来像是糖",或者它真的就是糖? 或者:别人发现了同样的事情?

如果关于糖的确定的认识是奇特的,那么,相应的无知就不会那么奇特。

347. 如果人们(突然)在其味道的判断上不一致了,——我还会不会说:无论如何,每个人都知道自己尝到的是什么?——如下事情会是不清楚的吗:这是胡说?

348. 关于味道的困惑:我说"这是甜的",另一个说"这是酸的",等等。一个人走到这里并且说道:"你们都不晓得自己在说些什么。你们完全不再知道,什么是自己曾经称之为一种味道的东西。"什么会是我们还知道这一点的标志呢?

349. 但我们难道不也能在这种"困惑"中玩一种语言游戏吗?——可它还是之前那种游戏吗?——

350. 这里的确有一条悖论！关于我的味道表露的可靠性，是不是应当依赖于外部世界中的那些变化？——在这里，重要的事情是判断的意思，而不是有用性。——在这里我们看到了同感知的原始语言游戏的亲缘关系。

351. "它尝起来完全就像是糖。"我能如此地确信这一点，这是如何可能的呢？即使这随后被证明是错误的。——在这一点上是什么使我感到惊奇呢？是如下的事情：我如此**坚定地**把"糖"这个概念与味觉感觉联系在一起。是如下的事情：我似乎在味觉中直接识别出糖这种物质。

但我可以使用"糖！"这种更原初的呼喊来代替"它尝起来完全就……"这种表达式。人们能不能说，在说出这个词的时候"糖这种物质浮现在我眼前"？这是如何做到的呢？

352. 我能不能说，这种味道强制性地带来了"糖"这个名称；或者是一块糖的图像？这二者似乎都不正确。是啊，对"糖"这个概念的需求确实是强制性的，这正如在如下情况下对"红色"概念的需求是强制性的一样：我们使用此概念来描述所看到的东西。

353. 我记得，糖有这样的味道。这种体验返回到我的意识当中。但是：我如何知道它是之前的那种体验呢？记忆在此不再能够帮助我了。不，"这种体验返回到……"这句话仅仅是对记忆的一种改写，而不是对它的解释。

但在我说"它尝起来完全就像是糖"的时候，没有任何记忆在一种重要的意义上发生。因此，我**并没有**为我的判断或呼喊**提供根据**。如果我被问到，"你用'糖'意指什么？"——那么我一定会试图向他展示一块糖。如果有人问道"你如何知道,糖的味道是这样的",那么我一定会回答说"我吃过无数糖"——但这并不是我给予自己的一种辩护。

354."自我观察告诉我:我相信这个,——但对外部世界的观察则告诉我,情况并非如此。"

355. 现在让我们假定,我曾经看到一个人把 F 写成:Ⅎ,而且我总是将它当作一个镜像-F;换言之,我已经假定了他的字母和正规书写的字母之间的某种**特定**的关联。现在你使我注意到,这种关联**并不**存在,存在着的是另一种关联(那些被移动过的线条之间的关联)。我理解这一点并且说道:"此时它看上去自然有些不同。"如果被问道"**怎么**不同?",那么我或许会说:"它之前看上去不那么灵活,现在则轮廓分明而且有力。"

356. 你说,一个人曾经总是仅仅看到带着这样**一**种表情的面孔,比如微笑。他现在第一次看到一张面孔的表情发生了变化。人们是不是可以说,他现在才注意到了这张面孔的一种表情?只有这种变化才使得该表情有意义;此前这种表情仅仅属于这张面孔的解剖。——字母的面相也是如此吗?人们可以说,表情只存在于面部表情变化之中。

357. 因此,一个字母在我看来是怎么样的取决于:它是不是严格依据规范而形成的,或者是不是以及如何偏离了规范。这样如下的事情就是可理解的:这区分开了如下问题,即我们认识到的是字母形式的一种解释还是两种解释。

358. 在我知道这种姿势是一种姿势而非存在物的骨骼模型之前，我究竟如何能够看到它是迟疑的？（PU II 233）

359. 现在的问题在于：如果人们能够依据一种释义去看一个图形，那么他们可以**总是**依据一种释义去看吗？在与任何释义没有关联的看和其它的看之间，是不是存在着清楚的区分？

360. 我想说：在释义中对一个图形的看，是对于该释义的一种思考。我是不是应当说，如下事情是可能的：把这个看作一个镜像-F，同时又没有想到"镜像-F"这个词所意谓的特定的**关系**？我可是看到一种释义，而释义就是一种思想。

361. 人们可以在解开这幅画谜之前或之后**顺带**复制它；这样一来，复制第一种面相时的错误就会不同于复制第二种面相时的错误。因此我可能会说："我在解开它之前大概看到了**这个**（并且画下一片森林）——在解开之后则大概看到了**这个**（并画下一个在树冠中的人）。"

362. 你必须考虑到，在非常重要的一些情形下，一个人所看到的东西是在对所观察的对象的报告中得到表达的。立体的通告自然也属于这种报告。——如果一个人需要报告他在一个平面上看到的东西，如果这幅平面上的图画具有画谜的特性，那么情况将会怎样呢？首先，就立体的方面而言，他也可以立体地描述自己在这个平面上看到的东西；是的，这或许是他可以给出的唯一一种描述。

363. 例如，一种重要的报告会是："它在整段时间内都没有改变。"这恰恰建基于连续的观察。

364. 如果我发现了画谜的答案,那么我就做出了关于这幅图像的发现。例如,这种发现是:一艘船被伪装给隐藏了起来。我或许想向一个人秘密地报告说某个人看上去像是怎样的,并且把我的报告——即他的肖像——隐藏在一幅画谜中。

365. 如果我把这幅图像称为思想助手,那么我可能会说,我把它看作**这种**思想助手。

366. 下面这一问题是多么奇怪的啊:当我突然在 N. N. 的儿子的面孔上看到他的面孔时——我是否必然**想到** N. N.?我想问的自然不是:我在拥有他的图像的**同时**不是一定想到他吗?而是:这种现象难道不是思维吗?但人们如何判断这一点呢?

例如,我说:"我刚刚在考虑,他是否已经到达……"。这种想法在一个命题中得到表达。另一种想法则在一声惊呼中得到表达。

367. 我现在是不是能在他的面孔中看到他父亲的面孔,而同时并不**想到**他父亲?在他的面孔中看到他父亲的面孔,这显然是一种对该面孔的想象。必须记住的是,人们并不把关于一个人的**心象认作**是关于他的心象。

368. 请你记住:你不能借助一幅图像(或模型)来再现目光的游移!然而人们难道不是把很自然地产生的印象算作视觉印象吗?它将,或者能够,像我复制这个图形那样来表达面相,因此在**某种**意义上在这种复制之中表达该面相。我也能够按照我的**理解**

在一幅素描中以不同的方式再现一副面孔，即使每次在照片中显示的都是同一副面孔。因此，这里又有了一个谈论"看"的理由。

369. 我制造出另一个复制品（另一种后果），这一点与看的状态的概念相契合。我制造出同一个复制品，但却是**以不同的方式**制造出来的——以另一种顺序来画这些线条——这一点指向**思维**的概念。

370. 他在这里使用"看"这个词的正当性何在？或者，他没有任何合法性，而且这只是一种语言上的愚蠢？或者唯一的合法性在于，我也倾向于说："我有时把它看作这个"，"我有时把它看作那个"？情况可能是这样的。但我一定不喜欢这样来假定；我感到自己必须说"我看到了某物"。但这应当意味着什么？——我确实曾经**学习过**"看"这个词。与此相契合的并非这个词，这个声音或这幅被画出的图像。是这个词的用法强加给我如下这个观念：我**看到**这个。

我所学习的关于这个词的用法的东西，一定在这里迫使我使用这个词。

371. "这肯定就**是**：看到某物——"我或许想这样说。而且实际上也的确如此：这种情况完全就像是这个词在其它时候被使用的样子；——只不过这里的技巧有所不同。

372. "看"这个词的用法绝不是简单的。——人们有时把它想象成像是一种活动语词的用法，——而把这种活动直接**指示出来**是很困难的。——人们由此把它想象成比实际情况简单得多的样子，即可以说，看就像是用眼睛饮入某物。如果我用眼睛饮入某物,那么关于我看到某物这一点也就不再有什么怀疑了(如果我没有被那些成见欺骗的话)。

373. 人们可能会说:我有时把这个图形看作这个数列的极限值,有时看作那个数列的极限值。这个**值**可能是不同函项的极限值。

374. 在一种特定的意义上,这个图形可以一直**是**我把它看作的样子。尽管在另一种意义上它不是"可见的"。因为,一个图形可以依据其用法或产生方式而成为不同数列的极限值。一个三角形确实可以被用来描绘一座山或一个指向**这个**方向的箭头,等等。因此,对面相的描述始终是对视觉感知的正确的描述。

375. 一个图形,比如一个被写出的符号,可以是被正确地或是以各种方式错误地写出的。对该图形的这些理解对应于面相。——在这里,我们获得了与如下东西之间的极大的相似:在一个孤立的语词被说出时对意义的体验。

376. 人们以不同的方式复制它,——但复制品是同样的。

可我想说:如果某种不同的东西被**看到**了,那么这个**复制品**一定有所不同。

377. 例如,什么是"立方体图示"的复制品呢? 一幅素描,或者一个物体? 为什么仅仅是前者呢?! 如果是一个物体的话,——那么是何种物体呢:一个立体角,一个固体立方体,一个线框?

378. 如果我向他报告说:"现在我把这个图形看作……",那么我是以一种在许多方面**类似于**报告的视觉感知——但也类似于报告一种理解、一种释义、一种比较或一种知道——的方式，向他做出一个报告。

379. "我现在在黑色的底色之上看到一个白色的十字，然后又在白色的底色之上看到一个黑色的十字。"但什么是一个黑色底色之上的白色十字呢？请解释一下！什么又是一个在白色底色之上的黑色十字呢？你不能对这二者做出相同的解释！但一定会有解释！

这种解释可能大概是这样的："一个在黑色底色上的白色十字，或许是**这样**的——"然后是一个图形。这当然**不**会是一个双义的图形。由此人们可以用"我一会儿把这个图形看作**这样**（接着是一个图形），一会儿看作**那样**（接着是另一个图形）。"这样的说法，来代替如下说法："我一会儿把这个图形看作一个⋯⋯之上的白十字，一会儿看作⋯⋯"如果第二种命题是一种被允许的表达，那么第一种也是。

380. 这难道不是意味着如下事情吗：这两个图形都是那个有歧义的图形的**一种**复制品？

381. 一方面这两种描述是对所看到的东西的复制，另一方面还需要一种概念上的说明。——例如，如果我有时把这个十字图形 ✝ 看作一个平躺着的十字、有时看作站立的十字、有时看作倾斜放置的对角交叉线，——那么什么是相应的复制品呢？

一个平躺着的十字是一个被弄倒但应当站立的十字。因此其复制品应当是某种这样的东西：它有十字形状，而且我们知道它是平躺着的还是站立的。由此如下事情也是可能的：一幅图像被用作复制品,在其中十字形出现了,而且扮演着这种或那种角色。换言之,存在着一幅图像,它使被我们看作面相的东西得以表达。而且它把与某种通过看而被感知到的东西之间的相似之处,给予这个面相。

382. 或者:存在着一幅图像,它对该面相所起的表现性作用,**类似于**作为对被感知的东西的报告的图像。请你设想一幅绘画,或许是一幅《下十字架》;①如果我们并不知道哪些**活动**在这里会被把握住,那么对我们来说它会是什么呢。这幅图像向我们展示了这些活动,但又没有向我们展示它们。(那幅骑兵冲锋的图像,如果观察者并不知道那些马匹并不是那样固定不动的。)

383. "我所看到的东西看上去是**这样的**。"请你设想,某个人这样说,他在观察一匹奔腾的马匹的图像,而一匹**处于**奔跑姿势的标本马被用作它的复制品!一匹奔跑的马难道不是正确的复制品吗?

384. 现在是否有一种**思想**与面相一同出现在我眼前?是否有一种思想与这幅**绘画**一同出现在我眼前?(因为,这个被这样或那样看的图形,肯定像是一幅绘画的组成部分,该部分单独来看是毫无意义的。)

385. 人们肯定可以通过描述一些**事件**来描述一幅绘画;人们确实几乎总是会这样来描述它。"他陷于疼痛之中,她紧握着手,

---

① 《下十字架》(Kreuzabnahme)系巴洛克派画家彼得·保罗·鲁本斯的名作,表现了耶稣被取下十字架时的场景。

……"是啊,任何不能这样来描述它的人都没有理解它,即使他能够非常精确地描述平面上色斑的分布。((关于登山者的图像。))

386. 因此,你看到它,就像你知道关于它的**这个**。

而且如果这看上去是一种滑稽的表达方式,那么人们恰恰必须牢牢记住,看这个**概念**是被它所修订的。

387. 但我是不是也可以说:"如果他不知道这里发生着什么,他就会以不同的方式来看这幅图像(或许是一场战斗的图像)"? 这是如何得到表露的?! 他不会像我们那样来谈论这幅图像;他不会说:"人们真的看到,这些马在如何奔腾"或"一匹马肯定不是这样奔跑的!",等等。他不会像我们那样从这幅图像中推断出无数的东西。

388. 我们的确可以决定,把我们现在称作"把这个图形看作……"的东西,称作把它"**理解**"成这个。——如果我们这样做,问题自然并不会就消失;更确切地说,我们现在会研究"理解"的用法,而且特别是这样一种特征,即这种理解是某种固定不变的东西,是一种**在这时**开始、**在那时**结束的状态。

389. 因此,对我而言——我可能会说——我似乎一定能够通过一幅被注视的图形的**图像**来再现这种理解。——情况也的确如此:我肯定可以说,一个人所制作的一个对象的图像,表达了对该对象的一种理解。这完全就像人们可以说:**这样**……来听这段旋律并相应地来演奏它。

390. 就……的范围内而言,这是一种看。

仅仅就……的范围内而言，这是一种看。

（这在我看来就是解决问题的办法。）

391. 但是，就这个范围内而言，那些作为图形的可见的释义的面相，与那些立体现象的面相是不同的。因为，人们可以把一个图形**认**作一个物体。而且，即使不涉及假象的问题，"我现在把这个图形看作金字塔"同"我现在把这个图形看作白色底色上的黑色十字"等等相比，也说出了不同的东西，具有不同的后果。（在画法几何中的立体的看的后果。）但是，面相与思维的关联似乎也改变和消失了。因为，那件向别人展示我如何看这个图形的复制品，在这里难道不是另一种复制品吗？人们不应该忘记，"复制品"一词在整个考察中的意义是摇摆不定的。

392. "情况似乎是，我们的概念受到事实之框架的限制。"

这肯定意味着：如果你按照与实际的样子不同的方式来思考、描述某些事实，那么你就不再能想象某些概念的使用了，因为其使用的规则在新环境中毫无相似之处。——我的说法其实就是**这样的**：一条人类的法律被给出了，一位法律学家也许完全能够得出自己通常所遇到的每个案例的结论，因此这条法律显然具有自己的用法、是有意义的。尽管如此，但其有效性却预设了各种事情；如果他所要判决的生物与日常的人类完全不同，那么，例如，裁定他是否带着坏的意图而做了错事，这就不是困难的，而是简直不可能的。

393. "如果一般而言，人类在事物颜色的问题上并没有达成一致，如果这种不一致不是例外情况，那么我们的颜色概念就不可能存在。"是啊;我们的颜色概念就不会**存在**。因此,这是不是意味着如下事情呢:可以被设想为规则的东西,并不一定会被设想为例外情况?

394. 这类似于如下情形:我已经学会了通过一条曲线来描绘实验结果,如果被记录的那些点是**这样的**①,那么我就会知道大概要画出何种曲线并且会能够从这些实验中得出进一步的结论。但如果这些点是这样的②,那么我曾经学会的东西就会使我陷入困境;我丝毫不知道自己应当画出何种线条。如果我遇到一些人,他们并不使用我能理解的方法而且不假思索地画下一条穿过这一系列点的线条,那么我就无法模仿他们的技巧;如果我应当看出,在他们那里**某**一条可行的线条会被承认为是正确的线条,而且这条线随后会作为进一步推论的基础;而且,如果**这些**推论,就像我们会说的那样,与经验相矛盾,而这些人以某种方式对此不理不睬,——那么,我会说,这丝毫不是我所熟悉的那种技巧,而是一种"表面上"相似但实则完全不同的技巧。如果我这么说,那么我是用"表面上"和"实则"这些语词陈述一种判断。

395. 这意味着什么呢:"这肯定完全是另一种游戏!"? 我如何使用这个命题? 作为报告吗? 嗯,或许是作为这样一种报告的导言:它列举了各种不同的东西并且解释了其结论。但也是为了表

---

① 在手稿中,这里有如下素描: 。——原编者注

② 在手稿中,这里有如下素描: 。——原编者注

达如下事情:我在这里恰恰因此才不再参与这种游戏,或是对这种游戏采取一种不同的态度。

396. 如果我说:"我不会再把它称作……",那么这实际上意味着:我的表态的天平现在倾覆了。

397. 我的确也可能会说:"我不再能够与这些人相互理解了。"

398. 我曾经说过,可能存在着这样一个概念,它在某一条重要界线的左侧符合我们的"红色",在右侧则符合我们的"绿色"。在过去和现在,我似乎都可以对这种概念世界进行设想;我似乎都可能倾向于以同样的方式来称呼一侧的红色和另一侧的绿色。(更确切地说,尤其是在存在着一种相当深的红色和相当深的绿色的时候。)因此,在这种世界中,似乎我不会不乐于把绿色仅仅称为红色的一个面相;似乎我称之为"颜色"的东西继续保持不变,而仅仅改变了"明暗"。因此这里有一种使用如下表达方式的倾向:在某些环境中,针对绿色和红色使用同样的形容词,加上一个"阴暗的"/"非阴暗的"这样的限定词。"但因此,你是不是真的想说,这里存有的不是两种不同的颜色?"我想说:我在自己所描述的表达方式和我们实际使用的表达方式中看到了足够的相似之处,以至于我在一些环境中很可能会接受那种不寻常的表达方式——但因此这些人难道没有看出我们所看出的这种相似性或等同性吗:即左侧的绿色和(依据我们的表达方式)右侧的绿色之间的相似性或等同性?——如果他们说,它们"表面上相似",那么又会如何呢?

我想象类似于这种素描 的处境,在其中,我可以把角 α、

β、γ 称作是彼此相等的，尽管它们在表面上并不相等；角 δ+α 与角 ε+γ 并不相等，但在表面上是相等的。

399. 我也可能会说：左侧的红色和右侧的绿色在本性上是相同的，但具有不同的外表。

400. 但我已经在所有这些事情当中引起了一种困惑。这件事情的重要之处肯定在于指出如下事情：人们可以在一列东西（比如一个数列）中这样来继续下去，以使得就**我们的**概念而言，人们不再继续遵循那种序列规则①，而是遵循一种新的规则；但依据另一种理解，其规则**并没有**改变，而且那种表面上的改变的理由会通过环境上的变化得以阐明。

401. 但这实际上就是说：在一个序列中的**前后一致的**继续，只能通过**例子**得以展示。

402. 在这里，人们一再被引诱去说超出有意义的范围的东西。人们在应当做出停止的地方继续喋喋不休。

403. 我可以对一个人说："**这个数字是该数列的前后一致的继续**"；由此我可以把他带向如下事情，即他在未来把我所说的"前后一致的继续"的东西也称之为"前后一致的继续"。换言之，我可以教他继续一个序列（基本的序列），而并不使用"序列的规则"这样的表达式；更准确地说，这是在为代数序列的意义或类似的东西奠定一种基础。

---

① 异文："那种旧的规则"。

404. 他必须**无理由地**这样继续下去。但这并不是因为人们还未能使他能够理解这种理由,而是因为——在**这个**系统中——并不存在理由。("理由的链条有一个终点。")而这个**这样**(在"这样继续下去"中)通过一个数字或数值而得以标示。因为在**这个**层面上,规则的表达是通过数值而得以解释的,而非:数值通过规则而得以解释。

405. 因为,在所说的"但你竟然没有**看到**……!"之处,这个规则恰恰是无用的,它是被解释的一方,而非进行解释的一方。

406. "他从直觉上把握到这条规则。"——但为什么是这条规则呢?为什么不是:他现在应当如何继续下去呢?

407. "只要他看出了正确的东西,看到了我力求让他了解的无数联系中的任何一个,——只要他把握到这些,那么他就会毫无问题地、正确地继续这个序列。我承认,他只能猜测(在直觉上猜测)我所意指的那种联系——但如果他成功了,那么他就赢得了这场游戏。"——但我所意指的那种"正确的东西"是完全不存在的。这种比较是错误的。在这里,并不存在一种类似轮子的东西:他应当把握住它;也不存在正确的机器:一旦被选择了,这种机器就会自动带着他继续下去。在我们的脑海中的确可能发生着这样的事情,但这并不令我们感兴趣。

408. "请做同样的事情!"但这样说的时候我必须指向一条规则。因此,他一定已经学会**使用**它了。因为,否则的话,这条规则的表达对他而言意谓什么呢?

409. 猜测一条规则的意义，从直觉上把握它，这可能仅仅意味着：猜测它的**使用**。而不可能意味着：猜测其使用的**种类**、**规则**。在这里完全没有涉及猜测。

410. 例如，我可能会猜测，哪种继续会令别人**愉悦**（比方说依据他的面孔）。只有在如下的时候人们才能猜测规则的使用：他们已经能够从不同的使用中选择一种使用。

411. 此时人们可能会设想如下事情：他并不是"猜测规则的使用"，而是**创造**它。好吧，这看上去会是怎样的呢？——他是不是应当说："遵守'＋1'这条规则，这有时或许意味着，写下如下东西：1,1＋1,1＋1＋1,等等"？但他以此意指什么呢？这个"等等"恰恰已经预设了对一种技巧的掌握。

412. 人们如何能够描述那个继续该规则的人做了些什么呢？——人们可以通过陈述这条规则来做到这一点；如果那个人已经能够使用它的话。而谁能够使用它呢？那个在1＋1之后写下1＋1＋1，而接着又写下1＋1＋1＋1的人。——现在我能否以"等等"来结束呢？这会意味着：总的来说，依据这条规则继续下去。"

413. 我无法描述如何（一般性地）使用一条规则，除非通过**教授**你或**训练**你去使用一条规则。

414. 例如，我现在可以在有声电影中进行这样一种授课。教师有时会说"这样是正确的"。如果学生应当问"为什么？"——他不会给出回答，也不会回答相关的事情，甚至不会回答说："嗯，因为我们所有人都这样做";这不会构成理由。

415. 人们并不说"情况或许会是这样的;但实则不同"。或者:"我假定他明天来;但他实际上并不会来。"

416. 即使在**假定**中线索就已经与你所想的有所不同了。

我想说:在"假定我相信……"这句话中你已经预设了"相信"这个词的全部语法。你没有假定这样的东西:它可以说似乎是由一幅图像毫无歧义地摆在你的面前的,以至于你能够给这个假定补充上一个不同于通常断言的断言。——如果你并非已经熟悉了"相信"的运用,那么你便**根本不知道**你在此假定了什么东西。(PU II 112)

417. 不可见的使用在这里展示出自己的面孔。

我们并没有意识到**那种独特的技巧**,它可以说是隐秘地流过,而我们并没有察觉到它;只有在它与我们的错误心象公然抵触的地方,我们才会**突然意识到**它。在这里我们才察觉到,一个命题没有任何意义,我们丝毫不知道自己应当用它来着手做些什么,而它并不直接引起猜疑。人们能否告诉医生说"我相信……"来向医生报告一种精神疾病的征兆?——但比如,人们大概会这样说:"我一直相信自己听到了声音。"

"我总是假定,他在我面前不忠诚,但情况并非如此。"
这个概念的线路似乎突然断裂了!——

418. "'我相信它,而且它并不是真的'这个命题**的确可能是真的**。也即,在我真的相信它而这种信念自身又被证明为假的时候。"

419. 针对另一个人，我说"他似乎相信……"，而且其他人针对我这样说。那么，为什么即使在其他人**正确地**针对我这样说的情况下我却从不针对我自己这样说？"显然，他相信……"与此相同。我没有看到自己吗？——人们可以这样说。（PU II 105）

420. A："我相信，正在下雨。"——B："我并不相信这一点。"——他们彼此并不矛盾的；每个人仅仅在说出某种关于自己的事情。

421. "不存在任何蓝的黄色。"这类似于"不存在正二角形"①这个命题；人们可以把它称为一条关于颜色几何的陈述，换言之，一个确定概念的命题。

422. 如果我已经教给一个人如何使用六种原色名称以及后缀"lich"②，那么我就可以向他发出"请在这里画出一种绿的白色！"这样的命令——但我有时对他说"画出一种红的绿色！"我观察他的反应。他或许会把绿色和红色混合在一起并对结果感到不满；或许他最终说道："并不存在任何红的绿色。"——与此相似，我可以引导他对我说，"不存在正二角形！"或者"不存在 - 25 的平方根"。

---

① "正二角形"在原文中是"regelmässiges Zweieck"。"二角形"（Zweieck）的准确德文名称应当为"Kugelzweieck"，字面意思为"球面二角形"。这种图形只有两条边和两个顶点，无法在平面上画出，只存在于球面上。但在数学中，其实是有所谓的正二角形（regular digon）的，指的是在球面上连结对跖点的、两边均为 180 度弧形的二角形，在施莱夫利符号（Schläfli symbol）中被表示为{2}。维氏说不存在正二角形的意思可能是指，它在平面上或经典几何学中并不存在。

② "lich"是德语中表示形容词的后缀。

423. 我想说,在绿色和红色之间,有一条**几何学**而非物理学的间隙。

424. 但与此相应的难道不是物理学的东西吗？我并不否认这一点。(如果它仅仅是指我们对**这些**概念、这些语言游戏的熟悉的话。但我并不是说情况是这样的。)如果我们通过例子来教授一个人这种或那种技巧,——那么如下事情自身便是一种极其重要的自然事实:他在一种特定的新情形下**这样**而非**那样**来前进,或者他停顿下来,因此对他而言,这个而非那个才是"自然的"继续。

425. "但如果我用'蓝的黄'来意指绿色,那么我就是用与原始的方式不同的方式理解这个表达式。原始的理解标示了一条不同的而且恰恰是**走不通的道路**。"

但在这里什么是正确的比喻呢？这样的比喻:物理学上走不通的道路,或者道路的不存在？因此,这是物理上的不可能性还是数学上的不可能性的比喻？

426. 我们拥有一种颜色系统,就像拥有一种数字系统一样。

这个系统位于**我们的**本性之中,还是位于事物的本性之中？人们会如何谈论它？——**不是**位于数字或颜色的本性之中。

427. 这个系统具有某种自主的东西吗？既有又没有。它与自主和非自主的东西都有亲缘关系。

428. 第一瞥就能看明白,[①] 人们并不想把任何东西承认为是

[①] 打字稿中为"第一幅图像就能看明白",这可能是个错误。即在打字稿中或许把"瞥"(Blick)误写为了"图像"(Bild)。——原编者注

红色和绿色的中间色。(如下事情在这里是无关紧要的:这对人们总是明白的,或者是在经验和教育之后才变得明白。)我们会怎样考虑那些了解了"红的绿"的人呢(比如这样来称呼橄榄绿)?而**这**意味着什么呢:"他们总的来说拥有一种不同的颜色概念"?仿佛我们想说:"它不是**这个**而是另一个颜色概念"——此时我们指向自己的颜色概念。因此,似乎存在着这样一个**对象**,这个概念明确地隶属于它。

429. 这些人了解红的绿。但肯定完全不**存在**这样的东西!——何其古怪的命题啊。——(你又是如何知道的呢?)

430. (那幅刻画这个概念特征的图像,或许会像是一个代数公式。)

431. 让我们这样来说吧:这些人一定注意到了这种不一致之处吗?他们或许对此过于迟钝了。亦或者:也许并非如此。

432. 但在这里,本性难道根本没有什么要说的吗?! 并非如此——只是它以不同的方式使得自己被听到。

"你肯定会在某个地方碰上存在和非存在!"——但这肯定意味着,你碰上的是**事实**,而非概念。

433. 如下的事情是一种极其重要的事实:我们倾向于称之为(例如)"红的黄"的颜色,实际上可以通过(以各种方式)混合红色和黄色而产生出来。我们不能把由红色和绿色的混合产生的颜色直接识别为可以用上述方式产生出来的颜色。(但在这里"直接"意谓什么呢?)

可能存在着这样一些人,他们无需计数便一眼把一个正九十七角形识别了出来。

434. 请比较一个概念与一种绘画风格:甚至于我们的绘画风格也是任意的吗?我们能不能干脆决定采用埃及人的风格?抑或在此只关涉到美丽和丑陋?(PU II 318)

435. 我们是不是**发明**了人类的语言?正如我们没有发明用两条腿走路一样。如果确实如此,那么一个重要的事实就是,当那些应当用线条重现大熊星座的人们被要求以自己的方式这样做时,他们总是或在大多数情况下会以一种特定的方式而从不以另一种特定的方式来这样做。

但这是否意味着:这个星座以这种方式被看到?例如,这里是否已经存有面相突然转换的可能性?因为这的确是这样一种突然的转换:我们感到其与一个视觉对象的转换的相似之处。

436. 如果没有面相的转换,那么就应该只有**理解**,而非这样或那样的**看**。

437. 这显得很奇怪。就像人们会说"如果我总是用煤而从未用别的东西取暖,那么我也就没有用煤取暖"。

但人们难道不能这样说吗:"如果只存在**一种**物质,那么人们就不会使用'物质'这个词了"?然而,这意味着:"物质"概念预设了"物质的区分"概念。(就像国际象棋中王的概念预设了棋子移动的概念,或是**颜色**的概念预设了**多种颜色**的概念。)

438. 如果我对一个人说如下这些,那么我便是在告诉他一些不同的事情：

(a)在他没有看到的那幅图画中包含着这种或那种形状——

(b)在他看到的那幅图画中包含着一种他没有觉察到的形状——

(c)我刚刚发现在那幅我很熟悉的图画中包含着这种形状——

(d)我现在正以这种面相看这幅素描。

这些报告中的每一个都有着不同的旨趣。

439. 第一个报告是对一个被感知到的对象的部分的描述，类似于对"我在那里看到某种红色的东西"的描述。

第二个报告是我想称之为"几何学报告"的东西。它是非时间性的，与第一个报告相反。这种对于情况是怎样的发现属于数学上的发现。

440. 但是这种报告难道不能也以时间性的方式被给出吗？比如："如果你向这里或那里翻转这幅素描，那么你就会在其中看到**这个**形状，而且线条仿佛并没有被移动过。"但这并不意味着，我们使用这个事实来确定概念。

441. 人们如何做出这种发现呢？或许是这样的：人们在透写纸上——或许纯粹是偶然地——描摹这幅素描的某些线条。然后人们看到：这的确是一副面孔！或者人们在瞥见这幅素描时发出惊呼，并且接着描摹那些线条。——这里的这种**发现**何在呢？——这还是必须被释义为发现，尤其是被释义为**几何学的发现**。

442. 一个面相可以通过以下方式显现出来，即一个人引起我对他的**注意**。这在何种程度上把**这种**"**看**"同对颜色和形状的感知区分开来了。

443. 觉察和看。人们不说"我已经觉察到他五分钟了。"

444. "但我们**真的**在那幅图像中看到了人们的形状吗?"人们在问些什么呢?

这里发生的事情显然是:一个概念被另一个概念所干扰。我应当问道:"那么我真的是在与……相同的意义上看到这些形状吗?"或者:"我在这里有何种谈论'看'的理由呢?在我这里有什么反对这一点的东西呢?"

445. 我想提出这样的问题:"在我看到例如一本书的时间内我**总是意识到它的立体性、深度吗?**"我可以说在整个时间内都**感到**它吗?——不过,请以第三人称形式来提出这个问题。什么时候你会说,他总是意识到它?什么时候你会说相反的事情?——假定你去问他,——但是,他是如何学习回答这个问题的?——那么,例如,他知道什么叫作不间断地感到疼。但是,这在此只会使他和我一样迷惑。(PU II 252)

446. 如果现在他说他持续地意识到深度,——在这点上我相信他吗?如果他说他只是偶尔地意识到它,比如当他谈论它时——**在这点上我相信他吗?**我会觉得,这些回答是建立在错误的基础之上的。——但是,如果他说这个对象让他觉得有时是平面的,有时是立体的,那么情况便不一样了。(PU II 252)

447. 我可以通过递给一个人一幅风景画来传递①给他重要的

---

① 异文:"发送"。

信息。他是不是像阅读一张设计图那样来阅读这幅风景画；我意指的是：他是否在**辨认**它？他瞧着它并遵照它来行动。他在其上看到岩石、树木和一座房子等等。

448.（这种情况在这里是实践所必需的情况，但交流的手段同约定、定义或类似的东西无关，而是仅仅服务于似乎有些诗意的目的。但日常的文字语言恰恰也服务于诗意的目的。）

449. F 的面相：好像是一个**心象**与视觉印象发生了接触并且与其保持接触了一段时间。（PU II 219）

450. 但黑色和白色十字的情形是不同的，这种情形类似于**立体**面相的情形（例如棱柱的素描）。

451. 人们说出"我**这样**看它"的企图，在此过程中人们在说出"它"和"这样"时指着同一个东西。（PU II 222）

452. "看"这个概念给人以混乱的印象。好了，它是这样的。——我看着风景；我的目光扫视着它，我看到了各种清楚和不清楚的运动；**这个**给我以清楚的印象，**那个**给我以极其模糊的印象。毕竟，我们所看到的东西可能显得是多么地彻底破碎的呀！现在，请看一下"对所看到的东西的描述"意味着什么！但是，这恰恰就是人们称为对所看到的东西的描述。并不存在这样的描述的真正的、井然有序的情形，并且我们说："其余的东西恰恰还是不清楚的，还有待澄清的，或者必须直接作为垃圾而被扫到墙角处。"（PU II 167）

453. 在此对于我们来说存在着这样巨大的危险：要制造出精

细的区别。如下的情形是一样的:这时人们要用"实际看到的"东西来解释物理学的物体概念。相反,我们要**接受**日常的语言游戏,并且要将**错误**的解释标记为错误的解释。我们原初习得的语言游戏不需要任何辩护,要拒斥那些强加于我们之上的试图进行辩护的错误尝试。(PU II 168)

454. 概念之间的关系是十分复杂的。

455. 总是要把表达同技巧分开。而且要分开如下的东西:我们能够陈述技巧的情形,以及我们不能够陈述技巧的情形。

456. 我可能会说:"我的想法自然是从**这幅**图像走向真正的草、真正的动物:但绝不是从那幅图像。"

457. 人们在瞧着这幅图像时说道:"难道**你**没有**看到**一只松鼠吗!"——"难道你没有**感到**这张毛皮的柔软吗!"——人们在瞧着某些图像时这么说,在瞧着另一些时则不然。

458. 我通过**某些**表现方式、在**某些**环境中,达到了图像本质这个观念,它并非不类似于数学的观念。如果一个人看到我所写的一页纸,如果他能阅读并书写拉丁语,那么他就能够很容易地进行准确的复制。他只需要阅读并再次写出它。即使笔迹各有不同,他也能够很容易地准确复制我手稿之上的线条的图像。如果他没有学过阅读和书写拉丁文,那么他就只能费很大力气来复制这些错综复杂的线条。现在我是不是应当说:与其他人相比,学习过这些的人把这张手稿**看**作完全不同的东西?——对此我们知道些什么呢?情况可能是,在一个人学会书写和阅读之前,我们把一张纸交给他复制；在他学会书写和阅读之后再交给他同一张纸来进行复制。他或许会对我们说："是的，现在我把这些线条看作完全不同的东西。"他还可能解释道："现在我看到的实际上只是我刚刚阅读的文字；其余的都是杂七杂八的事情，与我无关而且我也几乎不会注意到。"这意味着：当他实际上对这幅图像做出不同反应的时候——他就在以不同的方式看它。

同样，与一个没学习过阅读的人相比，一个学习过阅读的人可以对这张被写的横竖交错的手稿做出不同的报道。言说和与其相伴随的噪音也类似于此。

459. 这里存在着如下这种回答："我从来没有从这个方面注视过一个 **J**。"

460. 请设想，一个人回答说："对我而言它**总是朝向这边**。"——我们现在会不会接受他的答案呢？对我们来说这种回答似乎断言说，每当他看到这个字母的时候，他总是想到那些关联（这完全就像人们说："每当我看到这个人时，我一定想到他是如何……的"）。

461. 但如果我们现在看到一副面孔的图像，或一张真实的面孔，——那么人们也可以这样说吗：当我**这样**专注于它时，我才看到它朝向这个方向？——区别是什么？"这张面孔看上去朝向这个方向"这个报告通常是关于面孔的状况的。我对一个没有看到这张面孔的人做出这个报告。这是关于感知的报告。

462. 但这是否显示出这些情形与"看"无关——而与思维有

关？与此相反,我们已经说过,一般而言,人们想谈论的是看。——我是否应当说,它是一种介于看和思维之间的现象？不；这是一个介于看的概念和思维的概念之间的概念,换言之,它类似于这两者；这种现象与看和思维的现象都有亲缘关系(例如,"我看到这个 F 是朝向右边的"这种表露的现象)。

463. 人们如何看出下面这点：人们是以立体的方式**看什么**的？——我问一个人,他所眺望的那边的那块地的地势如何？"它是**这样的**吗？"(我用手比划着)——"是的。"——"你是如何知道这点的？"——"没有**雾**,我十分清楚地看到了它。"——这种**猜测**的根据并没有被给出。对于我们来说,唯一自然的事情是：以立体的方式表现所观看的东西；而对于平面表现来说——无论是经由图画还是经由话语——我们则需要经过独特的训练和学习一种课程。儿童画的独特性。(PU II 155)

464. 这样一个人缺少些什么呢：他并不理解如下问题,即 F 这个字母朝向哪边,鼻子应当被画在哪里？

这样的人又会缺少些什么呢：他并没有发现,一个语词在频繁的重复之后会失去某种东西,比如自己的意义；而且他并没有发现,这个语词会变成一个单纯的声响？

我们说"首先是某种像是心象的东西"。

465. 情况是不是这样的：他不能像理解一个命题的人那样享受它或判断它；这个命题(以及所有包含在它之内的东西)对他而言并不是活生生的；这个语词并没有自己意义的芬芳？因此,在很多情形下,与我们相比,他会对一个词做出不同的反应吗？——**可**

能是这样的。

466. 但如果我带着理解来听一段旋律,那么难道没有某种特殊的事情在我之内发生吗——这种事情在我没有带着理解来听它的时候不会发生?而这是**什么**呢?——没有答案;或者我所想到的事情是乏味的。我的确可以说:"现在我理解它了",并且或许会谈论它、演奏它、把它同其它东西进行比较,等等。理解的**迹象**或许与听相伴随。

467. 把理解称为一种与听相伴随的过程是错误的。(人们肯定也不能把它的表露,即富于表现力的演奏,称为听的一种伴随物。)

468. 因为,如何解释什么是"富于表现力的演奏"呢?肯定不是通过伴随着演奏的东西。——因此什么属于这一点呢?人们或许想说,一种文化。——如果某个人在一种特定的文化中被养育,——那么他会对音乐做出如此这般的反应,而且人们能够把"富于表现力的演奏"这个词的用法教授给他。

469. 对一段旋律的理解既非感觉,亦非感觉的总和。不过,因为理解**这个**概念与其它体验概念有许多亲缘关系,所以把它称作一种体验也是正确的。人们说"我这次以完全不同的方式体验这个段落"。但"描述发生了什么"这种表达,仅仅是对那些熟悉一个特定的概念系统的人而言的。(类似于:"我已经赢了这一局。")①

---

① 异文:"但'**发生了什么**'这种表达,只是对那些(也是对这个说话者)熟悉一种特定的、属于这些情况的概念世界的人而言的。"

470. 在阅读的时候，**这个**浮现在我眼前。因此是不是有某种事情在阅读时发生在我眼前……？这个问题肯定没有让我们更进一步。

471. 这个如何可能浮现在我的眼前？并不是在你所思考的维度上。

472. 看的某些事项让我们觉得像谜，因为完整的看并不令我们觉得足够像谜。(PU II 262)

473. 我们都知道，某个人是很清楚地立体地看到被画出的立方体的。他或许丝毫不能以非立体的方式来描述自己看到的东西。而且如下事情是很清楚的：一个人也**可以**平面地看这幅图像。如果他现在交替地把这幅图像一会儿看作这样、一会儿看作那样，那么他就有一种面相转换的体验。此时，**在这一点上**，令人惊奇之处是什么呢？——是如下的事情吗：在这里，"我现在看到……"这个报道不可能再是关于被感知到的对象的报告。因为，之前，"我在这幅图像中看到一个立方体"的确是关于我所瞧着的对象的报道。

474. 令人费解的是，**没有东西**发生了改变，同时**所有的东西**又都改变了。人们只能这样来表达。情况并不是**这样的**：它在一个方面没有改变，而在另一个方面改变了。这并没有什么奇怪的。但"没有东西改变"意味着：我无权改变自己关于所看到的东西的报道，我与之前看到同样的东西——但我以一种令人费解的方式勉强地交替做出完全不同的报告。

475. 情况并不是**这样的**:我把这幅图像看作无数物体中的一个物体的投射;——而是:我仅仅把它看作**这个**,——或**那个**。因此,这幅图像交替地**是**这一个或另一个。

476. 现在我们有这样一种语言游戏,它以一种奇特的方式与之前的语言游戏**相同**,而又以一种奇特的方式与它**不同**。得自"我现在看到……"这个表达式的结论现在完全不同了;尽管这些语言游戏之间还是有一种紧密的亲缘关系。

477. 这只眼睛(我们图像中的一个点)看向这个方向,这一点丝毫不会令我们感到惊奇——除非这种目光朝向**改变**了。

478. 随后的问题是:我们能否设想这样一些人,他们从不把某物看**作某物**?他们是不是缺少一种重要的感官;比如他们是色盲或缺乏绝对听觉?我们就把他们称作"格式塔盲"或"面相盲"。

479. 这里会出现如下问题:一个人对哪**一种**面相是盲目的?例如,我是不是应当假定:他不能一会儿这样、一会儿那样地在空间中看那个立方体图示?如果情况是这样,那么我就一定会前后一致地假定,他不能把一个立方体的图像看作立方体,因此不能把一个立体对象的图像看作立体对象。因此,总的来说,他有一种与我们不同的对于图像的态度。这可能是我们对蓝图所持有的态度。例如,他能够依据一种图像式的描绘来进行工作。——但在这里有一种困难,即他从来不能把一幅图像当作一个立体的对象,就像比如我们有时不能把一座错视建筑①当作立体对象。而且人

---

① 原文为"Scheinarchitektur",指利用视错觉而构造的建筑。

们不能把这称作一种"盲";更确切地说,情况是相反的。(这种研究并不是心理学研究。)

480. 如下事情自然是可以想象的:一个人从未看到面相的转换;某一幅图像的立体面相对他而言总是保持不变的。但这种假定**并不令我们感兴趣**。

481. 但如下事情是可设想的,而且对我们而言也是很重要的:一些人可能有一种与我们完全不同的与图像之间的关系。

482. 因此,我们可以设想这样一个人,他仅仅把一副被画出的面孔看作面孔,但不把一副由一个圆和四个点组成的面孔看作面孔。因此他不会把兔鸭头图像看作一只动物头部的图像,且由此也不会看到我们所了解的那种面相转换。

483. 假定一个人不能把一位奔跑者的图像看作运动的图像:这会如何显示出来呢?我假定,他已经**学会了**如下事情:这样一幅图像描绘了一位奔跑者。因此他能够说,这是一位奔跑者;那么他如何会与正常人有所区别呢?我会假定:他会显示出完全不理解一幅图像中对运动的描绘。而我们会把这种缺乏理解的迹象称为什么呢?——我们可能很容易生动地描写这一点。(但如果这样一个人现在能够看到那幅图像并准确地复制它,那么我们肯定不会说,他的视觉感觉是有缺陷的。)

对于一个刚刚接触"顶点"、"底线"等等概念的学生而言,"我现在把**这个**看作顶点——现在把**那个**"显然没有意义。但我并不把这意指为一个经验命题。(PU II 230)

484. 只有对于这样的人人们才说他现在**这样**看它，现在**那样**看它：他**能够**熟练地对这幅图像做出某些应用。（PU II 230）

485. 但是，多么奇怪，这点竟然构成了一个人**体验到了**某某事情的逻辑条件！你可是没有说：只有能够做某某事情的人才具有牙疼。由此有如下结论：在此我们不可能是在处理同一个体验概念。

体验这个概念每次都是不同的，尽管是有亲缘关系的。（PU II 231）

486. 我们讲话，给出表露，只是**后来**才得到关于其生命的一幅图像。（PU II 232）

487. 但人们可以设想如下这种教小学生看的方式和方法：人们在一个三角之外画出第二个三角形，后者是未翻倒的三角形。随后人们略去它，而且现在学生能够把第一个三角形看作是翻倒的。——但他一定会理解这种图解或正确地看它吗？——情况可能是：它只是让他困惑。

如果这幅图解不会向他说出什么，那么其它图像也不会向他说出对我们说出的东西，他不会像我们那样对它做出反应。（并不是依据经验而言的。）与那幅飞驰的马的图像相类似。

488. 如下事情绝不是不言自明的：我们用两只眼睛"立体地"看。如果两个视觉图像融合为一个，作为结果，人们可以期待一个模糊的视觉图像，就像一张在抖动中拍下的模糊照片。（PU II 264）

489.一种暗语,我与一个人约定,在其中"Bank"意谓苹果。在这种约定后我立即对他说"把这些 Bänke 拿走!"①——他理解了我并且按照我说的做;但"Bank"这个词的这种使用在他看来还是十分奇怪,而且他在听到这个词的时候或许还是想象到一条长凳。(PU II 277)

490.对于这样一个人人们会说些什么呢:他不能把一个立方体图示有时看作站立的箱子、有时看作平放着的箱子?如果这是一种缺陷,那么这难道不是想象力上的缺陷而非视觉感觉上的缺陷吗?

491.但多么奇怪的方法啊!——我形成一个概念并且问自己,如何将它前后一致地坚持到底。对我们而言,什么东西配得上被称作"前后一致地坚持到底"。我们是立体地看一幅油画的,对我们来说,很难把它描述成平的颜色平面的集合,不过,我们在立体视镜中看到的东西却以完全不同的方式而显得是立体的。如果一个人观察一幅关于人、房屋或树木的照片,那么他似乎不会觉得它缺乏立体性!((参阅关于用双眼立体地看的评论。))(PU II 263)

492.我可以把这个立方体图示看作一个箱子,但**不能**:有时看作纸箱,有时看作金属箱。——如果一个人向我保证,他能把这个图形看作**金属**箱,那么我应当说什么呢?我是否应该回答,这并

---

① "Bänke"为"Bank"的复数形式。在德语中,"Bank"指"银行"时,其复数形式为"Banken";在指"长凳"时,复数形式为"Bänke"。

不是**看**？但如果这不是看的话，他能够**感到**它吗？

如下这种回答自然是可以接受的：只有能够被真实地看到的东西，人们才能对之进行**视觉上的**想象。((梦中的知道。))(PU II 227)

493.这种经验：人们从电影院走到街上时，会把街道和人看作是在银幕上的、是电影情节的一部分。这如何发生呢？人们**如何**看这些街道和人呢？我只能说：我有（例如）这样一种转瞬即逝的想法，即"**这个**人或许是这段故事的主角"。但这并非全部的事情。不知怎地，我对他们的态度是对屏幕上事件的态度。这是某种像温和的好奇心或愉悦那样的东西。——但我最初一点儿也不能说所有这些事情。

494.想象力难道不属于如下事情吗：将某种东西听作一个特定的主题的变奏曲而非狂想曲？人们的确由此感知到了某种东西。(PU II 266)

495."如果你想象**这个**以如此的方式改变了，那么你便具有了另一个东西。"一般而言，人们或许会想说，想象的力量能够取代一幅图像、一种演示。(PU II 267)

496.人们可以干脆这样来表达双十字的面相：人们有时指向一个白十字，有时指向一个黑十字，这就是说，在被问到如下问题时人们也会这样来做，这个问题是："这个包含在那张纸上的那个图形中吗？"——针对兔鸭头人们可以提出同样的问题。但在这里如下事情是很清楚的：每种情形都彼此略有出入。

因为，为了表达那幅图像的面相，例如，人们指向某个并不包含在该图像之内的东西,如双十字中的黑十字。

497. 你的确在谈论对音乐的**理解**。你**在**听到它的**时候**肯定是理解它的! 对此我是不是应当说,它是一种同听相伴随的体验?

498. 我给出陶醉和理解的迹象。

这是在吹毛求疵吗:快乐、享受、陶醉并不是感觉?——我们有时会问自己:在陶醉和例如我们称之为"感官感觉"的东西之间存在着多少相似性?

499. 它们之间的联系纽带是疼痛。因为,疼痛的概念类似(比如)触觉的概念(通过定位的特征标记、真实的持续、强烈程度、性质),而且同时通过表达(面部表情、手势、声音)而类似于情绪的概念。

500. 我如何知道一个人在陶醉呢? 人们如何学会陶醉的语言表达呢? 它与什么联系一起呢? 与关于身体感觉的表达联系在一起吗? 我们会不会问一个人,为了发现自己是否感到享受,他在胸部和面部肌肉中觉察到什么呢?

501. 但这意味着如下事情吗:肯定不存在那些在欣赏音乐时常常重现的感觉? 完全不是。(在很多地方他或许几乎要流泪了,而且觉察到泪水就在自己的喉部。)

一首诗歌在我阅读时给我留下了一种印象。"你在阅读它时的感受,是不是与你在阅读某种无关紧要的东西时的感受相同?"——我是如何学会来回答这个问题的? 我或许会说:"当然不是!"——这就等于在说:**这个**感动了我,另一个则不然。"我在那时体验到某种不同的东西。"——而这是何种东西呢？——我不能做出令人满意的回答。因为,我所陈述的东西是不重要的。——"但**在阅读的时候**你难道没有在享受吗？"当然享受了——因为相反的回答意味着：我在之前或之后享受它；而我并不想这样说。

但现在请你回想阅读时的某些感觉、心象和想法,这些东西对于那种享受、那种印象而言并不是无关的。——但我或许会想谈论它们说,它们仅仅通过自己的环境才获得其正确性：通过对诗歌的阅读,通过我对于语言、韵律和无数其它事物的**认识**。（这些眼睛仅仅在**这张**面孔和**这种**时间性的语境中微笑。）

你一定会问自己,我们究竟是如何学会（例如）"这难道不是极好的吗！"这种表达式的？——没有人可以通过如下方法来向我们解释它：引用与听相伴随的感觉、心象或思想！是啊,如果他不知道怎样陈述这些体验,那么我们也不就要去怀疑他曾经享受它；但如果他显示出自己并不理解某些关联,情况就不同了。

502. 但这种理解难道并不显示在如下事情中吗：例如,一个人带着何种表情来阅读这首诗歌,或者唱诵这段旋律？当然显示在这些事情之中。但阅读时的体验是什么呢？在此人们一定会说：那个享受并理解它的人,他会听到它被很好地朗诵,或者感到它在说话器官中被很好地朗诵。

503. 人们也可以这样谈论对一段乐句的理解：这是对一种**语言**的理解。

504. 我想到一段很短的、只有两个节拍的段落。你说"难道不是所有东西都在里面了吗！"但如果你认为,在听到它时所发生的事情都在其中的话,那么可以说,这仅仅是一种视错觉。(请考虑如下事情,即我们有时会说而且是完全正确地说:"这完全视如下事情而定,即**谁**这样说的。")(这些语词只有在思想和生活的河流中才有意义。)

505.**这**并不包含错觉:"我**现在**理解它了。"——这句话后面或许跟着很长的对于我所理解的东西的解释。

506.这种对一个面相的看如何与(比如在数学中)进行操作的能力联系在一起呢?请考虑,在画法几何中的立体的看,以及在素描中的操作。他在画板上移动着铅笔,就像在真实的物体上移动铅笔那样。但这如何可能是这种**看**的证据呢?

好吧,如果一个人带着确信在房间里踱步,对我们来说这不就是看的证据吗?恰恰存在着各种不同的看的标准。请问问你自己:一个能够依据心象或记忆很好地画出动物、人以及所有对象的人,是不是一定用自己的内部之眼看这些东西呢?回答可能是:"在那样一种情形下我们恰恰**说**……"——但也可能是:"人们必须问问那位画素描的人,他是否在这样做。"

507.在面相和想象力之间有一种关联。

508.表层和底层的面相。看不到这些面相的人缺少些什么呢?——如下回答并不是荒唐的:想象的力量。

509.请记住:对一种面相而言,常常存在着一个"贴切的"语词。

例如,如果让一个人瞧着双十字并且报告他看到两种面相(黑十字或白十字)中的哪一个,那么对我们而言如下事情会是无关紧要的:他是否说自己有时把它看作一个带有四个翅膀的白色风车、有时看作一个站立的黑十字,或者他是否把白十字看作一张四个角折向中心的纸。"现在"被看到的十字,也可能被看作十字形的一个**开口**。**这些**区分对我们而言并不一定是重要的;而且人们可以对"纯粹视觉上的"和"概念上的"面相进行区分。((与此相似,在一场梦境的讲述中被人们用来描述梦中情境的特定的语词,可能是重要或不重要的。))

510. 只要某种完全不同的东西没有被说出,人们就不可能理解"把 F 看作ᖴ"。我究竟是否理解"请把这个三角形看作那个三角形"呢?① 这里一定首先存在一种概念上的联系。

511. "对我来说它现在是朝向左边的——现在又朝向右边了。"那么它之前就是这样的吗? 不;对我来说它之前没有任何**朝向**。我之前并没有用这个想象的世界来环绕它。

512. 全神贯注是动态而非静态的——人们或许想这么说。我一开始把全神贯注同一种凝视相比较;但这并不是我称之为全神贯注的东西;而现在我想说,我发现,人们**不能**静态地全神贯注。

513. 一个人可能在瞥见一块岩石时呼喊道"一个人!",并且或许向另一个人指出自己如何在那块岩石上看到那个人,——哪里是面孔,哪里是脚,等等。(另一个人可能在同样的形状中以不

---

① 在手稿中是:"把 △ 看作 ▷ "? ——原编者注

同的方式看到一个人。）

人们会说，想象力对此是必不可少的。但是，把一幅狗的逼真的图像认作一只狗，则不需要想象力。

514."他把这块岩石与一张人类的面孔相比较"，"他在其中看到一张人类的面孔"——但这与如下说法的意思不同：他把那幅图像与一只狗相比较，或者把那张护照证件照与一张面孔相比较。

515.我在瞥见那张照片时不会自言自语地说"人们可能把这视作一个人"。同样，在瞥见 F 时也不会说："人们可能把这个视作一个 F。"

516.如果某个人向我展示这个图形并且问我说"这是什么？"，那么我就只能**这样**来回答他。——我不能回答说："我把这当作一个……"，或者"这大概是一个……"。这就像是，我在阅读一本书时并不把字母**当**作这个或那个。

517."我把它看作一个……"与"我试图把它看作……"或者"我还不能把它看作一个……"相配。但你不能试图把这个通常的 F 看作那个通常的 F。

518.在精神之中向一个人询问意见。人们通过**想象**一只钟表来估计时间。

519.在这种面相中有这样一种貌相，后来它消失了。事情近乎是这样的：好像一张面孔存在于那里，我先是**模仿**它，接着不加模仿地接受了它。——真正说来，对于说明来说难道这不就足够了吗？——但是，难道这不是太多了吗？(PU II 249)

520. 如果我在一种特定的情形中说：全神贯注就在于准备好去追踪可能出现的任何一种小的动作，——那么你就已经看到，全神贯注并不是呆滞的瞧，而是另一种概念。

521. 人们看到的并非面相的转换，而是释义的转换。

522. 你并非按照一种释义而是按照一种释义的活动去看。①

523. 如果有人被问道"你能否把 F 看作一个 ef？"，那么他不会理解我们。但他会理解"你能否把它看作一个镜像-F？"这个问题。以及："你现在能否再把它看作一个通常的 ef？"——为什么是这样呢？

"你能否把它看作……"或"现在请把它看作一个……！"是与"现在把它理解成……"相配的。

只有当这个命令有意义的时候，这个问题才有意义。

524. 请设想，某个人指着一个通常的印刷体 F 说道，"现在它是一个 ef"。——这意味着什么呢？它有一种意思吗？它暂时还没有任何意思。就何种范围而言，它**现在**是这个呢？就何种范围而言，它总是这个呢？而这与什么相对呢？——我瞧着一盏灯并且说道"它现在是一盏灯"——我可能在意指什么呢？

525. 你需要一副新的概念眼镜。

526. 对于说"现在对我来说它是一张面孔"的人，人们可以问："你暗指的是哪一种转变？"（PU II 130）

---

① 这里的"释义"原文是"Deutung"，"释义的活动"原文为"Deuten"，大意均为"释义"；但前者是一个名词，后者则是一个名词化的动词。

527. "一只兔子!"这声惊呼肯定与"一只兔子"这个**报告**有亲缘关系。

528. 那种惊讶的表露是什么呢?它能不能是一种静止的态度?因此,惊讶能不能是一种静止的状态①?

529. 请你设想,有人提问说:"对于意外的体验为什么不会被把握住?"

530. "那个 ef 消失了而在这里有一个十字;那个十字消失了而在这里有一个镜像-F;等等。"这肯定是对感知的改变的表达。

531. **忘掉吧**,忘掉吧:你自己曾经拥有这些体验!

532. 对我们而言,就像是:我们的眼睛每次在(这张纸上的)这些线条中画出一种不同的图形。

533. 不同的图像浮现在我的眼前。但**如何**区分它们呢?这些区分何在呢?我只能通过一种起源来解释这一点。

534. 我在说某件事;而且它是正确的;——但现在我误解了这个陈述所属于的使用。

535. 人们如何玩"它可能是**某物**"的游戏呢?一个图形也可能是的**东西**——这是它可能被看作的东西——并不仅仅是另一个图形。因此,如下说法是没有意义的:F 也可以是一个 Ⅎ。如下说法也是没有意义的:——这可能意味着完全不同的东西。

但是,例如,人们可以和一个孩子玩那个游戏。我们一起观察

---

① 异文:"寂静的状态"。

一幅图形；或一个任意的对象（一件家具）——他说："现在它应当是一座房子"——那么现在他会把它作为一座房子来报告、记述，人们也会这样来对待它，它会被完全解释为一座房子。如果人们把同一个事物想象成另一个事物，那么就会围绕着它编织出一种不同的虚构物。(PU II 213)

536. 你如何会知道，那个孩子是否把这个事物**看作**那个？嗯，他或许会自发地说出这一点。比如他会说："是啊，**现在**我把它看作……"。而在**这种**环境中，在活跃地参与到这种虚构中的时候，对我们而言它确实会指谓对面相的看。

537. 我想说：这种游戏与比如对 F 面相的看的游戏**有亲缘关系**。

对我们而言，一个人似乎能够用这些东西进行演出这一点，是如下事情的前提条件：他能够用"现在我把它看作……"这句话来意指我们所意指的东西。

538. 你如何教一个孩子在计算时说："现在请把这些点放在一起！"或者"现在请把**这**组合在一起"？显然，对他而言，"放在一起"和"组合在一起"最初必定具有这样一种意义，它不同于以这样或那样的方式**看**某个东西的意义。——这是一条关于概念而非关于教学方法的评论。(PU II 229)

539. 人们确实可以说"现在请把这个图形看作一个……达五分钟"，如果这意味着如下事情的话：把它保持在这种面相中，使它在其中保持平衡。

540. 如果一个人对你说"我把它(即那个通常的 F)看作一个 ef",那么你会做何种理解？——这些理解是：他在处理一些面相；以及它是一种不稳定的状态。还有：他认为"它也可能是这个"。

541. 对面相的看建基于另外一些游戏。

542. 人们肯定会谈论想象中的计算。因此如下事情是不足为奇的：想象的力量可能有助于认识。

543. 但我并不想说，面相是一种想象。毋宁说，"看到一种面相"和"想象某物"是相互联系的两个概念。（PU II 265）

544. 关于对面相的看，人们或许想问："它是一种看吗？是一种思维吗？"面相是服从于意志的：这已经使得面相与思维有亲缘关系。

545. "面相服从于意志。"这不是一个经验命题。说"把这个圆形看作一个洞而非一张圆盘"，这是有意义的；但说"把这个圆形看作矩形"或"把它看作是红色的"则是没有意义的。

546. 我真的每次都看到了某种不同的东西，还是仅仅以不同的方式释义了我所看到的东西？我倾向于是前者。但是为什么？——释义是一种思维，一种行动。（PU II 259）

547. 我们在其中**释义**我们所看到的东西的那些情形，是很容易被认出的。如果我们进行释义，那么我们就做出一个可能会被证伪的假设。"我把这个图形看作一个……"并不能够获得比"我看到一种亮丽的红色"更多的证实（或者仅仅在同样的意义上获得证实）。因此在这里，在这两种语境中对"看"一词的使用有某种相似性。

548. 让我们设想，某个人被问到："我们所有人都以同样的方式看到 F 吗？"这可能意指什么呢？——我们可能会进行如下尝试：我们向不同的人展示 F 并且提问说"F 是朝向右边还是左边？"或者"如果你把 F 同一张面孔的侧面相对照，那么这张面孔是朝向哪里的？"

但很多人或许不会理解这个问题。就像很多人也不会理解如下问题"对你而言，a 这个元音有何种颜色？"——如果一个人并不理解它，如果他解释说这是胡说，——那么我们能不能说，他并不理解德语，或者并不理解"颜色"、"元音"这些语词的意义，等等？

与此相反：如果他已经学会了理解这些语词，那么他就可以"理解地"或"不理解地"对那些问题做出反应。

549. 请设想，被提出的问题并不是"……这个字母朝向哪个方向？"——而是："如果你要给 F 或 J 画上眼睛和鼻子，那么它会朝向哪边？"这的确也会是一个心理学问题。在其中并没有谈论"这样或那样**看**"的问题。代替它的是这样或那样做的**倾向**。（但必须考虑，他是如何得到自己对此问题的回答的。）——因此，这种看与一种倾向有亲缘关系。而这种倾向可能改变或完全消失。

550. "在窗户的这种布局之下，这栋房屋的正面是朝向**那里**的。"

"这些窗户之前是这样分布的，使得这栋房屋的正面是看向**那里**的。"

第一个命题类似于一个几何学命题。在第二个命题中，"它所朝向的那个方向"这个概念服务于对房屋正面的描述。这就像是，人们借助"喜悦的"、"闷闷不乐的"、"迟疑的"这些概念来描述一张面孔，或者用"胆怯的"、"犹豫不决的"、"确信的"来描述一种活动。就这些是关于视觉感知或观察的描述而言，它们也是关于视觉印象的描述。因此人们可以说：人们**看到**犹豫。（如果某人在复制一幅图像，那么人们可以对他说"这副面孔还不正确，它不够悲伤"。）

551. 如果一个人瞥见了家族相似，那么他就能够识别出两个人彼此具有亲缘关系，即使并不能说出这种相似何在。（请想想数学天才的案例。）

552. 说"我在这张面孔上看到害怕"可能在语言上是不正确的。我们会被教导道：人们可能会"**看到**"一张害怕的面孔；但人们是"**觉察到**"其上的害怕，或者两张面孔之间的相似、差异。

553. 这两个概念之间的亲缘关系的确在上述解释中得到了显示；为了认识它们之间的区别，人们应当考虑如下说法可能有何种意思：一个人看到了两张面孔从这一次敲钟报时到下一次报时之间的相似。或者考虑一下这种命令："请注意从……到……的相似！"

554. 对于视觉印象的描述可能是一幅素描。这幅素描的上部和下部是什么，这在多数时候是极为重要的。但如下的事情也可能被规定下来：我们的眼睛应当与它保持多远的距离。甚至如下的事情也可能得到规定：我们要盯着素描上的哪个点，或者我们的目光要如何游移。

555. 如果它"引起"我的"注意",那么我就开始看到相似;那么,是否只要我看到相似的对象就会看到这种相似呢?或者,是否只要我**意识到**这种相似就会看到它呢?——如果这种相似引起我的注意,那么我就感知到某种东西;但为了感知到这种相似没有改变,我并不需要一直意识到它。

556. "我看到……"这种报告的两种用法。一种语言游戏是:"你在那里看到了什么?"——"我看到……",接着是用语词、素描、模型或手势等等对所看到的东西进行的描述。——另一种语言游戏是:我们观察两张面孔,并且对另一个人说:"我看到它们之间的一种相似。"

在第一种语言游戏中,描述可能是这样的:"我看到两张面孔,它们就像父子那样相似。" 人们可以把它称作是不如一幅素描完备的描述。但是一个人可能给出更完备的描述,却仍然没有觉察到这种相似。另一个人可能会看到第一幅素描并发现其中的家族相似;而且也以同样的方式发现面部表情的相似。(PU II 117)

557. "在我现在说出这个词的时候,它对我而言意谓……"。这为什么不应当就是精神错乱呢?因为**我**体验到这一点吗?这并不是理由。

558. 十分**独特的**一些情形:在其中,内部之物似乎对我隐藏起来了。而以这种方式被表达出来的不确定性并不是哲学上的不确定性,而是一种实践中的、原初的不确定性。

559. 情况似乎是:我这时才会意识到,内部之物实际上一直都是被隐藏着的。

560.（人们也会说：在我看来，那个人是完全透明的。）因此在我看来，一个人有时是透明的，有时则不然。

561."我肯定无法知道在他之内发生了什么。"——但是，在他之内一定有某事发生吗？我为什么应当关心这一点呢？——但这幅图像暗示给我们的不确定性是一种真实的不确定性，而非梦想出来的不确定性。

562.如下事情有什么重要之处呢：一个人做出如此这般的自白？他一定能够正确地判断自己的状态吗？——重要之处恰恰并不在于他所判断的内部状态，而在于他的自白。

（他的自白可以解释某些事情。例如，可以消除我对另一个人的怀疑。）

563.原则上的不确定性：如果他并不表达出自己在想什么，那么我就不会知道这一点。但请你设想如下情况：他表达了这一点，但用的是一种你并不理解的语言。他可能用一只手的手指在另一只手的手背上敲打出它，用摩斯码或类似的东西。那么这还是秘密的吗，难道不就*像是*从未被表达出来一样吗？这种语言也可能是一种我绝对学不会的语言，例如，它有一种极其复杂的规则性。

564.因此，一个人可以通过如下方法来向我隐藏他的思想：用一种我所陌生的语言来说出自己的思想。但在这里，被隐藏起来的心灵之物何在呢？

565.我可以选择自己用来进行思维的语言。但情况似乎并不是：我进行思维，并且选择语言，在其中我想翻译自己无言的思想。

566. 你可以像**确信**任何一个事实那样**确信**另一个人的感觉。但是,命题"他是高兴的"和"2×2＝4"并没有因之而成为类似的工具。"这是一种不同的确信性"这种说法是触手可及的,但并没有消除不清晰性。(PU II 351)

567. "但是,当你**确信**什么时,你不就是在怀疑面前合上了双眼吗?"——它们向我合上了。

如下事情的确是真的:到达这种怀疑所走的道路,完全不同于到达对一个算术命题的怀疑所走的道路。在这里,首先,完全的确信性是一种有程度差别的**信念**的极限情形。——而**所有东西**恰恰都是不同的。(PU II 352)

568. 现在——我或许想说——确实存在着令人绝望的怀疑的情形。如果我说:"对于他实际上在思考什么这一点,我一无所知——"那么对我来说他就是一本天书。如果理解别人的唯一手段是经历和他同样的教育的话,——而这是不可能的。这里并没有任何假装。但请你设想这样一些人,他们得到的教育是,在面孔和手势中抑制情绪的表达,而且他们通过用一种我们不理解的语言出声地思考,来使得自己对我们来说是难以接近的。现在我说"对于在他们之内所发生的事情,我一无所知",而这肯定是作为外部的事实而存在的。

569. "我不能知道发生在他之内的东西"首先是一幅**图像**。它是对一种深信的令人深信的表达。它并没有陈述这种深信的理由。它们并不是人们直接**看到**的东西。(PU II 347)

570. "人们**看到**情绪。"——与什么相对而言?——人们并不是看到面部扭曲并且**推论说**他感到高兴、悲伤、无聊。人们直接把他的面孔描述为悲伤的、喜气洋洋的、无聊的,即使人们无法以其它方式给出对于这种面部特征的描述。——人们或许想说,悲伤在面孔中被拟人化了。对于我们称之为"情绪"的东西而言,这是本质性的。

571. 我称之为意义盲的人会理解如下委托:"请告诉他,他应当去 Bank 那里,而我意指的是花园的长凳",但无法理解:"请说出'Bank'这个词并用它意指花园的长凳。"

他也不能报道说:自己几乎成功了,可这个语词滑入了错误的意义中。他也不会觉得这个语词有某种自身之内的东西,这种东西像拼写方式那样把意义正式固定下来;也不会觉得,这种拼写方式似乎是意义的一幅图像。——例如,人们十分倾向于认为,不同的拼写方式至少对应于一种细小的发音上的差别,即使在这里其实并没有那种区别。这里有一个案例,它作为一个例子,对于其它很多案例来说也是有用的:人们对自己说出两个语词(例如"Für"和"führ"),①并且的确以不同的方式来说出它们,尽管在人们并没有想到这一点的时候,在口若悬河的言谈中自然是不会这样做的;情况之所以是这样,肯定是因为人们在各种场合中以不同的方式说出每个语词。

572. 如果一个词的正字法发生了改变,那么不同的人会以十分不同的强度感到这一点。这种感觉并不仅仅是对旧用法的尊

---

① "für"是介词,意为"为了";"führ"是动词"führen"("带领"、"领导")的命令式。这两个词的发音几乎完全相同。

重。如果对某个人来说正字法仅仅是一种实践上的问题，那么他所缺失的那一种感受，就类似于那个"意义盲"所缺少的感受。

573. 他如何能够在这种意义上听到这个语词？这如何是可能的呢？——完全不是——在**这些**维度上。

574. 但因此如下的事情难道不是真的吗：这个语词现在对我而言意谓那个？为什么不是呢？这种意思的确并不与该语词的其它用法相冲突。

一个人说："给他这种命令……并且用它**意指**……"这可能意味着什么呢？

但你为什么恰恰把这个表达式用于你的体验呢？一件不合适的西装！——这是对那种体验的表达，就像"元音 e 是黄色的"和"我在梦境中知道……"是对另一种体验的表达。仅仅在你错误地理解了它的时候，它才是一件不合适的西装。

这种表达属于体验，正如那种原初的疼痛表露属于疼痛一样。

575. 威廉·詹姆斯：思想已经在一个句子的开端处就准备好了。人们如何可能知道这一点？——但提及它的那种**意图**可能在第一个语词被说出之前便已经存在了。因为如果人们问一个人"你知道自己想说什么吗？"，他常常会赞同这一点。

我有吹出这段旋律的意图：由此我在某种意义上已经在思想中吹出它了吗？

576. 如果一个人肯定了"你是不是已经知道自己想说什么？"这个问题，那么某些事情或许会浮现在他眼前；但如果这种东西是某种可以被客观地听到或看到的东西，那么人们在大多数时候并不能由此确定地推断出所意图的东西。(举手。)

577. 并不是每一个有一种意图的人都已经制定了一种**计划**。

578. 我们不关心实际存在哪些形式的精神缺陷；但我们关心这些形式的可能性。我们不关心，是否存在这样的人，他不能够思考"那时我想……"；但我们关心：这个概念可以怎样得到贯彻。

579. 这种假定如何得到前后一致的坚持呢？我们会把什么称为前后一致的坚持呢？——如果你假定一个人不能**这样**做，那么对于**这一点**又会有何影响呢？他难道也不能这样做吗？——这个概念把我们引向何处？

580. "你必须认真地许诺这件事情，然后就会去做它。"例如，如下事情就属于认真的许诺：人们对这件事进行思索；而这需要一种特定的准备工作。最后或许还要真的实现一种正式的承诺，或许还要带着很大的嗓音，但这仅仅是这栋大厦的**一块**石头。(誓言。)

581. 人们可能会把誓言称作一种仪式。(洗礼，即使它不是基督教的圣礼。)而一种仪式具有自己的重要性。

582. "我过去有……这种意图"并没有表达对于一种体验的记忆。(正如"我正要……"一样。)

583. "多么奇怪和可怕的声音啊。我绝不会忘记它。"而且如果人们是第一次回顾过往的话，人们为什么不应能够这样来谈论记忆呢(多么奇怪的……经验……)？

584. 他不能仅仅想象进行了这种计算吗?(如下的事情应当与此不矛盾:他现在知道计算的结果。而且他可能算错了。)如果在这里没有任何错误,那么这并不是因为有确信性存在。

585. 一个人对我说,他刚刚在头脑中算出了……×……是多少。他给出了一个显然错误的结果,而且在被问到他是如何得到这个结果时,他背诵出进行的计算;这个计算完全就是胡说,如他现在也认识到的那样,但他说,那时这个计算在他看来是完全正确的。(在梦中会发生类似的事情。)这难道不会发生吗?我想说的是,他的头脑中的计算还是必须证明自己。

586. "他以这样的方式对我隐藏了某物,以至于我绝不会找到它,更准确地说,找到它这一点是完全不可设想的。"这会是一种形而上学上的隐藏。——但如果他在不知道的情况下给出了自己隐藏它这一点的迹象,那么情况会如何呢?这的确会是可能的。——但这些迹象是不是真的已经出卖他了,——这一点难道不是只有**他**才能决定的吗?但我难道不能坚称如下事情吗:他已经忘记了在他之内发生了的事情——他的陈述无法起作用?(并不把他的陈述解释为一种谎言。)因此这意味着:他的陈述被解释为是没有价值的;或者它们的价值仅仅是作为这样一种现象,从其中可能会得出某些关于他状态的结论。

587. 如果某物被隐藏起来了,——那么它难道不像是如下事情这样吗:文字被隐藏起来了,或者更准确地说,某种看上去类似于文字的东西被隐藏起来了;而其意义仅仅在于,那个人曾经从中读出或写入的东西。

588. 他自然可能会**误导**我去得出错误的结论。但由此并不能得出,他隐藏了某物;尽管他的行为方式可以被比作是隐藏。

589. 我难道没有**正当性**以使得自己深信如下事情吗:他并没有对我假装?——因此我难道也不能让另一个人深信我的正当性吗?

590. 如果我事无巨细地向他讲述我朋友的举止如何,——那么他还会合理地怀疑我朋友感受的真实性吗?

一个人会怀疑李尔王感受的真实性吗?

591. 如下事情是漫不经心吗:不牢记假装的可能性?

592. 记忆:一种对往事的看。如果**梦境**把往事带到我们面前,那么人们就可以把梦境称为记忆。但人们并不把梦境称为记忆;因为,即使梦境带着幻觉般的清晰性向我们展示某个场景,也还是记忆才教给我们这是过往之事。

593. 如果记忆力向我们展示往事,那么它如何向我们展示这是往事呢?

它向我们展示的恰恰**并不是**往事。正如我们的感官并不向我们展示当下之事。

594. 人们也不能说,它把往事报告给我们。因为,如果记忆力是一种可以被听到的、被说给我们听的声音,——那么我们又如何能够理解它呢?例如,如果它告诉我们"昨天天气很好",那么我如何能够学会"昨天"意谓什么呢?

595. 我只能像把某事呈现在另一个人面前那样地把它呈现在

自己面前。

596.我可以向另一个人呈现自己很好的记忆力,并且也向自己进行呈现。我可以对自己进行询问。(词汇,日期。)

597.但我如何把记忆呈现在自己面前呢?好吧,我问自己"今天早上我是怎样打发时间的?"并且做出回答。——但此时我真的把什么东西呈现在自己面前吗?这是那种记忆吗?也就是说,回忆起某事是怎样的呢?我已经以此向**另一个人**呈现这种记忆了吗?

598."意图做某事是一种特殊的内部过程。"——但何种过程——即使你可以虚构它——能够完成我们所盼望①的意图呢?

599.请你设想这样一些人,他们仅仅在看到别人流血的时候才显示出同情;除此之外,他们会取笑别人的疼痛表露。他们就是这样的。一些人为了博得同情,在自己身上涂抹动物的血液。如果事情败露,人们会严厉地惩罚他们。

600.他们不会提出如下这种问题:"尽管如此,他难道不会具有疼痛吗?"

601.这些人不需要有某些顾虑。

602.如果我**信赖**他的话,那么我会关心他的内部状态吗?如果我不信赖他,那么我会说"我不知道在他之内发生了什么";但如果我信任他,我并不会说:我知道在他之内发生了什么。

---

① 异文:"要求"。

603. 如果我并不是不信任他,那么就不会关心在他之内发生了什么。(语词及其意义。在正常的言语交流中,总是存在于语词背后的语词的意义,并不令我们担心。它们在那里流动着,而且会完成从语词到行为、从行为到语词的过渡。如果一个人进行计算,没有人会考虑如下问题,即他是在"沉思般地"还是"鹦鹉学舌般地"进行计算。(弗雷格。))

604. 也许存在着这样一些人,他们在做出行为之前和之中自言自语地说很多话,而且也许还存在着这样一些人,他们很少自言自语,仿佛对自己是十分沉默寡言的。如果有人问道"在你做这件事的时候,你进行了思考吗",被问到的人或许会完全真诚地承认说"一点儿也没有",尽管他的行为在我们看来是十分审慎的,甚至显得是狡诈的。我说,我并不知道在他之内发生了什么,而且在一种重要的意义上并没有什么在他之内发生。我并不善于同他相处:例如,我很容易做出错误的猜测,并且我的期望时不时会完全落空。

我可以通过如下方法来制作一幅这个人图像:我想象他在做出自己所有的行为时都会说出一些独白,这些独白可以表达他的感想。这些独白会是一种构造、一种有效的假设,通过这些东西我尝试让他的行为变得可以理解。我现在必须做出如下的假定吗:**除了**这些独白**之外**,在他之内还有思维?这些独白不足够吗?它们难道不能完成内心生活应当完成的所有事情吗?

605. 人们可以很容易地想象一些事件,并且十分详细生动地描绘它们,如果我们看到这些事件发生的话,会不相信自己所有的判断。

如果我从自己的窗户看到的不是熟悉的而是一种全新的环境，其中所有事物的样子都与之前完全不同，那么我也许会说："我已经变得精神错乱了"；但这仅仅是对如下事情的表达，即我放弃让自己去熟悉它了。我可能会在数学中遇到同样的事情。例如，情况在我看来可能是自己总是在算错，以至于对我来说没有任何答案显得是可靠的。

但对我而言这里的重要之处在于：在这样的状态和正常的状态之间，并不存在任何分明的界线。

606. 对于异常现象的精确描绘，其重要性何在呢？如果人们不能这样做，那么就表明，他们还没有熟悉这些概念。

607. 如下这种事情大概是存在的：获得对人类本性的洞察；人们可以用它来帮助人，也仿佛可以来进行授课，但人们仅仅指出一些案例，指明某些特点，但并不给出固定的规则。

608. 我或许可以说"让我与那个人谈话，与他一起度过一段时间，我就会知道要不要信赖他"，而随后又说："我有这种**印象**……"。但这里涉及的是一种预测。未来或许会表明我的印象是否正确。对人类本性的洞察可以使我们深信，这个人真的感到了他声称自己所感到的东西；但**这种洞察**是不是让我们深信如下事情呢：另一个人感到了什么？

609. "一个人不**可能**这样来假装。"——而且这可能是一种经验，——即没有**这样**行为的人，随后会如此那般地行动；但这也是一种概念上的论断；而且这二者可能是相关联的。

（因为人们并不会说，如果情况从不显得是这样的，**即**行星在做圆周运动，那么它们**一定**在做圆周运动。）

610. 我可以在上课时指着一个人并且说"你看，**那个人**并没有在假装"。而学生可以由此进行学习。但如果他问我说"你究竟从哪里认出这一点的呢？"——那么除了如下这种说法和类似的东西之外，我并没有其它的回答："看看他怎样躺在那里，看看他的特点。"

611. 在其它生物那里是不是会有所不同？——例如，即使它们具有同样的形状和面部特征，但还是存在**很多**不同的地方。

612. 而且假装自然只是如下事情的一种特定情形：一个人给出疼痛的表露，却并不具有疼痛。如果这点终究是可能的，那么为什么在此竟然应当总是发生装假之事——这种假装是一种十分特殊的心理过程？（而我并不用"心理的"过程意指"内部的"过程。）(PU II 383)

613. 是啊，的确可以出现这样一种情形：在其中我们会说，"他**相信**自己在假装。"

（《天路历程》[①]：他**相信**，自己表露了魔鬼所表露的咒语。）(PU II 385)

614. 充分的证据在没有一条界线的情况下逐渐变为不充分的

---

① 《天路历程》(Pilgrim's Progress)系英国作家约翰·班扬(John Bunyan)的作品。

证据。这种概念构造①的自然基础,便是人类案例的复杂本质和多样性。

因此,随着多样性的减少,一种界限清晰的概念构造自然会出现。但为什么如下事情似乎如此困难呢:想象简化的情形。

人们是不是似乎应当想象这样一种面部表情,它不会逐渐地、细微地发生改变;而是仅仅有五种姿态;在改变的时候,它突然从一种姿态过渡为另一种姿态。僵硬的微笑真的会是一种微笑吗?为什么不是呢?——我或许并不能像对一种微笑那样对它做出行为举止。它或许并不会让我自己做出微笑。

615. 一种完全僵硬的面部表情不可能是一种友好的表情。变动性和不规则性属于友好的表情。不规则性属于貌相。

616. 对我们而言的、行为的微妙差别的重要性。

617. 在此,我与现象的关系属于我的概念。

618. 请你思考**这种**论证:疼痛肯定具有一种等级。但没有人会声称,我知道别人疼痛的准确等级;因此它们的等级可能会是零。

但他是不是了解自己疼痛的"准确等级"呢? 如下说法又意味着什么呢:了解这种等级?

619. "嗯,他是不是并不知道,自己的疼痛有多剧烈?"他对此没有任何怀疑。

---

① 异文:"这种特定概念"。

620. 但我并不知道,例如,他的疼痛现在减轻了点。——如果他告诉我这一点的话,那么我肯定就会知道。他所说的东西的确也是一种表露。

621. 这种不确定性的根据并不在于如下事情:他并不把自己的疼痛穿在裙子外面。而且**在特定的情形下**没有任何不确定性。如果两个国家之间的边界是有争议的,那么由此会不会得出,拥有该国国籍的每个居民都是成问题的?

622. "沙堆"是一个没有明确界限的概念——但人们为什么不使用一个界限明确的概念来代替它呢?其根据是不是处于堆垛的本性之中?何种现象的本性决定了我们的概念?

623. "与有人类的形状、但'机械地'做出行为的生物相比,一只狗更像人类。"它依据简单的规则而做出行为吗?

624. 我们依据人类生活的背景来判断一种行为,而这种背景并不是的单色的,更准确地说,我们可以把它想象成一种极其复杂的金银丝图样,尽管我们不能临摹它,但可以依据它的一般性的印象来认出它。

625. 这种背景是生活的传动装置。而我们的概念标示出**这种**传动装置中的某物。

626. 而且"传动装置"这个概念已经以不确定性为前提了。因为,只有通过恒久的重复,一种传动装置才能得以产生。而对于"恒久的重复"而言,并不存在任何特定的开始。

627. 易变性是行为的一种特性,行为不可能缺少这种特性,如果没有这种特性,对我们而言它就会变成另一种完全不同的东西。(例如,悲哀的独特面部特征,并不比其易动性具有更深远的意义。)①

628. 在如下的地方画一条概念的界线是不自然的:在不存在对于该界线的特定辩护的地方,在相似性总是会把我们拉过这条任意划下的界线的地方。

629. 人们如何能够描述人类的行为方式呢?只能通过如下方法,即展示各种人的行为,就像这些行为是混乱地挤在一起的那样。我们在其上看到一种行为的背景,并不**是一个人现在**所做的事情,而是整个一群的东西,它确定了我们的判断、我们的概念和反应。

630. 你如何能够解释"假装疼痛"、"装作具有疼痛的样子"意味着什么呢。(自然可以提问说:对**谁**进行解释呢?)**你应当示范这一点吗?**而这样一种演示为什么这么容易引起误解?人们或许想说:"请在我们之中生活一段时间,然后你就会理解它了。"

631. 人们的确可能会教一个人去表演(例如)疼痛(并不带着欺骗的意图)。但这会被传授给任何一个人吗?我意指的是:他可能的确学会给出粗略的疼痛迹象,但并不能通过自身的洞见给出精致的模仿。(语言天赋。)(人们甚至或许可能会把一种疼痛的嚎叫教给一只聪明的狗;但它绝不会在它那个方面达到一种有意识的模仿。)

---

① 异文:"对我们的反应而言,并不比……更重要"。

632.我其实想说的是,思想上的疑虑开始于本能之中(在本能之中有其根源)。或者:语言游戏的起源并不在**思索**之中。思索是语言游戏的一部分。

由此,概念在语言游戏中如在自己家里一般。

633."你难道不能设想一种更进一步的环境吗,在其中,这也会被释义为假装?"

但说它可能总是一种假装:这是什么意思呢?是经验教给我们这一点吗?否则的话,我们如何可能会被告知关于假装的事情呢?

634.在这里难道不存在某种相似性吗,就像欧几里得几何学与视觉经验之间的关系一样?(我意指的是:这里存在一种根深蒂固的相似性。)因为,欧几里得几何学也是仅仅以一种特有的,而不是以一种"纯粹近似"的方式对应于经验。人们或许可能会说,它对应于我们的素描方法,就像对应于其它事物一样,或者,它对应于**思维**的某些需求。其概念根植于散布广泛、相隔甚远的诸多领域之中。

635.因为,就像动词"glauben"的变位类似于动词"schlagen"的变位那样,①关于一个领域的概念是依据同相距甚远的概念之间的相似性而形成的。(名词的词性。)

636.例如,概念的构造具有无界性,此时我们不会在经验里找到任何明确的界线。(无界的近似。)

---

① "glauben"意为"相信","schlagen"意为"打"、"敲击"。

637. 人们有时可能会说,概念是依照思维的舒适而形成的。(就像米尺不仅仅相应于被测量的事物,而且也相应于人。)但我的天啊:每个人肯定都知道自己是不是具有疼痛!——**每个人**如何可能知道这一点呢?为此他肯定首先必须知道,所有人都具有同样的东西。

638. 一个部落拥有两个概念,它们与我们的"疼痛"具有亲缘关系。其中一个概念会在关于可见的损伤的情况下被使用,并且与护理、同情等相结合。另一个概念则用于例如胃疼这样的情况,并且与对正在诉苦的人的取笑连结在一起。"但他们难道真的没有觉察到这两种情况之间的相似性吗?"——我们是不是在任何存在相似性的地方都有一个概念?问题在于:对他们而言,相似性是**重要的**吗?而且对他们而言情况一定是如此吗?

639. 如果你考虑一下,一个人可能会出于哪些理由而去忍住或假装疼痛,那么你会想到无数的理由。为什么存在着这么多东西呢?生活是十分复杂的。存在着非常多的可能性。

但另一些人难道不能对很多这样的可能性置之不理,对它们耸耸肩吗?

640. 但那些人是不是遗漏了某种存在的东西?——他丝毫没有注意到这一点;而他为什么应当这样呢?——但在那时,他的概念恰恰与我们的概念在根本上是不同的。——**在根本上**是不同的吗?是不同的。——但在那时,他的语词似乎不可能与我们的语**词指涉同样的东西**。或者前者仅仅是后者的一部分。——但如果他的概念是有所不同的,那么情况看上去也一定是如此。因为,我们概念的不确定性,对我们而言可能投射到该语词所指涉的那个**对象**之上。所以,如果这种不确定性缺失了,那么也就不会有"被意指的相同的东西"。我们所使用的那幅图像,象征了这种不确定性。

641. 人们在哲学中不会**切断**任何思维上的疾病。它必须走完自己自然的进程,而且**缓慢的**痊愈是最重要的事情。

642. "人们绝不可能知道,在他的心灵之内发生了什么"——这似乎是不言自明的。而在如下这种意义上它也是不言自明的:在这里被使用的那幅图像恰恰已经包含了那个命题。但人们必须对它和这幅图像一起提出疑问。

643. "谁会知道在他之内发生了什么!"这种对于外部事件的解释,将其解释为未知的或仅仅被预感到的内部事件的结果。指向这种内部事件的兴趣,就像是指向产生出举止的化学结构的兴趣。

因为,为了看到另一种不同的态度是可设想的,人们肯定只需要说:"无论这些内部的事件是什么,它们与我们有什么关系!"——"但每个人肯定总是会对**自己的**内部之物感兴趣!"胡说。如果我并没有被告知疼痛等等是某种内部之物的话,那么我会不会知道这一点呢?

644. 对于内部事件的怀疑是**一种表达**。但这种**怀疑**是一种本能的举止。一种指向另外一个人的举止。而且这并不导致如下的事情:我从自己这里知道,什么是疼痛,等等;或者我从自己这里知道,它是某种内部之物并且可以与某一种外部之物相配。我之前就知道所有这些事情！

645. 请你回忆一下：大多数人说，人们在昏迷状态下并不觉察到任何东西。但有些人也说：人们的确**可能会**感到什么，而只是把它彻底忘记了。

如果在这里存在着怀疑和不怀疑的人，那么怀疑的缺失就会更普遍地存在。

646. 或者，怀疑可能有一种与我们的思想世界中不同的、不那么不确定的形式。

647. 请考虑：我们常常以奇怪的方式使用"我不知道"这个词；例如，在我们说如下事情的时候：我们并不知道，这个人是不是真的比另一个人感到更多的东西，或者他只是更强烈地在进行表达。此时如下事情是不清楚的：何种研究会裁定这个问题。如下这种表露自然并不是完全多余的：我们想说，我们大概可以把 A 的感受和 B 的感受相互比较，但把 A 和 C 在其中进行相互比较的环境则令我们困惑不已。

648. 只有上帝才看得见最隐秘的思想。但这些思想为什么应当是如此重要的呢？所有人都一定把它们当作是重要的吗？

649. "请你设想那些只能出声地思考的人。"拥有形体本性的生物在进行思考，这肯定是不言自明的；因此它们应当仅仅在讲话的时候进行思考，换言之，它们并不做其它我们也会称之为思考的事情。（它们的隐秘思想就是独白。）

650. 本能的狡猾与经过思考的狡猾之间的层次。一个傻瓜可能会狡猾地做出行动,而我们就会把他称作是这样的,但我们并不会相信,他能够**计划**某事。

如果被问道"在他之内大概发生了什么",那么我们会说"在他之内发生的事情肯定非常少"。但关于这一点,我们知道些什么呢?我们依据他的行为、表露和思维能力构造出一幅图像①。

651. 我们把不同的东西组合成一个"形状"(图样),例如,关于欺骗行为的形状。

那幅关于内部之物的图像使得这个形状变得完备。

652. 如果一个概念依赖于一种生活图样,那么一种不确定性一定存在于这个概念之中。因为,如果一个图样偏离了标准,那么我们在这里想说的话就会成问题了。

653. 因此,确定性只可能存在于生活履历是有规律的地方吗?如果他们遇到了不规律的情形,那么会做些什么呢?他们或许只是耸耸肩。

654. "他告诉我们说——而且一点都不能怀疑他的可靠性——……"在哪些环境下不能怀疑他的可靠性呢?我可以陈述它们吗?不能。

655. 你必须考虑语词的目的。

语言与疼痛有什么关系呢?

656. 在我所想象的一种情形下,这样一些人拥有这样一个语

---

① 异文:"一幅关于这一点的图像"。

词,它履行类似于"疼痛"这个词的目的(拥有一种与之类似的功能)。人们不能说,它"指涉"某种类似的东西。它以不同但又相似的方式介入他们的生活中。

657."但人们的确不能依据外部之物来带着**确定性**认出疼痛。"——人们只能依据外部之物认出它,而不确定性是一种体制性的东西。它不是一种缺陷。

不确定性的存在,位于我们的概念和我们的工具之中。如下问题实际上并不相关:这个概念是实际的还是不切实际的。

658.颜色可能会在另一个世界中扮演一种不同于在我们的世界中的角色。请考虑如下各种不同的情形。

(1)特定的颜色与特定的形状联系在一起。圆的红,方的绿,等等。

(2)颜料是无法被制造出来的。人们不能给事物上色。

(3)**一种**颜色总是与一种令人作呕的气味或毒性联系在一起。

(4)色盲比在我们这里更为常见。

(5)灰色的各种不同色调是常见的;所有其它的颜色则极为罕见。

(6)我们可以从记忆中复制出相当大量的色调。

如果我们的数字系统与我们手指的数目相关联,那么为什么我们的颜色系统并不与颜色出现的特定方式相关联呢?

(7)一种颜色总是只出现在向另一种颜色的逐渐的过渡中。

(8)颜色总是按照彩虹的色彩顺序来出现。

659.请考虑这样一种不确定性,动物,特别是低等级的动物,例如苍蝇,是否会感到疼痛?

这种一只苍蝇是否感到疼痛的不确定性,是一种哲学上的不确定性;但它不也可能是一种直觉上的不确定性吗?这一点会如何显示出来呢?

是啊,在我们面对动物时的举止中难道不存在不确定性吗?一个人并不知道:它是否很凶残。

660.因为,的确存在着不以思想中的不确定性为基础的、行为的不确定性。

661.通过一只昆虫是否感到疼痛这个问题,来看另一个人是否感到疼痛的不确定性的问题。

662.在行为中肯定存在着信任和猜疑!

例如,如果一个人在诉苦,那么我也许十分确信地、满怀信任地做出反应,或者也许并不确信地,就像一个怀有疑虑的人那样。这不需要任何语词或思想。

663.人类行为的不可预见性。如果它并不存在,——那么人们是不是也会说,人们绝不能知道另一个人之内发生了什么?

664.但如果人类行为并不是不可预测,那么情况会怎样呢?人们必须如何想象这一点呢?(换言之:必须如何来描绘它呢,有哪些联系必须被接受下来呢?)

665.人们可以这样来谈论一台复杂的机械装置:"我不知道现在在它之内发生着什么";比如谈论一只工艺座钟,它依据十分复杂的规则来触发各种外部运动。人们在观察它的时候或许会想:

如果我知道在它之内看上去是怎样的、现在在发生着什么,我就会知道要期待什么。

666. 但在人类这里有如下假设:人们不**可能**获得对该机械装置内部的洞察。因此,不确定性就被假定了。

667. 但如果我怀疑一只蜘蛛是不是真的感到疼痛,这并不是因为我不知道自己应当期待什么。

668. 但我们不得不制造心灵过程的图像。而这**并不是**因为我们是在自己这里了解它的!

669. 一种不确定性或许会是我们可能遇到一台对我们而言是陌生的机械装置的不确信性。就另一种不确定性而言,我们也许会想起自己生活中的一次遭遇。例如,情况可能是这样的:一个刚刚摆脱死亡恐惧的人,会害怕打死一只苍蝇,而在其它情况下他会毫不犹豫地打死它。或者,另一方面,情况可能是:他由于眼前的这种体验而对一种做法感到迟疑,在其它情况下他会毫不迟疑地做的。

670. 即使我"并不确信自己的同情",我也并不一定会想到他随后行为的不确信性。

671. 这一种不确定性可以说是来自于你,那一种则来自于他。

因此,人们的确可能针对这一种不确定性说,它与一种类比相关联;而在谈论另一种时则不然。但情况并不是:我似乎从这一类比中得出一种结论。

672. 如果生活是一块地毯,那么这种图样(例如,假装)并不总是完整的,而且是变化的。但在我们的概念世界中我们总是看到反复改变的同样的东西。我们的概念是这样来把握它的。这些概念的确并不是被一次性地使用的。

673. 地毯上的这个图样与其它很多图样交织在一起①。

674. 例如,我说"他的确可能在假装"——我此时在**思考**什么呢?——换言之,我对于"假装"这个词给出何种解释呢?在此意义上我想到的是何种事例呢?

675. 我怎样**使用**这个命题呢?

(因为这里就像是在某些数学领域中一样,在那里存在着一种"幻想中的使用"。)

676. 我唤起一幅可以服务于一种目的的图像。(我简直可能会瞧着一幅绘制的图像。)

677. 有时我这样对待他,就像对待自己那样,而且就像在自己具有疼痛时想被对待的那样,而有时则不然。

678. 我们习惯于对于事项的一种特定的划分。

它借助那种或那些语言而成为对我们而言的本性。

679. 这些是固定的轨道,我们的所有思维都在其上行进,而我们的判断和行为也是如此。

680. 在任何存在着谦虚和自吹的人的地方,谦虚或自吹的概念是否一定是众所周知的?在那里,这种区分对他们而言或许并

---

① 异文:"与其它图样相关联"。

没有什么值得关心的地方。

对我们而言，一些区分也可能会是重要的或不重要的。

681. 另一些人拥有与我们的概念相交错的概念。他们的概念为什么不应当与我们的"疼痛"概念相交呢？

682. "不确定性"恰恰与独特的情形无关，而是与方法、与关于证据的规则有关。

683. 界限固定的概念会要求一种行为举止上的齐一性。但情况却是这样的：在我感到**确定**的地方，另一个人却并不感到确定。这是一种自然事实。

684. 如果有人说"这种证据只能使这种感受表达的真实性成为是很可能的"，这**并不**意味着，这里总是只有一种或多或少可确信的猜测，而非完全的确定性。"只是很可能的"不可能与我们坚信的程度有关，而是仅仅与它的成立的方式、与语言游戏的特征有关。如下事情肯定有助于确定我们概念的构造：在人们之间并不存在关于其信念的确定性方面的一致性。（请比较关于颜色判断和数学中一致性的评论。）

685. 在同样证据的情况下，一个人可能是完全深信不疑的，而另一个人则不然。由此我们并不会从社会推论出这个或那个人是无判断能力的或无责任能力的。

686. 但一个社会难道恰恰不能这样做吗？

687. 因为语词恰恰只在生活之流中才拥有意义。

688. 我确信，**的确确信**，他并没有在假装；但是某个第三者不能做到这点。我能否使他信服呢？如果不能的话，——我会不会说他不能进行思考呢？（人们可以把关于这一点的深信称作是"直觉上的"。）(PU II 374)

689. 首先是本能，其次是推理。理由只存在于一种语言游戏之中。

690. 我会不会说"心灵也不过是身体性的某种东西"？并非如此。（我在范畴上并不是如此贫乏的。）

691. 你可以改动那个概念，但这样的话，你或许会把它改变的无法识别了。

692. 如果我们可以改动假装这个概念，我们也一定会保留其内在性，即坦白承认的可能性。但我们并不一定总是把信任给予坦白，而且错误的坦白并不一定是欺骗。

693. 与我们的概念尽管有亲缘关系但又不同的概念，在我们看来可能会显得**十分**奇怪：也即一种在不习惯的**方向**上对习惯的偏离。

694. 当一个人对我们认为是真实清楚的事情产生怀疑时，人们便说"你肯定什么也不理解！"。

"你什么也不理解"——但是，我们不能证明任何东西。（PU II 375)

695. 音乐中富有情感的表达，——它肯定不能依据规则而被认识。我们为什么不能想象它是为了其它生物的呢？

696.如果我们遇到一些只了解八音盒音乐的人,那么这会给我们留下一种陌生和深刻的印象。我们或许会期待一种我们并不理解的手势,而且我们并不知道如何对之做出反应。

697."这种表达的真诚性是不可证明的。""人们必须感受它。"但是现在用对真诚的感受进一步做些什么?如果一个人说"Voilà, comment s'exprime un coeur vraiment épris",①而且如果他还能让另一个人改变自己的意图,——那么这有什么样的进一步的后果?

这些后果可以用一种更含糊的方式想象。另外那个人的注意力会指向另一个东西。(PU II 378)

698.人们现在可以想象如下事情吗:在我们这里无法得到证明的东西,在其它生物那里却可以得到证明?

或者,由此它的本质恰恰变得不可知了。

699.对我们而言是本质性的东西,肯定是自发的赞成和自发的同情②。

700."这些人并没有任何与人类的相似之处。"为什么呢?——我们不可能与他们相互理解。甚至不能像我们可能同一只狗相互理解那样。在他们那里我们会不知所措。

肯定也存在着一种在其它方面是人类式的生物。

701."人们的确不能**知道**它。人们可以**相信**它。一心一意地

---

① 这是一句法语,意为"看啊,一颗真爱之心是这样进行表达的"。
② 异文:"自发的同情"。

相信,但却并不知道。"此时这种区分**并不**在于那个深信如此的人的确定性之中。

它一定位于其它地方;在那个问题的**逻辑**之中。

702. 请设想,有一些人能够观察别人之内的神经系统的运作。他们会以更确定的方式区分开真实的和假装的感觉。或者他们的确还可能会怀疑如下事情,即别人在这些迹象存在的时候是不是觉察到了什么?——无论如何,人们可以想象如下事情:他们在此所看到的东西无疑决定了他们的举止。

人们现在可以把这一点传播到外部的行为之中。

703. 大概存在着如下这样的情形:一个人在随后通过一场坦白向我开启了自己最内在的东西;但他的这种做法并不能向我解释外部之物和内部之物的本质,因为我必须对这种坦白给予信任。

这种坦白的确也是某种外部之物。

704. 能够看到神经运作的人:我是不是**必须**设想,内部之物的确可以让他们做到最好?但这意味着:我难道不能设想这样一些外部迹象吗,它们在我们看来,对于做出一个关于内部之物的**确定**的判断是足够充分的?

705. 但现在请说:"即使一个人在生理上的迹象完全相反,他还是可能会感到某种同样东西。"好吧,此时不了解**这些**疑虑的人,的确恰恰有一个不同的概念。

706. 请你设想,一个部落的人很小就被培育成**完全不**显露任何情绪。对他们而言这是幼稚的,应当被搁置一旁。这种训练是很严格。人们并不谈论"疼痛";尤其是不以"他或许具有……"这种猜测的形式来谈论它。如果某个人进行诉苦,那么他就会被嘲笑或被惩罚。完全不存在关于假装的猜疑。训练的目标是无表情的、单调乏味的言谈,以及按照规则来活动。

707.我想说:一种与我们的教育完全不同的教育,可能也是另一些完全不同的概念的基础。

708.因为在这里,生活会以不同的方式来进行。——那些令我们感兴趣的东西并不会令**他们**感兴趣。其它一些概念在此不再是不可想象的了。是啊,那些在本质上不同的概念只有这样才是可以想象的。

709.我们并不重视如下事情,即证据使得别人的感受成为仅仅是大概可能的;我们重视的是:我们把**这种证据**视作关于某物的证据,以及我们把一个陈述建基于这种错综复杂的证据之上,而且**它**因此在我们的生活中有一种特定的重要性,并通过一个概念而得以凸显。

710."假装",那些人可能会说,"一个多么可笑的概念啊!"

711.坚定的信念(例如,关于一个承诺的信念)——比对于一个数学真理的深信更不确定吗?——(但由此语言游戏会变得更加相似!)

712.信赖的态度和行为难道不能完全一般性地存在于一群人中吗?以至于对感受表露的怀疑对他们来说是十分陌生的?

713.但请考虑:一个人为什么一定应当假装,难道不存在其它的可能性吗？他难道不可能是在做梦吗？这件事难道不能以其它方式而被弄得令人迷惑吗？(产翁制。)①

请想一想，如下说法的不可能性是多么常见：一个人是真诚的或不真诚的；正直的或不正直的。(例如，一位政治家。)是善意的或相反。对此会提出多少愚蠢的问题！**这些概念是不合适的**，这是多么常见啊！

714. 如下事情对我们的观察而言是很重要的：存在这样一些人，对于这些人，某个人会感到，自己绝不会知道在他们之内发生了什么。他绝不会理解他们。

715. 我们肯定**倾向于**说，诉苦仅仅是一种重要现象②的迹象、征兆，这种现象仅仅在经验上与这种迹象、征兆相联系。即使我们在这里犯了一种错误：这种强烈的诱惑仍然有自己的根据，而且更准确地说，在我们所容许的关于证据的规则之中有根据。//这种错误也一定在我们所容许的关于证据的规则之中是有根据的。//这种错误也一定是有根据的，而且更准确地说，通过我们所容许的那种证据的本性而是有根据的。//

716. 人们可能会提出这样的问题：为了使这种理解对我们而言是容易接近的，哪种关于被容许的证据的规则是必须的？

717. 人们或许想给出如下回答：证据必须是摇摆不定的。它是多种多样的吗？

---

① 原文为"Couvade"，一种原始的风俗，指在婴儿出生时父亲模拟母亲分娩，或在婴儿出生后由父亲代替母亲卧床。

② 异文："另外一种重要的现象"。

718. 存在着假装的表达；而且一定也存在着这种假装的证据。

即使我们常常甚至并不知道自己应当说什么，我们也一定有时会倾向于一种意见，有时会感到确信。

因此，外部之物一定是明显的。①

719. 你说，你在看护那个正在呻吟的人，因为经验曾经告诉你，如果你有如此这般的感受的话就会呻吟。但你在此可没有得出任何那样的结论，所以我们可以通过类比来忽略这种辩护。

720. 如此这般的命题没有任何意义，这一点在哲学中则是有意义的，尽管这听上去有些滑稽。

721. 人们能不能把"熟悉"称为一种体验？肯定不能。但存在着这样一些体验，它们对于"熟悉"和"不熟悉"的状态而言是典型的。（不熟悉和说谎。）

722. "我希望……"是对心灵状态的一种描述吗？一种心灵状态有一段持续。因此，如果我说"我这一整天都希望……"，那么这就是那样一种描述。但如果我对一个人说"我希望你来"——如果他问我"你希望这一点有多久了？"，那么情况会如何呢？这是对他的回答吗："我在自己说话的期间希望着"？

假定我已经对该问题做出了某种回答，那么它难道与"我希望你会来"这句话的目的完全无关吗？

723. 呼喊并不是对一种心灵状态的描述，尽管人们可以从中

---

① "明显的"是小写的"evidenz"，是形容词；大写的"Evidenz"则是名词，意为"证据"。这里我们可以看到这两个语词之间的关联。

推论出一种心灵状态。(PU II 88)

724. 有人并不呼喊救命,因为他在专注于自己的恐惧状态。

725. "注意"属于"描述"。

726. 如下这些命题是描述:"我现在不再像之前那样害怕他了","我已经意愿……很久了","我一再希望……"。(人们描述一种经过。)

727. 因此,我是不是想说,某些事实有利于或不利于某些概念的构造?是经验教给我们这一点吗?如下事情是一种经验事实:如果人们在认知新的事实,那么他们就会改变、更换自己的概念;由此,之前对他们而言是重要的东西会变得不重要了,反之亦然。(例如,人们发现:之前被视为在种类上不同的东西,实际上**仅仅**是在程度上有所不同。)

((对颜色概念和其它概念的考察。))

728. 如果呼喊不是描述,那么代替它的语词表达就也不是描述。对于害怕、希望、意愿的表露不是描述。但如下这些命题则是描述:"我现在不再像之前那样害怕他了","我已经意愿……很久了",……

729. 什么是"你正在过来,难道不是吗!"①的过去时形式?

730. 心理学概念语词的混乱用法(例如"思维")。"Violine"

---

① 原文为:"Nicht wahr, du kommst!"
异文:"你会过来,难道不是吗!"("Nicht wahr, du wirst kommen!")
上述两个句子分别为现在时和将来时形式。

(小提琴)这个词不仅仅指涉那种乐器,而且有时还指涉小提琴手和小提琴的声部、音色、演奏。

731. "如果 p 发生,则 q 会发生",人们可以把这称为一则条件式预言。换言之:我们**并不**做出关于非 p 这种情形的预言。由此,我所说的东西也无法通过"非 p 且非 q"而得到证实。

或者也可以**这样**说:存在一些条件式预言,而"p 蕴含 q"**并不是**这样一个预言。

732. 我想把"如果 p 发生,则 q 会发生"这个命题称为"S"。——"S 或非 S"是一个重言式;但它也是关于排中律的命题吗?——或者:如果我想说,"S"这个预言可能是正确、错误或未定的,那么这一点是不是被"非(S 或非 S)"这个命题所表达呢?

733. "察看"、"观察"这些词的使用。还有"察看自身"这个表达式的使用!

734. "我害怕他"和"我时常害怕他"。但"我时常……"这个表达式在这里也可能意谓**各种东西**。可能存在这样一种语言,与我们所熟悉的语言相比,在其动词变位中有**多得多的**区别要被考虑。

735. 如下二者间在**目的**上的区别:"我害怕!"这个对害怕的表露,以及"我害怕"这个对害怕的报告。

736. "知道"可能意指像"能够"(例如,凭记忆知道)这样的事情,但也可能意指像"是确定的"这样的事情。

737.除了一位哲学家之外,没有人会说"我知道我有两只手";但人们的确可能说:"我无法怀疑我有两只手。"

但"知道"通常并不在这种意义上被使用。

图书在版编目(CIP)数据

维特根斯坦文集.第6卷,心理学哲学研究/(奥)维特根斯坦著;张励耕编译.—北京:商务印书馆,2019
(2025.8 重印)
ISBN 978-7-100-16465-8

Ⅰ.①维… Ⅱ.①维…②张… Ⅲ.①维特根斯坦(Wittgenstein,Ludwig 1889-1951)—文集②心理学—哲学—文集 Ⅳ.①B561.59-53②B84-05

中国版本图书馆 CIP 数据核字(2018)第 187219 号

权利保留,侵权必究。

维特根斯坦文集
第 6 卷
心理学哲学研究
张励耕 编译

商 务 印 书 馆 出 版
(北京王府井大街36号 邮政编码100710)
商 务 印 书 馆 发 行
北京启航东方印刷有限公司印刷
ISBN 978-7-100-16465-8

2019年1月第1版　　开本 710×1000　1/16
2025年8月北京第5次印刷　印张 29¼
定价:118.00元